고려
무인
이야기___3

———

최
씨　왕
조　·　하
下

이승한 지음

1342년 7월,
대주군이 좋아지은
비단 옷고
조리하기 그지없는
국왕의 행자가
대로운 장도 간회요.
탕하였다. 여기저기서
백성들의 울부짖는
소리가 너저나왔다.
우리 역사상
가장 치인했던
항쟁의 시대.
세계대국몽골의
침략으로 온 나라가
진란에 힙싸인 가운데
최씨 무인정권은
평화를 구가했으니……

고려
무인
이야기 —— 3

최씨 왕조·하下

푸른역사

프롤로그

1232년(고종 19) 7월 6일

개경에 비가 억수같이 쏟아지고 있었다. 열흘 전부터 시작된 장맛비는
그칠 줄을 몰랐다. 국왕 고종은 더 이상 지체하지 못하고 궁궐을 나섰
다. 장대 같은 비를 가릴 우비도 변변치 못한 초라한 행색이었다. 비라
도 잠시 그치면 출발하려고 했지만 최이의 강압을 견디지 못해 쫓기다
시피 나선 것이다.

왕위에 오른 지 벌써 20년째요, 41세의 원숙한 나이였지만 최이의
권위에 눌려 도대체 기를 펴보지 못한 국왕이었다. 국가의 모든 중대
사는 아버지 최충헌의 권력을 이어받은 최이가 벌써 10여 년 이상 독
단해오고 있었다. 그의 전제적인 권력에 도전할 수 있는 자는 아무도
없었다.

국왕의 행차가 도성 밖으로 나오자 여기저기에서 호곡 소리가 들렸
다. 계속되는 장맛비로 길은 진흙탕으로 변하여 발목까지 빠졌고, 사
람이나 우마가 뒤엉켜 아우성치는 소리가 진동했다. 고관이나 양가의
부녀자들도 체면을 무릅쓰고 맨발로 이고 지고 행렬을 따르고 있었다.

영락없이 전쟁통의 피란민 대열이었다. 이들에 비하면 국왕의 행차는 오히려 사치스러울 정도였다.

국왕의 행렬이 흥왕사(경기 개풍군 덕적산)에 당도한 것은 정오 무렵이었다. 흥왕사는 문종대왕의 어명으로 창건한 2,800여 칸에 달하는 고려 왕조 최대의 사찰이었는데, 7개월 전 몽골의 군사들이 개경에까지 쳐들어왔을 때 불에 타고 말았다. 국왕은 흥왕사가 몽골 군사에게 피습 약탈되었다는 소식을 들었지만 이렇게 처참한 모습일 줄은 미처 몰랐었다. 흥왕사에서 일박을 하려던 국왕은 폐허가 된 절을 뒤로하고 바로 승천부(경기 개풍군)로 향했다.

승천부에 도착한 것은 아직도 해가 많이 남아 있을 때였다. 여기서 배를 타고 강만 건너면 강화도였다. 강을 건너는 것은 오늘 해 안으로 충분했지만 국왕은 승천부의 청사에서 하룻밤을 유숙하기로 했다. 비가 조금 뜸해져 행장을 다시 가다듬을 시간적 여유도 필요했지만, 서둘러 강을 건너기가 싫은 까닭이었다.

이튿날 아침, 국왕 일행은 준비된 배를 타고 강을 건넜다. 강화도의 새 궁궐은 이제야 기초공사가 진행되고 있었으니 거처할 곳도 마땅치 않았다. 국왕은 강화도 객관에 임시 거처를 마련하고 겨우 입어할 수 있었다. 역사적인 강화 천도이다.

강화 천도는 몽골의 침략에 맞서기 위해 최이가 독단으로 단행한 전격적인 조치였다. 하지만 국왕 고종에게는 그렇게 황당한 일이 아닐 수 없었다.

2002년 8월 22일, 강화도를 찾았다

강화도는 남북 길이 28킬로미터, 동서 길이 16킬로미터, 둘레 112킬로미터의 타원형 섬으로, 우리나라에서 제주도, 거제도, 진도 다음으로 네 번째 큰 섬이다. 인천광역시 강화군에 속해 있고, 행정구역은 1개 읍 12개 면으로 사람이 살고 있는 11개의 섬과 사람이 살고 있지 않은 16개의 섬으로 이루어져 있다.

강화도를 찾던 날, 8월 초부터 전국적으로 내리던 장맛비가 아직도 간간이 계속되고 있었다. 육지에서 강화도로 가는 길은 김포시에서 강화읍으로 연결되는 700여 미터의 강화대교가 있고, 김포군 대곶면 약암리에서 강화군 길상면의 초지리를 연결하는 1,200미터의 강화초지대교가 있다. 강화초지대교는 그곳을 찾던 날 완공되어 개통을 눈앞에 두고 있었다.

강화도는 우리 근대사가 시작되면서 서세동점西勢東漸의 길목에 위치하고 있었다. 병인양요와 신미양요, 운요호 사건과 강화도조약 등 서양과 일본제국주의 세력은 강화도를 맨 먼저 침략했다. 지정학적으로 예성강·임진강·한강 세 강이 합류하는 하구에 버티고 있고 수도 한양과 가장 가까워 바다를 통해 침략하는 세력은 이곳을 지나지 않을 수 없었다. 그래서 강화도를 한반도의 인후(咽喉), 즉 목구멍에 비유하기도 한다.

개경에서 강화도로 천도한 후, 1270년(원종 11) 다시 개경으로 환도할 때까지 38년 동안 이곳은 강도(江都)라고 불렸다. 이 강도는 고려 왕조의 임시 수도가 아니라 최씨 왕조의 정식 수도였다고 보는 것이 더 적절하다. 최씨 왕조는 이 강도에서 전성기를 맞이했고 태평성대를 구가했기 때문이다. 반면에 고려 왕실은 개경시대와는 비할 수 없을 정도로 위축되어 있었다. 고종은 국왕으로서의 권능마저 완전히 포기한 상태였다.

강도가 고려 왕조의 왕도였음을 알려주는 역사 유적은 별로 많지 않다. 강화읍 관청리 북산(송악산) 중턱의 고려 궁궐의 옛터에서는 왕궁의 흔적은 찾아볼 수도 없고 조선시대의 강화 유수부 건물만이 남아 있다. 경기도 청소년 야영장 바로 위쪽에 있는 홍릉(고종의 릉)은 잡초가 무성하고 너무나 초라하여 보기가 민망할 정도였다. 이규보의 묘는 홍릉에 비하면 오히려 잘 단장되어 있었다.

강도에서는 최씨 정권과 관련된 유적도 거의 찾아볼 수 없다. 국왕 위에 군림하던 최씨 집권자들의 무덤은, 당시에는 왕릉 못지않게 화려하고 웅장하게 꾸몄을 것이지만, 어디에 있는지 그나마의 흔적조차 찾을 수 없다. 최이의 사저인 진양부가 있었을 것으로 추정되는 강화군청 뒤쪽의 견자산 자락에도 아무런 흔적이 없기는 마찬가지다. 최이의 원찰이라고 알려진 선원사의 터는 발굴 중이었는데, 그 위치도 불확실한 곳이다.

강도에 고려 왕조나 최씨 왕조의 유적이 거의 남아 있지 않은 것은 어쩌면 당연한 일이다. 몽골의 압력으로 개경으로 다시 환도하면서 항몽의 거점이라고 하여 철저히 파괴되었기 때문이다. 게다가 최씨 정권은 왕정복고가 이루어진 후, 국내 정치에서도 비판을 받으면서 관련된 유물이나 유적이 철저히 파괴되었을 것이니, 그 훼손 정도가 더욱 심했을 것이다.

강도로 천도한 후 최씨 왕조는 몽골의 침략에 맞서 끝까지 복속을 거부했다. 그러한 대몽항쟁에 대해서는 평가가 엇갈리고 있다. 고려의 자주성을 지켜냈다는 점에서 호평을 할 수도 있고, 정권만을 지키기 위한 항쟁에 불과했다고 폄하할 수도 있다. 이번 책은 이 문제를 생각의 중심에 두고 전개해나갈 것이다. 대몽항쟁의 구체적인 내용은, 윤용혁 교수의《고려대몽항쟁사연구》(일지사, 1991)라는 잘 정리된 연구서가 있어 많은 도움을 받았다.

그런데 강화도를 찾으면서 중요한 궁금증이 한 가지 일었다. 강화도와 내륙 사이의 강화해협이 너무나 좁아 건너기가 그리 어렵지 않다는 사실이다. 강화도의 북단과 승천부(경기 개풍군) 사이는 한강 하류의 폭 정도밖에 되지 않았고, 김포군과의 사이는 조수 간만의 물살이 거세다고는 하지만 돌멩이를 던지면 닿을 듯한 좁은 곳이다. 이렇게 가까운 강화도를 몽골의 군대는 왜 직접 정복하지 않았을까?

장기간의 전쟁 동안 몽골의 군대가 강화해협을 건너 강도를 직접 침공한 적은 한 번도 없었다. 왜 그랬을까? 유목 민족의 특성상 수전에 약해서? 보통 그렇게 설명하는데, 그렇다면 바다 건너 더 멀리 가야 하는 일본 원정은 어떻게 단행했을까? 강화도를 직접 침공하지 못한 것은 최씨 정권이 몽골 침략에 대한 대비를 철저히 잘한 때문일까? 알 수 없는 일이고, 궁금한 문제가 아닐 수 없다.

이번 책에서는 이러한 궁금증도 풀어볼 것이다. 어쩌면 이런 의문은 이 책을 다 마치도록 충분히 해명하지 못할 수도 있지만, 이 문제는 끝까지 붙들고 갈 것이다.

수성
守成

2

3

위기
危機

고립
孤立

孤
立
4

■ 강화도와 그 주변 지도

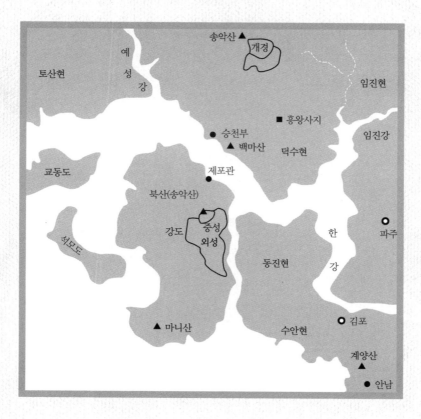

■ 강화도 내부의 유적지

1 천도

遷都

천도는 새로운 왕조의 창업에서나 가능한 일이다.
왕조의 창업이 아닌 상태에서의 천도는 매우 드문 일이기도 하지만 대단히 중대한 정치적 사건이다.
최이 정권은 많은 반대를 무릅쓰고 그러한 천도를 전격적으로 단행했다.
1232년(고종 19) 7월의 일이다. 천도가 최초로 논의된 지 불과 5개월 만의 전격적인 조치였다.
왜 그랬을까. 대몽항쟁을 위해서?
아니면, 정권 안보를 위해서?

■ 몽골의 1차 침략

몽골의 1차 침략

의주의 항복과 철주의 항쟁

1231년(고종 18) 8월, 몽골은 살리타이撒禮塔를 최고사령관으로 하여 대대적으로 고려를 침략해왔다. 몽골 사신 저고여가 살해된 이후 불안하게 예측했던 일이라 뜻밖의 사태는 아니었지만, 최이 정권은 당황하지 않을 수 없었다.

몽골 군대가 압록강을 건너 맨 처음 공략한 곳은 의주의 함신진이었다. 그때 의주를 방어하고 있던 방수장군 조숙창趙叔昌은 의주부사와 모의한 끝에 싸워보지도 않고 항복하고 말았다. 성안의 백성들을 보호한다는 명분을 내세웠지만 방어 책임을 맡은 장수로서 있기 힘든 일이 아닐 수 없었다.

여기 조숙창은, 이보다 10여 년 전 강동성의 거란족을 몽골의 군대와 연합하여 물리칠 때 고려 측의 사령관을 맡았던 유명한 조충趙冲의 아들이다. 그래서 그의 행동은 더욱 이해하기 힘든 면이 많다. 백성들을 보존시켰다는 점에서 비난만 할 일은 아닐지도 모르겠지만, 아버지의 명성과 가문에 분명 누가 되는 행동이었고 목숨을 걸고 싸운 다른 장수들에 비하면 지탄받아 마땅한 일이었다.

조숙창은 그것으로 그치지 않았다. 자신이 몽골 장수와 의형제를 맺은 조충의 아들임을 몽골 군대에 선전하고, 의주의 창고를 풀어 몽골 군대를 먹이기까지 했다. 게다가 인근 성에 글을 보내 진짜 몽골의 군대가 왔으니 항복하라는 권유를 하기도 했다. 이후 몽골 군대는 남하하면서 이르는 성마다 조숙창을 앞세워 항복을 권유하는 데 이용해먹었다.

조숙창의 이러한 행동은 몽골 군대와 화친을 해야 한다는 어떤 확신에서 나왔을지도 모른다. 이것은 그의 아버지 조충과 몽골의 장수 합진哈眞이 강동성에서 맺은 형제의 약속을 믿은 때문이 아닌가 싶기도 하다. 더구나 살리타이는 합진의 부장으로서 강동성 전투에 참여했던 인물이었으니, 조숙창의 행동은 그때의 형제 약속을 상기시켜 피해를 막기 위한 것이었다고 애써 변호할 수도 있을 것이다.

또한 조숙창이 싸우지도 않고 항복한 것은 그 지역 주민들의 동향에 따른 결정이었을 가능성도 없지 않다. 의주는 최전방 접경지대로 목숨을 걸고 항전해보아야 끝까지 지켜내기 힘든 곳이었다. 평시에도 북방 이민족과의 왕래가 많았고, 잦은 외침 때마다 가장 먼저 피해를 입었지만 중앙 정부로부터의 시선은 차가운 곳이었기 때문이다.

이보다 10여 년 전에는 의주에서 반란이 일어나 동진에 귀부하려는 움직임도 있었다. 중앙 정부나 최이 정권에 불만이 많아, 어차피 결사 항전을 바라기에는 무리한 지역이었다. 그래서 조숙창의 항복은 이곳

주민들의 성향을 고려한 결정으로 볼 수도 있다는 것이다.

　아무튼 의주는 항복했지만 백성들이 큰 피해를 입지 않았다는 점에서, 그의 항복을 일방적으로 매도만 하는 것은 곤란하다는 생각도 든다. 몽골 군대에 저항했을 경우 그들의 무차별적인 살육은 이미 널리 알려져 있었기 때문이다. 다만 조숙창이 그 후에도 몽골 군대의 앞잡이로 오해받을 수 있는 처신을 한 것은 비난받아 마땅하다.

　다음의 철주(평북 철산)에 비하면 의주의 항복은 오히려 천만다행이라는 생각마저도 든다. 의주 다음으로 공략당한 철주는 끝까지 저항하다가 성 전체가 처참하게 도륙당했다.

　의주를 쉽게 함락한 몽골 군대는 바로 철주로 향하여 항복을 권유했지만, 군민들은 응하지 않고 성안에서 항전을 결심했다. 보름 동안이나 집중 공격을 받고서도 1천여 명의 군민들은 성안에서 저항을 포기하지 않았다. 이런 결사항전을 이끈 사람은 철주의 방어사 이원정李元禎이었다. 그는 힘을 다해 싸우다 불가항력임을 깨닫고 처자와 함께 불속에 투신하여 스스로 목숨을 끊었다.

　철주는 중과부적으로 결국 무너지고 말았는데, 함락이 눈앞에 보이자 철주성의 판관 이희적李希勣은 성안의 부녀자와 어린이를 창고에 넣고 불을 질렀다. 그리고 자신은 그때까지 살아남은 장정들을 거느리고 자결해버렸다. 이원정이 죽은 후 이희적이 그 뒤를 이어 얼마간 항전을 계속했던 모양이다. 오랑캐의 손에 도륙당하는 것을 막기 위한 뜨거운 충정이었으리라.

　몽골 군대는 철주성을 함락한 후 살아남은 자는 빠짐없이 도륙했다. 저항에 대한 무자비한 보복이었다. 끝까지 항전하다 산화해간 철주의 군민들, 그들의 죽음은 민족적인 항쟁으로 예찬만 하기에는 너무나 처절한 것이었다.

항복하여 살아남은 의주, 어린아이까지 산화해버린 철주, 대몽항쟁은 그런 극명한 대비를 낳으면서 시작되었다. 이러한 대몽항쟁의 상반된 태도는 국왕 위에 군림하는 또 다른 통치자 최이의 존재와도 무관하지 않다. 의주의 항복이 최이 정권에 대한 반발이나 저항이었다면, 철주의 항전은 고려 왕조에 대한 충정이었다고 볼 수 있는 것이다.

철주성은 현재 평안북도 철산군 서림면의 서림성西林城이다. 《여지도서》에 의하면, 언제인지 모르지만 이원정·이희적 두 사람의 죽음을 추모하는 쌍충사雙忠祠라는 사당이 인근에 세워졌다고 한다.

귀주성의 끈질긴 항쟁

철주가 함락된 지 사흘 만에 이 소식은 바로 개경으로 전해졌고, 그 대비를 처음으로 논의한 것이 그해 9월 초의 일이다. 몽골 군대가 압록강을 넘은 지 보름 이상이나 지난 후였으니, 최이 정권의 그 느려터진 대응에도 문제가 많았다.

최이는 재상들을 자신의 집으로 불러 몽골 군대를 막을 방안을 논의케 했다. 여기서 3군으로 방어군을 조직하기로 하고, 대장군 채송년蔡松年을 북계병마사로 삼아 즉시 파견하기로 했다. 그리고 거란의 침입 때와 마찬가지로 다시 여러 지방의 군사를 징발하기로 결정했다. 이러는 사이 몽골 군대는 귀주성(평복)에 밀어닥쳤다. 귀주는 1018년(현종 9) 강감찬이 소배압의 10만 거란군을 전멸시킨 귀주대첩으로 너무나 유명한 곳이다. 그러한 역사적 현장이어서 그랬는지는 몰라도 몽골의 침략에 맞선 이때도 대승첩을 거둔다.

몽골 군대가 귀주성에 이르렀을 때, 성안에는 병마사 박서朴犀를 비롯하여 서북면 각 지역의 방위를 책임지는 분도장군과 수령들이 군사를 이끌고 이미 모여 있었다. 그중에는 몽골 군대의 공격을 받고 정주에서 간신히 빠져나온 정주 분도장군 김경손金慶孫도 함께하고 있었다. 지금의 평안북도 여러 지역에 흩어져 있던 군사를 한데 모아 귀주를 거점으로 방어전을 펴려는 것이었다.

그런 귀주성을 몽골의 군대가 포위를 한 것은 그해 9월 3일의 일이었다. 성안에서는 병마사 박서의 지휘 아래 고작 2천여 명의 군사가 성의 4면을 각각 나누어 방어에 들어갔다. 몽골 군대는 성을 여러 겹으로 포위하여 각 성문을 동시에 공격하기 시작했는데, 쌍방의 공방전은 거의 한 달 가까이 계속되었다. 하지만 이것은 1차 공방전에 불과했다. 처음에 고려의 군사들은 나가 싸우는 것을 두려워했다. 그런 군사들을 결집시키고 항전 의지를 북돋워 끝까지 성을 지켜낸 데는 우선 김경손의 공로를 빼놓을 수 없다.

김경손은 정주에서부터 함께했던 결사대 12명과 250명의 군사를 이끌고 성문 밖으로 나갔다. 하지만 군사들은 그곳에 엎드려 한 발자국도 움직이려 하지 않았다. 김경손은 그 군사들을 모두 성안으로 다시 들여보내고 결사대만을 이끌고 몽골 군대에 맞섰다. 날아오는 화살에 맞은 팔에서 피가 낭자하게 흘렀지만 전투를 멈추지 않으니, 나머지 군사들도 이를 보고 성을 나서서 분전했고 마침내 몽골 군대는 멀리 퇴각했다.

승전하고 성안으로 돌아온 김경손을 맞아 박서는 엎드려 절하면서 울고 또 울고, 김경손도 또한 절하며 울고 또 울었다고 한다. 이 승전 이후 박서는 성을 방어하는 일체의 지휘를 김경손에게 맡겼고 고려의 군사들도 자신감을 갖게 되었다. 그 뒤 고려의 방어군은 틈틈이 성 밖으로 출격하여 적에게 타격을 가했다. 그런 과정에서 위주의 부사 박문창朴文昌이 적에게 사로잡히기도 했다. 그는 몽골의 요구로 성안에 들어와 항복을 권유하다가 박서에게 죽임을 당했다. 결사항전을 다짐한 박서에게 박문창의 항복 권유는 배신으로 다가왔을 것이다.

몽골 군대는 성을 함락시키기 위해 온갖 수단과 방법을 다 동원했다. 수레에 군사를 태우고 그 위를 소가죽으로 덮고서 성 밑에 접근하여 굴을 판다든지, 대포차를 동원하여 성을 포격한다든지, 성 밑에 섶을 쌓아놓고 불을 지르거나, 땔감을 가득 실은 수레에 불을 붙여 성에 밀어붙이는 화공을 동원하기도 했다.

유라시아 대원정의 경험이 있는 몽골 군대가 성을 공략하는 방법은 다양하고 무궁무진했다. 그때마다 박서는 뛰어난 임기응변과 기상천외한 기지로 성 아래의 적을 물리쳤다. 김경손은 전투를 독려하다가 날아오는 포탄에 박살이 날 뻔도 했지만 그곳에서 꼼짝도 않고 자기 자리를 지켰다. 몽골에서는 이러한 귀주성의 저항에 대해 하늘이 돕는 것이지 사람의 힘이 아니라고 하며 퇴각했다고 한다. 귀주성의 항전은 정말 하늘이 도왔을지도 모른다. 2백여 년 전 10만 거란군을 물리친 호국의 의지가 서린 곳이 아니던가.

성의 함락에 실패한 몽골 군대는 그 이후에도 10월·11월·12월, 크게 세 차례나 더 대대적인 공격을 감행했지만 끝내 귀주성을 함락시키지는 못했다. 성이 무너지면 주민들은 일치단결하여 다시 성을 수축하곤 했다. 나이 70이 넘은 몽골의 한 늙은 장수는 다음과 같은 상찬의 말을 남겼다고 한다.

"내가 어려서부터 종군하여 천하의 성지를 공격하고 방어하는 것을 보아왔지만, 이런 맹공을 받고도 항복하지 않는 성은 처음이다. 성중의 장수는 후에 반드시 재상이 될 것이다.”

결사항전을 이끈 박서와 김경손, 이 두 사람은 그 후 어떻게 되었을까.

박서와 김경손

박서는 본관이 죽주(죽산, 경기 안성)로, 신라부흥운동을 최종적으로 진압한 박인석朴仁碩 (1143~1212)의 7남 3녀 중 막내아들로 태어났다. 그는 정통 문반 가문 출신으로 도량이 크고 활달한 성품을 지녔으며, 독서와 함께 무예에도 능해 문무를 겸비한 인물이었다.

박서는 귀주성 전투 이전에 여러 지역의 지방관을 역임하면서 높은 평판을 얻었고, 귀주성 전투 직전에 서북면병마사의 직책을 맡아 항전을 이끌었다. 서북면병마사는 보통 3품직의 중앙 관리가 겸직하는 것인데, 그의 중앙 관직이 무엇이었는지는 나타나 있지 않다.

귀주성 전투가 막바지에 달할 무렵, 그러니까 그해 12월 몽골과의 화친이 시작되면서 몽골의 원수 살리타이는 귀주성에 대해 항복을 설득한다. 박서는 이것에 아랑곳하지 않고 항전을 계속했다. 하지만 다음해 정월, 화친을 성사시킨 최이 정권이 항복하라는 명령을 전달하자 결국 박서는 어쩔 수 없이 항복하고 말았다. 최이 정권의 명령은 왕명을 빙자한 것이었으니 거역할 수는 없었던 것이다.

박서의 굴욕은 이것으로 끝나지 않았다. 항복하고 귀경한 박서에게 최이는 이런 말을 던졌다.

“경의 국가에 대한 충절은 비할 데가 없으나, 몽골 원수의 말이 두려우니 그대는 잘 생각하여 처신하라.”

몽골에서는 끝까지 항전한 그를 처단하라고 주장하고 나왔다. 1232년(고종 19) 3월 박서는 결국 최이에 의해 서북면병마사에서 해임되어 고향 죽주로 낙향하는 신세가 되고 말았다.

그런데 흥미로운 것은 박서가 낙향하기 직전 천도 문제가 최초로 공식 거론되기 시작했다는 사실이다. 혹시 최이는 박서가 천도를 결행하는 데 방해가 되는 인물로 여겼던 것은 아닐까. 화친을 한 마당에 몽골에 맞서 끝까지 항쟁을 주장한다면 최이에게는 골치 아픈 일이 아닐 수 없었을 것이다. 게다가 몽골을 안심시켜 천도할 수 있는 시간적 여유를 얻자면 대몽항쟁의 일선에 섰던 주역들은 물러나주는 게 편했을 것이다.

박서는 그 후 언제인가 고향에서 올라와 문하평장사(정2품)라는 재상급에 오른다. 강화도로 천도한 직후의 일이었을 것으로 보인다. 최이로서는 천도한 후에 박서와 같은 대몽항쟁의 명장이 다시 필요했던 것이다. 그의 치열한 대몽항쟁에 비하면 너무나 빈약한 보상이었지만.

말년에 빈약하나마 보상을 받은 박서에 비하면 김경손의 말로는 너무나 비참했다. 본관이 경주인 김경손은 신라 왕실의 후손으로 아버지는 최이 정권에 봉사하여 재상급에 오른 김태서金台瑞였다. 김태서에게는 세 아들이 있었는데, 맏이가 최이의 사위가 되는 김약선이고 김경손은 그 막내였다. 가운데 김기손金起孫도 재상급에까지 오른 것으로 보아 네 부자가 최이의 후광을 입지 않았나 싶다.

김경손은 문반 가문에서 태어났지만 아버지 때부터 무인적 자질이 더 충만했다. 3형제 중 김경손이 아버지의 무인적 자질을 가장 많이 닮았는데, 준수한 외모와 장중하면서도 온유한 성품에 지략과 용기가 뛰어났다. 그는 분노가 치미면 수염과 머리털이 꼿꼿이 서, 범접할 수 없는 기상을 지니고 있었다고 한다.

그런 품성 때문이었는지 모르지만 그는 무인의 길을 걸었고, 인생역정 역시 3형제 중 굴곡이 가장 심했다. 고립무원의 귀주성에서 죽음을 무릅쓴 항쟁은 그런 굴곡의 시작에 불과했다. 귀주성 항쟁 때 김경손의 직책은 정주의 분도장군(정4품)이었다. 분도장군은 중앙에서 파견되는 장군으로 서북면병마사의 지휘 아래 몇 개의 주진을 관할하는 군지휘관이다.

김경손이 정주의 분도장군으로 있을 때 몽골의 공격을 받자 정주성의 군민들은 모두 도주해버렸다. 김경손은 정주성에 남아 있던 군사를 끌어모아 1주일 동안이나 생식을 해가며, 밤을 틈타 행군하여 귀주성에 합류한다. 이때 조직된 것이 귀주성 항쟁의 선봉대로 활약했던 12명의 결사대였다.

중앙 정부의 지시로 귀주성이 항복한 후 그에게 박서와 같은 핍박은 없었다. 그는 개경으로 돌아와 대장군(종3품)과 지어사대사(종4품)를 겸했으니 승진했다고 볼 수 있다. 그 후 전라도지휘사가 되어 나주 지방을 순행하던 중 갑작스런 반란에 직면하게 된다. 이 반란은 이연년李延年 형제가 중심이 된 백제부흥운동이었는데, 이에 대해서는 뒤에 자세히 서술할 것이다.

백제부흥운동을 진압하는 과정에서 반란군에게 사로잡힐 뻔한 위기를 맞지만 무사히 진압한 김경손은 다시 영전하여 추밀원지주사(정3품)에 오른다. 그 후 최이 집권 말년에 모함을 받아 한때 위기에 처했지만, 최이의 후원으로 누명을 벗고 추밀원부사(정3품)로 다시 승진했다. 이 모함은 불길한 징조를 예고하는 것이었다.

김경손에 대한 모함은 그가 여러 사람의 신망을 얻고 있다는 데서 비롯되었다. 하지만 보다 중요한 동기는 최이의 사위이자 한때 후계자로 지목되었던 김약선과 형제라는 데 있었다. 우여곡절 끝에 김약선을 물리치고 후계자가 된 최항이 그를 반길 리 없었기 때문이다. 이 부분도 뒤에 다시 이야기할 기회가 있을 것이다.

최이가 죽자마자 김경손에게 바로 탄압이 가해졌다. 1249년(고종 36) 11월 최항에 의해 백령도로 유배된 김경손은 1251년 3월, 최항의 측근 장수에 의해 바다에 수장당하는 비참한 최후를 맞고 만다. 최항이 반대세력들을 제거하는 과정에서 대몽항쟁의 명장인 그도 무력하게 희생되고 말았던 것이다.

박서와 김경손, 이 두 명장에 대한 진정한 포상은 후대에 이루어졌다. 귀주성 전투가 있은 지 60여 년이 지난 1298년 충선왕이 즉위하고서 그들 내외손에 대한 관직 제수를 지시했다. 그리고 조선조에 들어와 1703년(숙종 29) 귀주성 남쪽에 이 두 사람의 충절을 기리는 사당과 사적비가 세워졌다. 이민족의 침략에 맞서 항쟁했던 빛나는 충절은 왕조가 바뀌어도 퇴색하지 않았던 모양이다. 당대의 권력만을 추구하는 정권에서는 자칫 충절이 삭탈관직으로 이어지고, 때로는 반역으로 둔갑하여 죽음에 이르는 전도 현상이 예사였지만.

다음에 설명할 최춘명도 호국충절이 반역으로 몰릴 뻔한 좋은 사례이다.

자주성의 최춘명

귀주성에서 공방전을 계속하는 사이, 또 다른 몽골 군대는 남하하여 자주성을 공격했다. 자주성은 현재 평안남도 순천군 풍산면에 있는 자

모성인데, 앞서의 철주나 귀주보다 후방에 위치한 성으로, 서경(평양)의 바로 북방이다. 그래서 자주성 전투 시기는 1231년(고종 18) 11월쯤으로 생각된다.

자주성의 항쟁은 부사 최춘명崔椿命이 주도했는데, 그는 고려시대 대표적인 유학자 최충崔沖의 후손이다. 그는 몽골 군대가 성을 포위하자 귀주성처럼 군민을 거느리고 항쟁을 이끌어 성을 끝까지 고수했다. 귀주성과 같은 자세한 항쟁 기록이 남아 있지 않아 아쉽지만, 귀주성과 유사한 공방전이 있었을 것으로 생각된다.

항쟁을 계속한 자주성에 대해서도 최이 정권은 항복을 권유한다. 역시 몽골과의 화친 때문이었다. 맨 처음의 항복 권유는 몽골 원수 살리타이의 요구로 송국첨宋國瞻이라는 자가 왔다. 그 시기는 귀주성에 항복을 권유한 때와 비슷한 그해 12월 중순경이었을 것이다.

송국첨은 최이에게 아부하여 정방에도 참여한 측근 인물이다. 후에 정방에서 빠져나와 최이와 소원하게 지내지만, 자주성에 항복을 권유하러 갈 당시는 최이의 측근으로 활동하던 때였다. 그러니 이러한 항복 권유는 귀주성과 마찬가지로 몽골의 요구도 있었지만 최이의 적극적인 의지가 더 강하게 작용한 것으로 보아야 한다.

송국첨의 항복 권유에 최춘명은 성문을 굳게 닫고 응답도 하지 않았다. 이에 다시 항복 권유를 위해 파견된 인물이 대집성大集成이다. 이때는 몽골의 관리가 감독관으로 두 사람이나 대동했는데, 이 대집성 역시 최이의 측근 중에서도 최측근이었다.

대집성의 항복 권유에 최춘명은 국왕의 명령이 아직 없으니 항복할 수 없다고 거절했다. 몽골 관리는 대집성을 힐책하며 성안으로 들어가 계속 권유하기를 강요했다. 어쩔 수 없이 성안으로 들어가려는데, 최춘명이 성루에 앉아 군사들로 하여금 대집성을 향해 활을 쏘게 하여 쫓아버렸다. 대집성은 화살세례가 두려워 물러나오고, 다시 들어가려다 또 물러나오기를 서너 차례나 반복했다.

최춘명이 이렇게 끝까지 항복을 거절했던 것은 국왕의 명령을 직접 받지 않은 때문이었다. 당시 항복 권유는 회안공准安公 정侹이라는 종실의 인물이 주도하고 있었다. 그는 몽골의 원수 살리타이와 화친을 성립시킨 고려 측 화친 사절단의 대표를 맡고 있었다. 물론 이 사절단은 최고통치자 최이의 뜻에 따라 움직이는 것이었지만, 공식 사절단의 대표이니 그의 항복 권유는 정부의 공식 명령이나 다를 바 없고 왕명이나 마찬가지였다. 그럼에도 최춘명은 직접적인 왕명이 없다는 이유를 들어 항복을 끝까지 거절했던 것이다.

최춘명은 몽골 군대가 철수할 때까지 성에서 나오지 않았다. 그의 항명죄가 공식 거론된 것은 몽골 군대가 완전 철수한 이듬해 1232년 (고종 19) 4월이었다. 그 죄를 논하기 위해 최고 국정회의인 재추회의까지 열렸으니 그의 항명은 조정에 큰 파장을 일으켰던 모양이다.

재추회의에서 최춘명의 처벌 문제는 많은 논란을 불러일으켰다. 그것은 대집성의 고집 때문이었다. 재추회의에 참석한 재상들은 대부분 감형을 청했지만, 대집성은 최이를 찾아가 독단으로 그를 죽여야 한다고 주장했다. 최이가 여러 재상들의 의사를 누르고 대집성의 의견을 따르니, 결국 재상들도 그 의견을 좇고 만다.

이 일이 있기 두 달 전 최이가 과부로 있던 대집성의 딸을 후처로 삼았으니, 최이의 장인이 된 그의 의사에 반대할 사람은 없었다. 아니 오직 한 사람 있었는데, 그는 유승단兪升旦이었다. 대집성의 의견에 그가 홀로 반대하니 모든 사람이 탄복했다고 한다. 이 유승단에 대해서는 이후 다시 거론할 것이다.

죽음이 결정된 그때 최춘명은 서경의 감옥에 갇혀 있었다. 그를 처단하려는 국왕의 사신이 서경에 파견되어 왕명을 거행하려 하자 그는 안색이 조금도 변치 않고 태연했다. 죽음을 각오한 듯했다. 그런데 서경에 잔류하고 있던 몽골의 한 관리가 자주성의 그 최춘명을 죽이려는 것을 알아채고 이런 말을 하며 막았다.

"우리에게는 비록 거역하였으나 그대들에게는 충신이 아닌가. 이미 화의를 맺고 우리도 죽이지 않았는데, 성을 온전히 지킨 그에게 죽음을 내리는 것이 과연 옳은 일인가?"

최춘명은 역설적이게도 맞서 싸웠던 몽골의 구원으로 죽음을 면했던 것이다. 강화도로 천도한 후, 그는 공을 인정받아 경상도안찰사에 이어 추밀원부사(정3품)에 올랐다. 귀주성의 박서가 그렇게 이용당했듯이, 천도한 후 최이에게는 최춘명과 같은 항몽정신이 다시 필요했을 것이다.

최춘명의 충절은, 뒤늦게 조선조에 들어와 1599년(선조 32) 평안도 성천에 무학사武學祠라는 사당이 세워져 기리게 되었다고 한다.

충신과 반역자

귀주성의 박서는 목숨을 내걸고 항전했지만 해임당하여 낙향했고, 자주성의 최춘명은 끝까지 성을 지켜냈지만 왕명을 거역했다 하여 처형당할 뻔했다. 천도한 후에야 이들의 대몽항쟁은 약소하나마 보상을 받았지만, 전쟁 초기 호국충정에 대한 대가가 이렇게 오락가락한 것에서 최이 정권의 속성이 여지없이 드러난다.

호국충정도 정권에 방해가 되면 반역과 다름없고, 그것이 정권유지에 다시 필요해지면 충절이 되는 것이다. 그것을 뒤바뀌게 만드는 것은 다름 아닌 왕명이었다. 최이 정권의 대몽항쟁은 출발부터 그렇게 왕명을 이용하여 호국충정을 마음대로 농락했던 것이다.

왕명을 거역하면 호국충정도 반역이 된다. 때로는 반역적인 행위도 왕명만을 따르면 충절이 된다. 그런 왕명은 최고통치자 최이가 정권유지를 위해 이용해먹기 아주 좋은 도깨비 방망이 같은 것이었다. 국왕의 존재는 이런 점에서도 아주 유용했다.

충신과 반역자는 역사 속에서 그렇게 정권에 휘둘리는 경우가 적지 않다. 어쩌면 충절이니 반역이니 하는 것은 역사 속에서 영원불변한 고정된 가치가 아닐지도 모른다. 시대에 따라 그 의미가 달라지고, 극단적인 경우에는 충절이 반역이 되고 반역이 충절이 될 수도 있다. 그 평가가 시대에 따라 달라지는 것은 시대의 요구가 다르기 때문이다.

우리 역사상 많은 반역의 인물들이 1980년대 이후 새롭게 조명되었던 것은 잘 알려진 사실이다. 과거 역사 기록에는 그들이 왕조체제에 맞선 반역자로 규정되었지만, 군사독재 정권하에서 체제 변화가 요구되자 그들은 뛰어난 역사의식을 지닌 선각자로 부각되었다. 왕조시대에 있었던 많은 민란의 지도자라든지 체제에 도전했다가 반역자가 된 정치가들이 그런 인물들이었다.

역사적 인물을 새로운 시각으로 조명하려는 것은 역사학자에게 부여된 매우 중요한 작업일 수 있다. 역사는 항상 새롭게 쓰이고 재해석이 가능하기 때문이다. 그렇게 하도록 요구하는 것은 현재의 상황이다. 그래서 또한 역사는 항상 현재 시점에서 볼 수밖에 없다. 그것은 옳고 그름을 떠나 어느 정도는 불가피한 일이다.

관군의 패배

철주나 귀주, 자주성에서 싸운 장수들이나 군민들은 최이의 명을 받고 그렇게 끈질기게 항쟁한 것이 아니다. 그들의 항쟁은 그곳 지역민들이 주체가 된 자발적인 것이었다. 어쩌면 그래서 성을 끝까지 지켜내고 끈질긴 항쟁도 가능했는지 모른다.

반면 최이의 명을 받고 방어에 나선 관군들은 연속해서 패배했다. 침략 보고를 받은 최이가 3군으로 조직된 방어군을 출동시킨 것은, 보고를 받은 지 1주일이 지난 1231년(고종 18) 9월 9일이었다. 몽골 군대가 압록강을 넘은 것이 그해 8월 중순경이었으니까, 벌써 20여 일이나 지난 후였다.

그 사이, 9월 3일 몽골 군대는 벌써 서경까지 밀고 내려왔다. 그들은 여러 갈래로 나뉘어 철주와 귀주, 그리고 자주성 등에서 공방전을 계속하면서 일부 군대는 남하를 계속하고 있었던 것이다. 미처 함락하지 못한 성은 본대나 후발대에 맡기고, 선발대는 아마 수도 개경을 목표로 하여 줄곧 달려온 듯하다.

남하하는 몽골의 선발대와 북진하는 관군이 최초로 부딪힌 것은 9월 하순에 접어든 무렵 황주(황해도)의 동선역에서였다. 여기서 고려의 중앙군과 몽골 군대가 최초로 접전을 벌인다. 3군으로 조직된 고려 방어군의 사령관은 상장군 이자성李子晟이었는데, 처음에 몽병의 기습을 받아 고전하다가 겨우 반전하여 물리친다. 이 1차 접전은 무승부라고 볼 수 있겠다.

전세를 겨우 유지한 방어군은 일부 군대로 선발대를 막게 하고 북상을 계속했다. 아마 몽병의 본대를 막기 위해 북상을 서둘렀을 것이다. 살리타이가 이끄는 본대는 그 사이 용주·선주·곽주·박주 등 지금의 평안북도 서해안 일대를 함락하고 남하하고 있었다. 북상하던 방어군과 그 본대가 마주친 곳은 안북도호부(평남 안주)로 10월 하순에 들어서였다.

안북도호부는 서북면병마사의 본영이 있는 곳으로 북방 방어의 거점이다. 그러나 그곳은 지정학상 방어에 문제가 있었던지, 병마사 박서는 이미 본영을 떠나 귀주성에서 여러 성의 군민을 거느리고 방어전을 펼치고 있었다. 방어군은 그 안북성에 10월 21일 입성하여 바로 뒤이어 도착한 몽병의 본대와 여기서 두 번째 전투를 펼친 것이다.

이 안북성 전투에서 고려 방어군은 대참패를 당한다. 몽병이 성을 포위하고 선제공격을 해오자 성안에서는 그 대응을 놓고 혼선이 빚어진 듯하다. 성 밖으로 출격하여 싸울 것인지, 아니면 수성전으로 방어만 할 것인지 오락가락했던 것이다. 이런 지휘부의 혼선에는 3군의 지휘관 중 한 명으로 참여하고 있던 대집성의 영향이 컸다.

3군의 총사령관은 상장군 이자성이었다. 그러나 최이의 측근인 대집성의 정치적 위상은 그를 압도하고 있었다. 대집성이 군사들에게 성 밖으로 나가 싸울 것을 독려하자 군사들은 머뭇거리다 마지못해 따랐고, 지휘관들은 성 위에서 바라보고만 있었다. 대집성은 직접 3군을 거느리고 성 밖에 나가 싸우다가 그도 역시 불리해지자 성안으로 들어와 버렸다. 관군은 이처럼 지리멸렬한 가운데 몽병의 기마술에 유인되어 사상자가 반이 넘는 참패를 당한 것이다.

살아남은 방어군은 항복을 하고 성은 빼앗기고 말았다. 항복의 표시였는지 몽병에게는 음식까지 베풀어졌고, 살리타이의 몽병은 안북성을 거점으로 하여 그들의 총지휘부로 삼는다. 그리고 서북면에 분대어사로 나가 있던 민희閔曦라는 자가 살리타이의 항복 권유를 전하러 개경에 들어왔다.

고려에서는 이때 이미 몽골과 화친할 뜻을 가지고 있었던 것 같다. 공식적인 화친은 이보다 한 달 남짓 지나 몽병이 개경에 도달했을 때야 이루어지지만, 방어군의 중심 부대가 참패했다는 소식을 듣고 다른 방법이 없었을 것이다.

그러나 최이는 중앙군이 참패했다는 보고를 받고도 11월 하순쯤 다시 5군을 추가로 편성하여 출정시켰다. 이민족 침입 시에는 5군(전·후·좌·우·중군)으로 방어군이 편제되는 것이 보통이다. 그런데 처음에 방어군을 3군(전·후·중군)으로 그친 것은 의문인데, 이 역시 최이 정권의 안일한 대응을 말해주는 것이 아닌가 싶다.

이런 의혹도 떨치기 힘들다. 어쩌면 최이는 대규모 방어군이 조직되는 것을 두려워했는지도 모른다. 자신의 사병을 능가하는 대규모 방어군이 조직된다는 것은 이민족의 침략 못지않게 그 자체로 정권에 위협이 될 수 있기 때문이다. 아비 최충헌이 거란족의 침입 때 보였던 태도와 같은 맥락이다.

몽골과의 화의가 진행되면서 새롭게 편성된 이 5군은 싸워보지도 못한다. 안북성 전투가 몽골 군대와 고려 중앙군의 마지막 전투였던 것이다.

개경 압박

한편 안북성을 함락하기 전 살리타이가 고려 조정에 사신 두 명을 파견했는데, 이들은 개경에 들어오지 못하고 평주(황해도 평산)에 억류되고 말았다. 고려 조정에서는 그 처리를 놓고 고심하다가, 특사를 파견하여 살리타이의 첩문만을 접수하고 그 두 명은 개경으로 압송해왔다. 이것이 10월 20일의 일이다.

조정에서는 이 두 명의 몽골 사신을 직접 대하고서야 비로소 몽골의 침략임을 알게 되었다고 한다. 그래서 처음에 3군으로 방어군을 안이하게 편성한 것도 동진이나 금의 잔여세력쯤으로 본 때문이 아닌가 싶기도 하다.

그런데 사신을 억류한 평주는 남하하던 몽골 군대에 처참하게 도륙당하고 말았다. 주의 관리는 말할 것도 없고, 그들이 휩쓸고 지나간 뒤에는 닭이나 개에 이르기까지 살아남은 것이 하나도 없었다고 기록에 전한다. 평주의 도륙은 몽병 선발대가 남하하면서 저지른 것으로 11월 22일의 일이었다. 선발대가 개경에 도달하기도 전에 이 살벌한 소문은 도성 안에 먼저 퍼지고 있었다.

11월 29일 마침내 몽골 선발대가 개경의 선의문 밖에 주둔한다. 새로이 5군으로 편성된 방어군이 미처 출정하기도 전이었다. 평주에서 예성강만 넘으면 바로 개경 근교인데, 몽병은 예성강 밖에서 온갖 살육과 방화를 마음껏 자행하며 일부러 지체했다.

몽병이 도성 밖에 주둔했다는 소식은 도성 안을 공포로 몰아넣었고 민심은 물 끓듯 했다. 최이는 계엄령을 내리고 사위 김약선과 함께 가병들을 총동원하여 신변 호위에 들어갔다. 자신의 신변 안전만 강조하다보니 성문을 지키는 사람들은 허약한 병사들과 노약자가 태반이었다. 거란족이 쳐들어왔을 때 아비 최충헌이 보였던 모습 그대로였다.

개경의 도성 4대문 밖에 나누어 주둔한 몽병은 그 사이 흥왕사(경기 개풍군)에 쳐들어가 노략질하는 등 개경 교외를 휩쓸고 다녔다. 흥왕사는 고려 왕실의 대표적인 어용사찰인데, 이때 소실되었다가 후에 다시 복원된다.

최이 정권은 다른 뾰족한 수를 찾을 수 없었다. 개경 도성 안에 갇혀 있는 상태에서 그들을 무력으로 물리치기는 힘들다는 사실을 그 자신이 너무나 잘 알고 있었다. 방법은 단 하나, 그들과 화친을 맺는 수밖에 없었다. 말이 화친이지 항복과 다름없는 것이다.

12월 1일, 최이는 민희를 몽골의 군영으로 보내 화친의 뜻을 전했다. 안북성에서 화친의 사절로 나섰던 바로 그 사람이다. 화친의 의사표시로 음식까지 준비하여 몽병들에게 나누어주었다. 다음날, 12월 2일 민희가 다시 몽골의 군영을 찾아, 몽골 사신 두 명과 함께 도성 안으로 들어와 국왕을 면대하고 정식으로 화친 체결이 논의된다.

이 화친 과정도 순탄치 않았다. 이 이야기는 조금 뒤에 다시 계속할 것이다.

화친이 진행되는 중에도 몽병은 고려에 대한 압박을 멈추지 않았다. 개경에 주둔했던 몽병의 일부는 남하를 계속했다. 광주(경기도)를 거쳐 충주, 청주까지 밀고 내려갔으며, 역시 가는 곳마다 약탈과 살육을 일삼았다. 고려를 완전히 굴복시켜 항복을 신속히 받아내려는 의도였을 것이다.

이 무렵, 북방의 귀주와 철주에서는 그 지역 군민들이 몽병과 맞서 싸우면서 성을 끝까지 고수하고 있었다. 몽골 측에서는 북방에 이런

성들을 그대로 두고 개경에 오래 머물 수 없었다. 가능한 한 빨리 항복을 받고 철수하는 것이 그들로서도 상책이었다.

그러기 위해서는 고려 조정을 좀 더 압박할 필요가 있었다. 개경을 포위하는 데 그치지 않고 충주, 청주까지 그들의 침략이 미쳤던 것은 신속히 항복을 받아내기 위한 위협용이었던 것이다.

이들 지방에서도 지역민들이 주체가 되어 몽골 군대와 맞서 싸웠다. 그 대표적인 지역이 충주인데, 이곳에서는 노비로 조직된 군대가 몽병과 싸워 물리치기도 했다. 사실, 이후 수십 년간 계속되는 몽골과의 항쟁을 이끈 주체세력이 다름 아닌 지방의 기층 민중들이었다는 점은 반드시 기억해둘 필요가 있다.

대몽항쟁에 나선 초적과 노비들

초적草賊이 등장한 것은 2권에서 언급했듯이 고려 군역제도의 모순과 깊은 관계가 있다. '초적'이라는 표현은 기층 민중으로서 도적질 등 사회 혼란을 일으킨다 하여 불린 이름이다.

이들은 유망농민과 하나도 다를 게 없다. 떠돌이 생활을 하다가 무사적 자질이 뛰어나거나 신망이 있는 두목을 만나면, 집단을 이루고 산림에 은거하여 초적이라 불린 것이다. 이들 중에는 상비군이 무너지면서 군대에서 이탈한 무리들이 다수 포함되어 있었다.

그런데 이 초적들이 몽골 군대가 쳐들어오자 자진해서 대몽항쟁에 나선 것이다. 1231년(고종 18) 9월, 마산(경기 파주)의 초적 괴수 두 명이 갑자기 최이에게 항복해왔다. 몽골 군대의 침략을 보고받고 재상회의에서 그 대책을 논의한 직후이니 9월 상순 무렵이다.

초적 괴수는 투항해오면서, 정예병 5천을 이끌고 올 테니 참전시켜 달라고 요청했다. 방어군에 편입시켜달라는 것이었다. 그리하여 이들은 3군으로 편성된 방어군에 편입된다. 초적의 규모가 5천 명이나 되었다니 놀라운 일이다. 이 숫자는 전체 초적의 규모를 말하는 것일 테고 실제 참전한 수는 이보다 적었을 것으로 보인다.

초적들의 이러한 태도를 보고 반가운 최이는 그 괴수 두 명에게 후한 상금을 내렸다. 아울러 최이는 광주(경기도)의 관악산 초적들의 은거지에도 사람을 보내 그곳의 초적 괴수 다섯 명과 정예병 50명을 방어군에 또 편입시켰다. 초적들의 태도에 고무되었던 모양이다.

초적의 무리 5천 명이 모두 군대에서 이탈한 무리라고 장담할 수는 없지만, 최소한 그 두목들은 무사적 자질이 뛰어난 전직 군인이거나 군대에서 이탈한 자가 틀림없다. 그렇지 않고서야 어떻게 전쟁에 뛰어들 생각을 했겠으며, 최이는 또 무엇을 믿고 방어군에 편입시켰겠는가.

이들 무리가 참여한 전투가 황주(황해도) 동선역에서 있었던 방어군 최초의 전투였다. 이 전투에서 초적들은 결정적인 공을 세운다. 몽병의 기습을 받아 수세에 몰리던 방어군 측에 전세를 역전시킬 수 있는 돌파구를 마련해준 것이다.

대몽항쟁에 참여한 것은 초적뿐이 아니었다. 관청의 노비들까지 항쟁에 나섰는데 충주에서 그랬다. 1231년(고종 18) 12월, 몽골 군대가 개경을 포위하고 광주, 충주까지 밀고 내려올 무렵이었다. 이때 충주에서는 양반으로 구성된 양반별초와 노비로 구성된 노군별초라는 일종의 민병대가 조직되어 자체 방어에 들어갔다. 양반별초는 부사(4품)로 있던 우종주于宗柱가 지휘를 맡고, 노군별초는 판관(6품)으로 있던 유홍익庾洪翼이 맡아 몽골 군대에 맞섰다.

그런데 몽병이 들이닥치자 지휘를 맡은 우종주나 유홍익, 그리고 양반별초는 모두 달아나버리고, 몽병과 맞서 싸운 것은 관청의 노비나 잡역에 종사하는 사람들이었다. 이들은 끝까지 싸워 몽병을 물리치고 성을 지켜냈다. 우종주 등 관리들은 몽병이 물러간 뒤에야 충주 청사로 돌아왔다.

그런데 도망쳤다가 돌아온 이들 지방 관리들이 문제를 일으켰다. 이들은 관청의 재산을 점검하는 과정에서, 몽병에 약탈당한 은그릇을 관청 노비들이 훔친 것으로 뒤집어씌우고, 그 우두머리를 죽이려고 한 것이다. 노비들은 여기에 저항하여 반란을 일으키고 만다.

이 충주 노비들의 반란은 몽골과 화친이 성립된 후에도 계속되다가, 강화도로 천도한 후인 1232년 9월에 가서야 겨우 진압된다. 이 이야기는 조금 뒤에 계속하겠다.

대몽항쟁에 참여한 초적이나 노비들은 고려사회에서 아무런 혜택도 받지 못한 소외계층이었다. 특히 초적들은 사실 최이 정권의 입장에서 보면 사회를 혼란시키는, 말 그대로 초적일 뿐이었다. 하지만 몽골 군대가 쳐들어오는 국가적 위기 속에서 이 소외계층 사람들이 일치단결하여 몽골의 군대에 맞서 싸웠다는 것은 주목할 만한 일이 아닐 수 없다.

소외계층의 자발적인 대몽항쟁은 최이가 강화도로 천도를 단행하면서 끊기고 만다. 특히 초적들은 천도가 단행된 후에 최이 정권에 정면으로 대항하면서 민란의 중심세력으로 활동했다. 이것은 최이 정권이 단행한 '천도'라는 것이 대몽항쟁의 측면에서도 결코 긍정적으로 볼 수 없음을 말해준다.

천도, 대몽항쟁인가 정권 안보인가

몽골과의 화친 성립

개경이 몽골 군대에 포위되면서 1231년(고종 18) 12월 1일 몽골과 화친 논의가 시작되었다. 다음날 안북도호부(평남 안주)에 지휘부를 두고 있던 몽골 원수 살리타이가 보낸 사신 3명이 개경에 도착했다. 오는 시간을 감안하면 이 몽골 사신은 화친 논의가 시작되기 전에 왔을 것이다.

　몽골 사신은 국왕을 대면하는 대관전에서 털 군복 차림에 궁검까지 차고 들어가려다 조정 대신들과 실랑이를 벌이기도 했다. 국왕이 몽골 사신을 대하는 것은, 10여 년 전 거란족을 물리친 후 전례가 있어 이것이 처음이 아니었지만, 국왕 접견 때마다 의례 문제로 인해 소란이 일어났다.

　살리타이가 보낸 사신의 첩문에 의하면, 그들은 몽골 사신 저고여 著古與의 피살에 대한 책임을 묻기 위해 왔다고 밝히고 항복을 요구하고 있었다. 이 사신에 대한 답례로 12월 5일 종실인 회안공 정을 화친의 대표로 임명하여 안북부의 살리타이에게 보냈다. 화친하자는 정식 의사 표시였다. 회안공 정은 이때 살리타이에게 억류되어, 그때까지도 항쟁을 계속하고 있던 귀주성의 박서나 자주성의 최춘명에게 항복을 권유하는 조정의 공식 의사를 전달하는 역할을 한다.

이어서 그해 12월 23일 살리타이는 의주성에서 항복했던 조숙창에게 몽골 사신 9명을 동반시켜 다시 개경에 들여보냈다. 그 첩문에서 살리타이는 자신을 권황제權皇帝라 칭했다. '권황제'란 몽골 황제의 대리인이라는 뜻으로 이후 모든 지시나 요구는 바로 몽골 황제의 그것과 다름없이 받아들이고 이행하라는 엄포였다.

이 첩문에는 그들이 요구하는 엄청난 양의 진상품이 나열되어 있었다. 금은진보·비단·수뢰피·말 등의 물적 자원에서부터, 왕실의 자제나 고위관료의 아들·딸 등 인적 자원에 이르기까지 이루 헤아릴 수 없을 정도였다. 이는 그들과의 화친이 곧 항복임을 일깨워주는 것이었고, 또한 화친이 끝이 아니라 새로운 난관의 시작임을 예고하는 것이었다. 이런 사정도 최이 정권이 천도를 결행하는 데 영향을 미쳤을 것이다.

우선 당장 그들이 요구하는 갖가지 물품을 신속히 조달하는 것이 문제였다. 국왕은 문무백관들에게 명하여 그 물품들을 갹출하도록 했다. 얼마나 화급하게 징수했던지, 사흘 후인 12월 29일에 그들이 요구하는 대강의 품목을 맞추어 살리타이의 군영으로 보냈다.

함께 왔던 조숙창은 대장군(종3품)으로 승진시켜 국왕의 표문을 지니고 가도록 했다. 몽골과의 교섭창구로서 이제 조숙창의 위상은 소홀히 할 수 없었다. 조숙창이 가지고 간 표문에는, 사신 저고여의 피살 사건과 평주에서 몽골 사신을 억류한 것에 대한 고려 측의 입장을 개진하고, 앞으로 우호를 깊게 하자는 의례적인 말이 들어 있었다.

이후에도 몽골 사신은 수시로 고려 조정을 들락거렸다. 그때마다 그들은 진귀한 공물을 요구했고 조정에서는 그들의 비위를 맞추기에 급급했다. 완전히 정복자의 자세였다.

마침내 개경에 주둔했던 몽골 군대는, 해가 바뀐 1232년(고종 19) 1월 12일 철수했다. 고려에서는 회안공 정과 거란 침입 때의 명장 김취려金就礪 장군을 보내 전송해주었다. 그들이 침략을 시작한 지 4개월 정도밖에 안 된 때이니 어찌 보면 매우 신속한 철수라고 볼 수도 있다. 고려의 정성이 지극했던 것일까. 아니면 그들만의 또 다른 사정이 있었던 것일까.

당시 중국 대륙에는 금나라가 명맥만을 유지하고 있었지만 존속하고 있었으며, 그 이남에는 남송南宋이 건재하고 있었다. 몽골의 이번 고려 침략은 그런 금나라를 치기 위한 사전 정지작업으로 볼 수 있다.

몽골의 태종(칭기즈 칸의 3남) 오고타이는 1227년(고종 14) 칭기즈 칸이 죽고 그 뒤를 이어 황제가 되었다. 그는 칭기즈 칸의 정복활동을 계승하여 중원 공략에 주력하면서 금나라 정벌을 친정하고 있었다. 고려의 침략은 그러한 중원 정복의 일환으로서 금나라의 배후인 고려를 우선 복속시키려는 목적이었다.

게다가 간도 지역에는 금나라의 또 다른 세력인 동진국도 존속하고 있어, 대단한 위협세력은 아니지만 중원을 정복해가는 데 거추장스러운 존재였다. 따라서 몽골 군대는 고려에서 오랫동안 지체할 필요가 없었으며 항복만 받아내면 곧 철수해야 했다. 다급한 것은 고려가 아니라 오히려 몽골 측일 수 있었다.

몽골 군대가 철수한 후, 이어서 1월 23일 개경의 계엄령이 해제되고, 2월 1일에는 출정했던 방어군이 회군하여 돌아왔다. 화친 성립에 대한 후속조처가 신속하게 진행된 것이다. 몽골의 입장에서는 성공적인 침략이었다. 이 무렵부터 천도에 대한 논의가 공식적으로 제기되었다. 신속한 화친 성립은 최이 정권으로서도 고대했던 일인데, 그 이유는 천도를 위한 준비 때문이었다.

천도론의 대두

1231년(고종 18) 12월 중순경, 승천부(경기 개풍군)의 부사 윤인尹繗과 녹사 박문의朴文儀란 자가 갑자기 최이를 찾아와서, 강화도는 난을 피할 만한 좋은 곳이라는 말을 흘렸다. 이것이 천도와 관련된 최초의 이야기이다. 회안공 정을 살리타이의 군영에 파견하여 정식으로 화친을 제의한 직후였다.

이 두 사람은 몽골의 군대가 개경까지 밀고 내려올 무렵, 자기 식솔과 재산을 이미 강화도로 빼돌린 후였다. 이들이 강화도를 거론한 것은 그런 사정도 크게 작용했다고 보인다. 하지만 이때는 천도를 건의한 것이 아니라 단순한 피란지로서 강화도를 언급한 것이었다. 앞으로 천도 논의 과정에서도 드러나지만, 항상 천도 여부만 문제가 되었지, 어디로 천도할 것인가는 전혀 논의 대상이 아니었다. 이것은, 천도만 결정되면 그 장소는 당연히 강화도라는 뜻이었다. 왜 그랬을까?

강화도는 승천부와 바로 마주보고 있어 이쪽에서 소리 지르면 저쪽에서 들릴 만큼 가까운 곳이다. 그래서 이 지역에서는 몽병의 남하 소식을 듣고 많은 사람들이 이미 강화도로 피란 가 있었다. 개경과의 거리도 직선거리로 20킬로미터도 채 되지 않았다. 사서에는 나타나 있지 않지만, 아마 개경에서도 강화도로 피란을 간 사람들이 적지 않게 있었음이 분명하다. 강화도는 몽골 군대가 개경을 향해 남하하면서 이미 많은 사람들에게 피난처로서 각광을 받고 있었던 것이다.

몽골의 침략에 대한 대응책을 고심하던 최이는 강화도 이야기에 정말 귀가 솔깃했다. 그 자리에서 최이는 그 두 사람에게 다시 가서 살펴보도록 명했다. 하지만 불행히도 두 사람은 중도에서 몽병에게 붙잡히고 만다.

해가 바뀌고 화친의 후속조치로 몽병은 개경에서 철수했으며, 아울러 개경의 계엄도 해제되어 다시 평온을 찾을 수 있었다. 하지만 최이는 강화도가 머릿속에서 떠나지를 않았다. 강화도를 피란지가 아니라 새로운 천도지로서 최이는 벌써 생각하고 있었다. 어떻게든 이 문제를 공론화하고 싶었지만 화친이 성립되고 몽골 군사도 철수한 마당에 뚜렷한 명분이 없었다.

1232년(고종 19) 2월 20일, 마침내 최이는 전목사에 재상들을 모이게 하여 천도 문제를 논의해보도록 했다. 이때는 몽골의 사신 도단都旦이라는 자가 도성에 들어와 도통고려국사都統高麗國事를 자칭하며 감시의 눈길을 보내고 있을 때라 비밀에 부친 회의였다. 비밀회의였지만 이것이 최초의 공식 논의이다. 여기서 모든 재상들은 몽골과의 화친 성립과 재침략의 두려움을 들어 반대의견을 피력했다.

최이는 천도를 단행하는 것은 고사하고 이 문제를 공론화하는 것조차도 쉽지 않음을 깨달았다. 수시로 왕래하는 몽골 사신의 눈길을 피하는 것도 쉽지 않았지만, 대부분의 재상들이 천도에 부정적인 반응을 보이는 것도 문제였다. 게다가 살리타이의 원정군은 완전 철수하지 않고 그때까지 고려 북방에 주둔하고 있었다.

그런 가운데 몽골의 사신 도단은 사신 접대를 관장하는 관리 한 명을 자신에게 소홀히 한다 하여 타살하는 만행을 저질렀다. 천도를 결심하고 있던 최이에게 이런 사건은 결코 나쁘지만은 않았다. 몽골의 흉포함을 들어 천도 쪽으로 여론을 몰아갈 수 있었기 때문이다.

우선 몽골을 확실하게 안심시키는 일이 중요했다. 여기서 희생양으로 등장하는 인물이 바로 끝까지 항쟁했던 귀주성의 박서와 자주성의 최춘명이다. 1232년 3월 박서를 해임하여 고향으로 귀향시키고, 같은 해 4월 최춘명에 대해서는 처형할 것을 결정했다. 이 최춘명이 몽골 관리의 변호로 죽음을 면했다는 것은 앞서 언급한 대로다.

그리고 최이는 화친에 대한 신뢰를 주기 위해 몽골 황제에게 특사를 파견했다. 조숙창을 다시 상장군으로 승진시키고 특사로 임명하여 표문을 올린 것이다. '표表'라는 것은 황제에게 올리는 글의 한 형식인데, 이 표문에서 고려 국왕은 처음으로 몽골 황제에 대해 신하를 칭하게[稱臣] 된다. 이때 살리타이와 그 휘하 관리들에게도 많은 선물을 함께 보냈다.

그러면서 최이는 자신의 측근들에게 천도의 불가피성을 계속 주입시켰다. 대부분의 문무관리들이 천도를 부정적으로 보는 상황에서 천도에 대한 불씨를 지피려면 그 수밖에 없었다. 그런 측근 중의 핵심 인물이 대집성이었다. 대집성이 자주성의 최춘명을 처형시켜야 한다고 혼자 강력 주장했던 것도 그런 최이의 의도와 관련이 깊었다.

결국 천도론은 최이 자신의 개인적인 생각에서 시작되었다는 말이 된다. 국왕 이하 어느 누구도 천도를 생각한 사람은 없었다. 몽골과의 화친이 성립하여 불안정하나마 평온을 찾은 마당에 그런 생각을 가질 필요가 전혀 없었던 것이다. 그러면 다른 사람은 생각하지도 않은 천도를, 왜 최이 본인만 그렇게 결심하고 고심했던 것일까?

최이는 왜 천도를 생각했을까

몽골과의 화친이 성립된 후, 최이에게 개인적으로 중요한 사건이 하나 발생한다. 1232년(고종 19) 5월 중순경, 그러니까 몽골의 황제에게 신하를 칭하는 표문을 올린 지 한 달 정도 지난 때였다. 몽골의 하서河西 원수라는 자가 사신을 시켜 직접 최이에게 선물과 함께 글을 보낸 것이다.

하서 원수는 몽골 황제를 받들고 동방원정을 총 책임지는 군사령관이 아닐까 싶은데, 고려에 원정 온 살리타이보다는 지위가 높은 군사령관으로 보인다. 이런 자가 최이에게 직접 글을 보내면서 '영공께 올림'[令公上]이라는 표현을 썼다. '영공'은 물론 최이를 가리키는 것이었다.

글의 자세한 내용에 대해서는 사서에 아무런 언급이 없어 아쉬운데, 아마 공식적인 외교문서가 아니었던 탓으로 보인다. 그 문서는 몽골의 원수가 최이에게 보내는 사적인 성격이 강한 글이었다고 할 수 있다. '영공'이라는 표현도 사적인 것이었다.

최이는 당시 아무런 관직도 없었다. 국왕 고종이 진양후晉陽候라는 작위를 주려고 했지만 매번 사양하고, 천도한 후에야 진양후에 책봉되었다. 그럼에도 최이는 당시 사람들 사이에서 '영공'으로 불리고 있었다. '영공'이라는 호칭도 그래서 가능한 것이었다.

그런데 재미있는 사실은, 최이가 자신은 영공이 아니라는 이유로 이 문서의 접수를 거부했다는 점이다. 영공은 자신을 가리키는 것이 아니라, 몽골과 화친 교섭의 대표를 맡았던 종실 회안공 정을 지칭한 것이라며 발뺌을 한 것이다. 그래서 이 문서는 주인을 찾아 최이와 회안공 정 사이를 몇 번이나 왕복하는 우스꽝스런 일이 벌어졌다.

어쩔 수 없이 최이는 이규보李奎報에게 명하여 이 글에 대한 답장을 쓰게 했다. 사신이 기다리고 있는데 언제까지 회피할 수만은 없었기 때문이다. 하지만 결국 자신이 아닌 회안공 정이 보내는 답장으로 했다. 최이는 왜 그렇게 '영공'이라 쓴 문서를 회피했을까?

여기에는 최이 개인의 중대한 문제가 결부되어 있었다. '영공'이라는 표현이 자신에게 적합한 호칭이 아니라는 이유로 회피했던 것은 물론 아니다. 최이가 꺼려했던 것은 몽골 측에서 자신을 국정의 최고책임자로 간주하고, 자신과 직접 상대하려 한다는 점이었다. 몽골의 원수가 국왕을 제쳐놓고 최이에게 직접 글을 올렸다는 것은 의미심장한 일이다. 몽골에서는, 고려 국왕은 허수아비이고 최고통치자는 최이라는 사실을 이미 알고 있었다는 이야기가 되기 때문이다. 그동안 몽골과 고려 측 사신들이 수없이 왕래했으니 모르고 있었다면 오히려 이상한 일일 것이다.

몽골 측과 고려가 최초로 공식 접촉한 것은, 1219년(고종 6) 고려·몽골·동진, 3국 연합군이 강동성에서 거란족을 물리친 직후였다. 이때 몽골 사신이 개경에 들어와 양국 간에는 형제맹약이 이루어졌었다. 그 이후, 1225년(고종 12) 몽골 사신 저고여가 귀환 도중 국경에서 피살되어 외교관계가 단절될 때까지, 사신 왕래는 수없이 있었다. 이렇게 볼 때, 몽골 측에서는 진즉부터 최이를 고려의 최고통치자로 알고 있었던 것이다.

그러면 최이는 왜, 몽골 측에서 자신을 최고통치자로 인식하는 것을 꺼려했을까?

몽골 측이 보낸 외교문서에 최이를 가리키는 '영공'이라는 표현이 나온 것은 하서 원수의 문서가 처음은 아니었다. 1231년(고종 18) 12월 몽골 측과 화친 논의가 이루어지면서 벌써 등장하고 있었다. 이때 고려에 많은 공물을 요구하면서 최이를 지목한 '영공'이라는 표현이 나왔던 것이다.

몽골과의 화친은 막대한 양의 공물 진상 요구로 나타났다. 최이가 최고통치자로 인식되어 공물 진상의 책임을 지게 된다는 것은 그에게 정치적으로 부담스런 일이 아닐 수 없었다. 그런 요구를 모두 들어줄 수도 없었고, 그것이 가능했다고 해도 이후 몽골과의 교섭에서 모든 문제를 자신이 책임져야 했기 때문이다.

그런 문제는 국왕이 나서서 감당해주기를 바랐을 것이다. 최이는 국왕의 배후에 숨어 권력을 유지하면서, 책임은 국왕에게 돌릴 수 있기 때문이다. 하지만 몽골에서는 이미 최이가 최고통치자임을 알아차리고, 그를 통해서 고려를 압박하려 들었다. 설사 몽골 측에서 최이의 존재를 모르고 국왕만을 상대하려고 했다 해도, 몽골과의 화친을 통한 새로운 국제관계의 성립은 그리 달갑지 않은 일이었다.

그럼에도 최이가 그들과의 화친에 적극적으로 임한 것은, 몽골 군대를 신속히 철수시켜 천도할 수 있는 시간적 여유를 얻기 위한 방편이었다. 10여 년 전 몽골과 맺은 형제맹약도 마찬가지였다. 그들을 진정한 외교 파트너로 인정하여 맺은 것이 아니라, 하루 속히 철수시키기 위한 불가피한 조처였다. 국제관계의 파트너에 변화가 온다는 것은 최이의 정치적 위상에도 변화가 올 소지가 많았다. 더구나 그것이 새로운 종속관계라면, 국왕 위에 군림하는 최고통치자로서 최이의 정치적 위상에 자칫 잘못하면 치명적일 수 있었다.

최이가 천도를 결심한 가장 중요한 이유는 바로 그런 문제였다. 몽골과의 새로운 종속관계를 위험시한 것이다. 10여 년 전의 형제맹약은 그 위험의 전조였다. 어쩌면 그때부터 몽골과는 화친보다는 전쟁으로 치닫도록 결정되었는지도 모른다. 몽골의 정복 야욕만이 문제가 아니었던 것이다. 몽골과 새로운 국제관계를 회피하려면 전쟁밖에 다른 수가 없었다. 최이의 천도는 그 길을 가기 위한 것이었다.

천도 반대론

몽골 사신이 뜸한 틈을 타, 1232년(고종 19) 5월 21일 최이는 선경전에 재상들을 집합시켜 몽골에 대한 방어책을 논의토록 했다.

몽골과는 이미 화친을 맺어 평온을 찾고 있는 가운데, 천도에 대한 이야기가 나오도록 최이가 의도적으로 자리를 마련한 것이었다. 하지만 천도에 대한 이야기는 전혀 나오지 않았다. 모든 재상들이 천도를 생각하지도 않고 있었다는 얘기다.

최이는 할 수 없이 이틀 후인 5월 23일, 다시 모임을 가졌다. 이번에는 4품 이상의 문무관리를 모두 모이게 했다. 많이 모이다 보면 자신의 심중을 헤아려주는 자가 있을지도 모를 일이었다. 하지만 이는 자신의 측근들을 회의에 참여시키기 위한 정치적인 술수에 지나지 않았다.

이번에도 몽골에 대한 방어책을 논의하는데, 대부분의 관리들은 수성전守城戰만 이야기할 뿐이었다. 오직 두 사람, 대집성과 정무鄭畝만이 천도를 하자고 나섰다. 대집성은 최이의 최측근으로서 그럴 만했지만, 정무라는 사람은 뜻밖이었다. 정무는 그 행적도 역사 기록에 거의 나타나 있지 않은데, 아마 대집성에게 포섭된 인물이 아닌가 싶다.

천도를 하자는 주장이 일부에서나마 처음으로 나왔으니 일단 불은 지펴진 셈이었다. 하지만 최이는 그대로 앉아 보고만 있을 수는 없었다. 측근인 대집성을 시켜 천도의 불가피성을 좀 더 확산시키도록 하고 사태 추이를 지켜보았다. 하지만 마음은 조급한데 여론은 자신의 뜻대로 움직여주지 않았다.

최이는 할 수 없이 마지막 비상수단을 동원했다. 이미 생각해두기는 했지만 막상 실행하기에는 조심스러운 것이었는데, 바로 무력을 동원하는 것이었다.

6월 16일 이른 아침, 최이는 자신의 사저에 재상들을 모두 모이게 했다. 무력을 이용하여 회의를 천도 쪽으로 몰아가려면 대궐보다는 사저가 유리하다고 판단한 것이다. 사병들을 동원하여 회의장을 철저하게 호위하게 한 후, 재상들을 소집했다. 들어오는 재상들 모두 위압적인 분위기에 벌써 기가 질려 있었다. 최이는 직접 회의를 주재하면서 일방적으로 천도의 당위성을 피력해나갔다. 모두 최이가 두려워 그 눈치를 보면서 찬성이든 반대든 한 마디도 말을 못하고 있었다. 유일하게 나서서 반대 발언을 하는 사람이 있었으니 바로 참지정사(종2품) 유승단이었다. 그의 발언을 인용해 보겠다.

> 작은 나라가 큰 나라를 섬김은[以小事大] 당연한 일이다. 예로써 섬기고 신으로써 사귀면 저들이 무슨 명분으로 우리를 괴롭히겠는가. 성곽을 버리고 종묘사직을 돌아보지 않으면서 섬 안에 엎드려 구차하게 세월만 보내면, 변방의 백성들은 장정이 되어 칼날에 쓰러지고, 노약자들은 끌려가 포로나 노예가 될 것이니, 이것을 어찌 국가의 좋은 계책이라 하겠는가《고려사》1 02 〈유승단전〉).

유승단의 이런 생각은 천도를 반대하는 모든 사람들의 생각이기도 했고, 천도의 불가피성을 주장하는 최이의 가장 큰 약점이기도 했다.

사실 최이의 천도 주장을 민족적 항쟁이라는 명분으로 미화시키고 유승단의 생각을 사대주의적 발상이라고 폄하할 수도 있다. 그러나 유승단이, 앞서 자주성의 최춘명을 처형하려 할 때 그것에 반대했던 유일한 인물이라는 점을 고려하면, 그의 주장이 분명 사대주의적 발상만은 아닐 것이다.

역사 속의 대논쟁에서는 항상 명분과 실리가 부딪힌다. 최이의 천도론은 겉으로 내세운 명분은 뚜렷하고 좋았지만 실리 면에서 너무나 문제가 많았다. 반면 유승단의 천도 반대론은 실리 면에서 분명히 우세했지만 대의명분이 약했다고 볼 수 있다.

유승단은 인동현(경북 구미) 출신으로 박학다식하고 고문에 능하여 문장으로 당대에 이름을 날렸던 인물이다. 그는 전왕 강종(명종의 아들)이 태자로 있을 때 태자시학으로 있으면서 함께 강화도로 추방된 적이 있었고, 지금의 국왕 고종이 어렸을 때 그를 가르치기도 했으니 국왕의 사부이기도 했다. 이런 점에서 보면 유승단의 천도 반대론은 현 국왕인 고종의 생각을 반영한 것이라는 생각도 든다.

유승단의 천도 반대론은 최이의 의중을 정확히 꿰뚫어본 것이었다. 하지만 다른 관료들은 최이가 두려워 유승단의 의견에 동조하지 못했다. 최이는 유승단의 발언을 무시하고 기필코 천도하겠다는 자신의 의지를 강력히 피력했다.

그런데 그때 회의장 밖에서 돌발사태가 발생한다. 김세충金世冲이라는 사람이 회의장 문을 박차고 들어와 최이를 힐난하면서 대들었다.

개경은 태조 때부터 지켜 내려와 무려 3백 년이나 되었습니다. 성이 견고하고 군사와 양식이 족하니 진실로 힘을 합하면 사직을 지켜낼 수 있는데, 이곳을 버리고 장차 어디에 도읍하겠다는 것입니까? 《고려사절요》16, 고종 19년 6월

당시 김세충의 직책이 '야별초 지유'였는데, 야별초는 최이가 무너지는 상비군을 대신하여 만든 군대였고, '지유'는 그 중간급 지휘관을 말한다. 그런 김세충이 어떻게 최이의 사저에 있었는지 의문인데, 야별초가 최이의 사병 역할도 했다는 사실을 감안하면 이해할 수 있을 것이다. 아마 김세충은 회의장을 호위하던 지휘관 중 한 명이었다고 생각된다.

김세충의 생각은 조금 막연하긴 했지만, 개경을 고수해야 한다는 확실한 의지의 표명이었다. 최이에게는 당황스러운 일이 아닐 수 없었다. 그가 회의장에 불쑥 들어왔다는 것 자체가 최이로서는 용납할 수 없는 일이었다. 마음을 가라앉힌 최이가 김세충에게, 그럼 개경을 지킬 계책이 뭐냐고 되물었다. 흥분해 있던 김세충이 얼른 대답하지 못하고 머뭇거렸다. 이때를 놓치지 않고 어사대부 대집성이 나섰다.

"김세충이 아녀자의 말을 따라 감히 국가 중대사를 그르치려고 하니 그를 참수하여 다시는 그런 말이 나오지 않도록 해야 합니다."

응양군 상장군 김현보金鉉寶가 바로 대집성의 말을 거들었다. 응양군 상장군은 무반 관직 서열 1위의 직책이다. 최이의 명령으로 김세충은 바로 군사들에게 밖으로 끌려나와 그 자리에서 참수되고 말았다. 이렇게 조성된 공포 분위기 속에서 천도에 반대하는 사람은 한 명도 없었다. 천도를 작정하고 회의를 강압적으로 몰아가던 최이에게 김세충의 언

행은 오히려 반전의 호기였을 것이다. 어차피 누군가는 희생양이 되어야 했을 테니까.

강화도로 천도하다

김세충을 참수한 그날, 1232년 6월 16일, 최이는 천도를 공식적으로 선포했다. 국왕 이하 모든 문무관리들은 입을 다물고 있었다. 어디로 천도할 것인가는 전혀 논의 대상이 아니었으니, 그곳은 이론의 여지없이 강화도였다.

최이는 국왕을 협박하여 강화도로 옮길 것을 요구했지만 국왕은 망설이고 있었다. 이에 개의치 않고 최이는 세미 운반용 수레 1백여 개를 강제 동원하여 자신의 재산과 가재도구부터 강화도로 옮겼다. 천도를 선포한 바로 그날이다. 이때 그의 친족세력과 다수의 측근들이 최이와 함께 행동했는데, 이는 국왕을 압박하는 효과가 있었다. 최이는 여러 관부에 명령하여 보름 내에 도성 안의 모든 백성들을 내보내게 했다. 즉시 도성 안 곳곳에 다음과 같은 살벌한 방문이 나붙었다.

'지체하여 출발할 기일을 지키지 않는 자는 군법으로 다스린다.'

이어 여러 지방에도 사람을 보내 강제로 백성들을 가까운 섬이나 산성 등으로 옮기도록 했다. 다음날 6월 17일, 2천 명의 군사를 징발하여 강화도에서 새 궁궐의 조영에 들어갔다.

그리고 미리 예고한 기한의 마지막 날인 7월 1일, 최이는 지문하성사(종2품) 김중구金仲龜, 지추밀원사(종2품) 김인경金仁鏡을 왕경유수병마사로 임명하여 개경을 방어하는 책임을 맡겼다. 이들이 우선 할 일은 개경의 민호를 강화도로 강제 이주시키는 일이었다. 개경 방어는 그 다음 일이었다.

마침내 1232년(고종 19) 7월 6일, 국왕은 어쩔 수 없이 개경의 궁궐을 나섰다. 정말 발걸음이 떨어지지 않았지만 최이의 강압에 못 이겨 떠날 수밖에 없었다. 도성을 떠나라고 최이가 정한 기한을 이미 넘긴 뒤였다. 계속되는 장마로 쉽게 날을 잡지 못하기도 했지만, 그것을 핑계로 차일피일 미룬 탓이 더 컸다.

그날 국왕 일행은 승천부(경기 개풍군)에서 하룻밤 쉬고, 다음날 강을 건너 강화도의 객관에 마련된 초라한 임시 거처로 들어갔다. 새로운 천도지에 궁궐을 비롯한 모든 기반시설을 마련한 후 천도를 단행하는 것이 정상이었지만 그런 준비가 되었을 리 만무했다. 천도가 얼마나 폭력적이고 전격적으로 단행되었는지 알 수 있는 일이다.

천도를 가장 꺼려한 사람은 사실 국왕 고종이었다. 그렇지 않아도 국왕의 권위가 땅에 떨어진 상태에서 3백 년 왕도마저 버린다면 그 권위가 얼마나 추락할지 불안하기 짝이 없는 일이었다.

어쩌면 국왕은 몽골과의 화친을 통해 국왕으로서의 권위를 새롭게 회복할 수 있는 계기로 생각했는지도 모른다. 몽골과의 화친이 새로운 대외관계를 열어주고, 그런 몽골의 권위를 등에 업을 수만 있다면 왕정복고도 충분히 희망이 있었다. 최이의 입장에서 본다면 정치적 위상에 변화가 올 가능성이 분명히 있었던 것이다.

몽골과의 화친을 통해 나타날 수 있는 이러한 권력의 역학관계를, 국왕이나 최이 모두 잘 알고 있었다. 그래서 국왕은 천도가 달갑지 않았고, 반대로 최이는 천도가 무엇보다도 시급하고 중대한 일이었다. 그래서 최이는 천도 문제가 벽에 부딪혀 있던 6월 8일, 자연도(영종도)에 추방당해 있던 전왕 희종을 다시 모셔왔다. 전왕 희종은 최충헌을 제거하려다 실패하고, 오히려 최충헌에게 폐위당하여 1211년 쫓겨났던 왕이다(이에 대해서는 2권 참조).

최이가 전왕 희종을 다시 개경으로 모셔온 것은 현 국왕 고종에 대한 위협이었다. 국왕 고종이 천도에 끝까지 반대하여 고집을 꺾지 않는다면 폐위시키고 전왕을 옹립하겠다는 의도였다. 고종은 천도를 따르지 않을 수 없었던 것이다.

천도가 최이의 의도대로 전격 단행되었다는 점에서, 그의 권력이 앞으로 더욱 강성해지리라는 것은 두말할 필요가 없다. 천도한 강화도를 강도江都라고 부르는데, 이 강도는 최씨 왕조의 왕도나 다름없었다. 강화 천도는 어쩌면 진정한 최씨 왕조의 시작일지도 모른다.

다루가치를 제거하라

여·몽 간에 화친이 성립되자 몽골 군대는 철수하면서 다루가치達魯花赤를 남겨두었다. 다루가치는 몽골어로 일종의 행정 감독관을 가리키는 말이다. 몽골은 72명의 다루가치를 개경 및 북계의 여러 지역에 잔류시키고 고려 내정을 감독하도록 했다.

천도를 추진하는 과정에서 가장 거추장스러운 존재가 이들 다루가치였다. 이들은 개경보다는 주로 서북면 지역의 변방에 머물면서 고려 내정의 움직임을 예의주시하고 있었고, 필요한 경우 개경에까지 들어와 감시의 눈을 번득였다. 최이가 천도를 전격적으로 단행하는 데는 이들 다루가치의 존재도 한몫을 했다. 다루가치의 내정 감독은 최이의 권력을 위협할 수도 있었기 때문이다.

천도 문제를 한참 공론화해가던 1232년(고종 19) 5월 말, 다루가치 네 명이 도성을 방문한 적이 있었다. 이들은 별다른 낌새를 못 챘는지 말썽을 부리지는 않았지만 조심스런 일이 아닐 수 없었다. 이들의 눈을 피해 천도를 단행한다는 것은 불가능한 일이었을 것이다. 또한 천도는 시간이 지나면 어차피 몽골 측에 알려질 수밖에 없는 일이기도 했다.

최이는 이 다루가치 문제를 정면으로 대응했다. 최이는 이미 자신의 신변을 정리하여 강화도로 옮긴 후인 그해 7월 초, 비밀리에 장군 윤복창尹復昌을 불러 밀명을 내렸다. 약간의 군대를 이끌고 서북면으로 가서 여러 성에 머물고 있는 다루가치들을 무장해제시키라는 것이었다. 불행히도 윤복창은 그 임무를 수행하다가 선주(평북 선천)에서 다루가치의 화살세례를 받아 죽고 말았다.

최이가 그런 위험한 밀명을 내린 것은, 몽골과 대결국면을 조성하여 긴장을 불러일으키고, 천도를 되돌릴 수 없는 일로 확정하기 위해서였다. 자신의 신변은 이미 강화도로 옮겼지만, 국왕 이하 대부분의 문무관리들은 아직도 미온적이었기 때문이다. 그들을 신속하게 움직이게 하려면 몽골이 다시 쳐들어올 위험이 있다 해도 상관없었다. 천도에 확실한 쐐기를 박아두면 그만이었던 것이다.

국왕이 결국 강화도로 옮긴 직후인 그해 8월 초, 최이는 다시 한번 다루가치 제거를 계획했다. 이번에는 무장해제 정도가 아니라 아예 제거하기로 마음먹은 것이다. 천도를 일단 마쳤으니 상관없다고 생각했을 법하다.

서경순무사로 있는 민희閔曦와 그 부하 관리 최자온崔滋溫 등은 최이의 밀명을 받고, 군사를 동원하여 다루가치를 모두 제거할 계획을 세웠다. 그런데 이런 낌새를 알아챈 서경의 관리와 주민들이 반대하고 나섰다. 몽골의 군대가 쳐들어왔을 때 보복당할까 두려워한 것이다.

서경 사람들이 반대한 것은 너무나 당연했다.

민희가 계획대로 일을 벌이려고 하자, 서경 사람들은 결국 반기를 들고 만다. 서경유수 최림수崔林壽를 비롯한 그 휘하 관리들은 최자온을 옥에 가두고, 자신들은 대동강 하구의 저도라는 섬으로 도망쳐버렸다. 서경 관리들이 다루가치의 제거를 얼마나 기피했는지 알 만하다. 이는 몽골의 보복을 두려워한 때문이니, 최림수를 탓할 일만은 아니다.

이 다루가치 사건은 최이 정권이 천도를 신속히 마무리하기 위해 취한 정치적인 조치였다. 천도를 위해서라면 몽골과의 새로운 긴장국면이나, 필요하다면 전쟁도 불사하겠다는 것이었다. 그러나 몽골의 침입로인 서북면에서는 당연히 몽골과의 전쟁을 전혀 원치 않았다.

강화도로 피신한 최이 정권은 안전할지 모르지만, 다른 지역이나 그밖의 사람들은 사정이 전혀 달랐다. 특히 침략의 길목에 있는 서북면의 여러 지역에서는 천도를 불안하게 지켜보고 있었다. 천도가 몽골의 침략을 다시 불러오리라는 것을 누구나 알고 있었기 때문이다. 최이 정권의 천도는 전혀 부적절한 시기에 오직 정권유지 차원에서 이루어진 조치였던 것이다. 당연히 천도에 대한 저항도 없을 수 없었다.

천도에 대한 반발

국왕과 문무관료, 백성들이 빠져나간 도성 안은 무방비 상태였다. 강화도의 강도 정부는 채 자리도 잡지 못했고, 개경은 이미 행정과 치안이 정지된 상태였다. 대궐이나 관청은 마치 날벼락을 만난 듯 텅 비어 황량했다. 민가는 더욱 처참했다. 당시 개경의 호수는 총 10만 호 정도였다. 한 집 당 다섯 명으로 계산하면 개경은 50만 명이 넘는 거대도시였다. 이러한 개경의 민가도 전쟁이 휩쓸고 지나간 자리처럼 어지러웠다. 게다가 장맛비까지 겹쳤으니 천도 직후 그 처참한 광경이란 이루 말로 다 표현할 수 없었다.

천도에 대한 반발은 강화도로의 이주가 채 끝나기도 전에 바로 나타났다. 국왕 일행이 도성을 빠져나간 직후였다. 뒤처진 백성들이 그제야 이주 행렬에 끼어들어 전쟁통과 같은 피란민 대열이 아직도 간간히 계속되고 있을 때였다.

어사대에서 잡역을 담당하는 이통李通이라는 자가 경기도의 초적과 도성 안의 노비들을 불러모아, 왕경유수병마사로 임명된 김중구와 김인경을 내쫓고 반군을 조직하여 천도에 정면으로 반기를 들었다. 이들은 개경 주변의 여러 사찰에 첩문까지 띄워 승도들을 불러들이고, 관청이나 사가의 곡식을 약탈했다.

강도 정부는 황망한 중에도 신속하게 진압군을 편성했다. 3군으로 조직된 토벌군은 즉시 개경으로 출발했다. 개경의 반군도 토벌군이 강을 건넜다는 소식을 듣고 일부 세력을 강화도의 대안인 승천부로 보내고, 나머지 세력은 도성의 각 문을 굳게 닫고 지켰다. 하지만 반군세력이 승천부에 도착하기 전 토벌군은 벌써 상륙하여 승천부를 점령하고 바로 개경을 향하고 있었다. 승천부의 동쪽 교외에서 토벌군과 만난 반군은 퇴패하여 토벌군의 개경 진입을 막지 못했다.

개경에 도착한 토벌군은 굳게 닫힌 성문 때문에 들어갈 수가 없었다. 국왕 친위군 장교로서 토벌군의 선봉대를 맡고 있던 별장(정7품) 이보李甫라는 자가 여기서 한 계책을 썼다. 자신들을 반군으로 위장하고, 관군을 격파하고 왔으니 성문을 열라고 외치자, 문지기는 별다른 의심 없이 성문을 열어주고 말았다. 이러한 어설픈 속임수가 통할 수 있었던 주된 이유는 반군이나 토벌군을 명확히 구별할 수 없을 만큼 인적 구성이 혼잡했기 때문이다.

토벌군의 선봉대는 바로 도성 안으로 밀고 들어가 주모자 이통을 잡아 죽였다. 뒤이어 토벌군의 본대가 들이닥치자 반군의 세력은 적수가 못 되었다. 대부분 잡혀 죽임을 당하고 나머지는 모두 흩어져 도망쳐 버렸다.

이통의 무리가 초적들을 모아 반란을 일으킨 것은, 최이 정권의 강화 천도를 자신들만 살기 위한 배신행위로 보았기 때문이다. 하지만 높은 적개심에 비해 여기저기서 끌어모아 잡다하게 구성된 조직력은 너무나 허술했던 모양이다.

천도에 대한 반란은 충주에서도 일어났다. 충주에서는 몽골 군대가 쳐들어왔을 때 힘을 합쳐 싸웠던 관청의 노비나 천민들이 이미 반란을 일으킨 바 있었다.

이처럼 노비나 천민들이 반란을 일으킨 까닭은 우선 관리나 양반들이 몽골 군대와 싸우지 않고 도망친 것에 있었다. 그런 자들이 몽병이 물러간 뒤에야 돌아와, 관청의 재산을 약탈했다는 누명을 씌워 오히려 자신들을 죽이려하자 여기에 분노하여 반란을 일으킨 것이다. 1232년 (고종 19) 1월의 일로 앞서 언급했었다.

충주의 노비나 천민들은 반란을 일으킨 김에 평소 자신들을 억압하고 착취한 토호세력들까지 죽였다. 이들은 피억압계층으로서 평소 갖고 있던 불만까지 한꺼번에 터뜨린 것이다. 그러니까 충주의 반란은 천도하기 전의 일이었으니 처음부터 천도에 반발한 것은 아니었다.

최이 정권은 우선 안무사를 파견하여 회유에 나섰다. 회유가 성공했는지 노비들의 지도자인 지광수池光守와 승려 우본牛本은 전공을 인정받고 개경에 들어와 최이로부터 포상까지 받았다. 지광수는 교위(정9품)에 임명되고, 우본은 대원사의 주지가 되었다.

그런데 천도가 단행된 후인 1232년 8월 무렵 충주에서는 다시 반란이 일어났다. 반란의 주모자는 승려 우본이었다. 마침 그때는 천도에 반발하여 일어난 개경의 반란이 진압된 직후였다. 그래서 충주의 재차 봉기는 그때 개경에서 토벌군에 맞서 싸우다 살아남은 일부 초적이나 승도들이 충주로 도망쳐 내려와 다시 선동한 것이 아닌가 생각된다.

개경의 반란을 진압한 토벌군은 바로 충주로 내려왔다. 노비들은 당황하여 항복하겠다는 의사를 밝혔다. 아마 천민들과 승도들 사이에 내분이 일어나 불화가 있었던 모양이었다. 노비의 우두머리는 승려 우본을 베어 토벌군에게 바치고 자신들이 살아남는 길을 찾았다. 하지만 토벌군이 충주성으로 들어와 남아 있던 노비들을 죽이자, 주모자들은 모두 도망치고 말았다. 충주의 재차 반란은 그해 9월 이렇게 간단히 진압되어버린다.

충주에서 애초에 반란이 일어난 계기는 천도 때문이 아니라, 대몽항전을 놓고 일어난 계층 간의 분열 때문이었다. 하지만 천도가 단행된 직후 다시 일어난 봉기는 분명 천도에 대한 반발이었다. 이는 개경에서 이통이 중심이 되어 일으켰던 천도 반대 움직임과 무관치 않은 것이었다.

민란의 촉발

1233년(고종 20) 4월, 용문창에서 반란이 일어났다. 용문창은 고려시대 조창漕倉 가운데 하나로 조운의 편리를 위해 예성강에서 멀지 않은 개경의 선의문 밖에 위치하고 있었다. 서해안의 조운로를 따라 올라온 세미는 모두 일단 이 용문창에 집결되었으니 고려시대 가장 큰 조창이었다.

용문창은 주로 군량을 비축하고 공급하던 국가의 근간이 되는 창고였다. 이처럼 중요한 창고이다 보니 이곳을 지키는 간수군看守軍이 항상 배치되어 있었고, 웬만한 지방 관아를 능가하는 규모를 갖추고 있었다. 그런데 이곳에서 반란이 일어난 것이다.

반란을 일으킨 주모자는 인근의 초적인 거복居卜과 왕심往心이라는 자였다. 이들이 반란을 일으킨 이유에 대해서는 사서에 분명한 언급이 없지만, 창고의 식량을 약탈하기 위한 것으로 보인다. 천도한 직후라 창고의 군량을 강화도로 옮기는 어수선한 틈을 노린 것이었다.

최이 정권은 즉시 상장군 이자성을 파견하여 진압토록 했다. 이자성은 앞서 몽골과 싸운 장수였고 이통의 반란을 진압하는 데도 참여했던 사람이었다. 초적의 무리는 세력이 크지 않았던지 거복과 왕심이 제거되면서 바로 무너지고 만다.

용문창의 반란을 진압한 지 한 달 후인 같은 해 5월에는 경주에서도 민란이 일어났다. 경주는 최씨 정권과 악연이 깊은 곳이다. 김사미·효심의 난으로 시작된 신라부흥운동은 이의민 정권과도 연계된 것이었는데, 최충헌은 집권 초기 이를 진압하기 위해 무진 애를 먹었었다. 진압을 하기는 했지만 경주 지역의 반 최씨 정권의 성향은 여전히 남아 있었다.

경주의 이때 민란은 최산崔山과 이유李儒가 중심이 된 것이었다. 이 두 사람의 성향은 잘 나타나 있지 않지만, 성명이 분명한 것으로 보아 평민 이상의 신분층으로 보인다. 아마 경주의 토착세력들이 아닌가 싶다. 이들이 반란을 일으킨 이유도 드러나 있지 않다. 다만 그 규모가 수만 명이 넘었다는 기록으로 보아 만만치 않은 세력이었음을 알 수 있을 뿐이다. 크게 보아 최이 정권에 대한 저항이었다고 생각되는데, 갑작스런 천도와도 결코 무관치 않았다고 판단된다.

최이 정권은 민란 진압에 경험이 많은 이자성을 다시 진압군 사령관으로 삼아 급히 경주로 파견했다. 이자성은 진압군을 이끌고 밤낮으로 길을 달려 영주(경북 영천)에 입성했다. 영주는 경주로 진입하는 길목에 위치한 곳인데, 이곳을 진압의 거점으로 삼으려는 것이었다.

그런데 이상하게도 이 영주는 신라부흥운동이 시작될 때도 경주의 민란세력과 맞서 싸운 곳이었다. 이를 보면 이번 경주의 민란도 지난날의 신라부흥운동과 정치적 맥락이 닿아 있음이 분명했다. 신라부흥운동과 같은 반 최씨 정권의 성향이 천도를 계기로 다시 드러나지 않았나 하는 것이다.

이자성의 진압군이 영주에 입성한 직후, 민란세력도 영주를 향해 북상하면서 인근 주현에 격문을 띄워 동참을 호소하고 있었다. 그 효과가 있었는지 날을 정하여 영주 근교에 모두 집결하기로 기약까지 했었다. 하지만 진압군의 영주 입성 소식을 들은 인근 주현에서는 망설이고 있었다. 민란세력은 더 이상 세력을 확대하지 못하고 영주 남쪽에 집결했다.

이자성은 성문을 닫고 휴식을 갖자는 건의를 무시하고 바로 민란세력을 선제공격했다. 당시 진압군은 민란세력에 비해 수적으로 열세였는데 그것을 역이용한 것이다. 민란세력은 채 진용을 갖추기도 전에 급습을 받고 무너지고 말았다. 진압 후 그 시체가 수십 리에 널려 있었다고 하니, 그 규모나 참상을 보아도 과거 신라부흥운동을 연상케 한다.

용문창의 반란이나 경주의 민란이 천도에 직접 반발하여 일어난 것은 아니었을 수도 있다. 하지만 최이 정권의 갑작스런 천도가 그 계기로 작용했음은 너무나 분명하다. 그리고 앞서 이통의 반란과 충주의 반란은 모두 최이 정권의 천도에 직접 반기를 든 것이었다. 그렇다면 천도는 민심을 배반한 것이었음이 분명해진다.

천도 직후의 대몽관계

천도를 변명한 외교

천도라는 중대한 사건을 몽골 측에서 모를 리 없었다. 화친 이후에도 다루가치들이 상주해 있었고, 몽골의 사신도 수시로 왕래하고 있었기 때문이다.

국왕이 개경을 뜨기 전 마지막으로 몽골 사신이 개경을 방문한 것은, 1232년(고종 19) 7월 1일이었다. 최이와 그 측근들은 이미 그 보름 전 개경을 뜨고 없었다. 이때 몽골 사신들이 나흘간 개경에 머물다 돌아갔는데, 아마 몽골 측에서는 이들 사신을 통해 최이 정권의 강화 천도를 최초로 공식 확인했을 것이다.

몽골 측에서는 당연히 천도 문제를 추궁해왔다. 이에 대해 고려 측에서는 앞으로 몽골 군대가 대규모로 쳐들어온다는 소문을 들었기 때문이라고 답변했다. 그런 소문을 퍼뜨린 자는 몽골 군영에서 도망쳐나온 송립장宋立章이라는 사람이었다.

송립장은 그해 3월 살리타이에게 사신을 파견할 때 통역관을 수행했던 하급장교였는데, 그런 그가 살리타이 군영에서 도망쳐온 것은 같은 해 6월 15일이고, 최이가 사저에서 천도 여부를 강압적으로 결론짓고 천도를 공식 선포한 날은 그 다음날인 16일이었다. 그러니까 송립장의 말은 천도를 전격적으로 단행하는 데 중요한 동기가 되었음이 분명하다.

그런데 송립장이 실제로 그런 말을 했는지에 대해서는 석연치 않은 점이 많다. 고려 측에서는 이후 계속 그가 했던 말을 천도의 이유로 몽골 측에 해명하고 있지만, 최이가 천도를 위해 그를 이용했다는 의구심도 떨치기 힘들다. 이 송립장의 말은 천도를 둘러싼 양국 간의 공방에서 핵심적인 이슈가 된다.

몽골에서는 다시 사신을 파견하여 고려를 힐책했는데, 그 요점은 다음과 같은 세 가지 문제였다.

하나, 송립장의 말로 핑계대지 말고 강화도에서 속히 나오라.
둘, 다루가치를 체포 제거하려고 했다는데 사실인가.
셋, 투항하려면 섬에서 나와 우리를 맞이하고, 싫으면 군대로써 싸우자.

몽골의 강경한 첩문을 받은 고려는 1232년(고종 19) 9월, 국왕 고종의 이름으로 다음과 같은 답서를 보냈다.

하나, 몽골의 군대가 쳐들어온다는 소문으로 백성들은 모두 흩어져 숨어버렸다. 많지 않은 백성으로 대국이 요구한 공물을 조달하려면 남아 있는 백성들을 강화도에 안집시켜 놓아야만 한다. 다른 뜻은 없다.

둘. 개경에 머물고 있는 다루가치는 후대했다. 서북면에 주둔한 다루가치도 마찬가지로 후대하라고 지시했는데, 어떤 사건이 있었는지는 조정에서도 모르는 일이다.

셋. 섬으로 들어간 일은 미리 알리지 못해 자책할 만한 일이었다. 투항하려는 마음은 한결같으니 소국을 이해하라. 우리는 변방으로 남는 것을 바랄 뿐이다.

이 답서에 대한 상세한 설명은 따로 달지 않겠다. 다만 한 가지만 언급하면, 최이 정권이 강화도로 천도하고서도 몽골과의 정면대결은 애써 회피하고 있다는 사실이다. 물론 이 답서는 국왕의 이름으로 보내진 것이기 때문에, 그것은 최이의 의지가 아니라 국왕의 뜻이라고 말할 수도 있다. 하지만 최고통치자인 최이의 승인 없이 외교문서가 보내질 수는 없다. 그러니 이것은, 앞으로도 마찬가지이지만, 최이의 뜻이 정확히 반영된 답서라고 봐야 온당하다.

최이의 강화 천도는 사생결단의 대몽항쟁을 위한 것이 결코 아니었다. 물론 결사적인 항쟁만이 좋은 계책이라고 할 수는 없지만 강화 천도의 대의명분은 그만큼 퇴색할 수밖에 없다. 그처럼 굴욕적인 외교라면 차라리 개경에 남아서 펼치는 것이 더 효과적이고 피해도 덜하지 않았을까.

계속되는 굴욕 외교

몽골 측에서는 더욱 구체적인 요구 사항과 질책성 첩문을 다시 보내왔다. 그 내용의 핵심은 다음과 같다.

하나, 국왕이 직접 오고, 그렇지 않으면 최영공(최이)을 보내라.
둘, 요구한 공물은 빠짐없이 정확하게 진상하라.
셋, 조숙창을 보내고, 진상을 알아볼 테니 송립장도 압송하라.
넷, 동진국을 정복하는 데 군대를 징발하여 협조하라.
다섯, 호구를 정확히 헤아려 보고하라.
여섯, 송립장의 말은 허언이다. 천도한 진짜 이유가 뭐냐.

갈수록 태산이다. 도대체 이들의 무리한 요구를 어떻게 피해나갈지 그 귀추가 주목된다. 고려에서는 사태가 심각하다고 판단했는지 이번에는 여기에 대한 답서 외에도 많은 진정성 문건을 함께 갖추어 보냈다. 1232년(고종 19) 11월의 일이다.

답서와 아울러 보낸 그 문건에는, 몽골 황제에게 고려의 처지를 알리는 진정표, 살리타이에게 선처를 부탁한다는 서신도 있었다. 그리고 몽골 침략의 명분이었던 저고여 암살 사건부터, 송립장의 말로 인한 현재의 천도에 이르기까지, 양국관계를 소상히 설명하는 해명성의 진정서 등이 포함되어 있었다.

모두 뭉뚱그려서 몽골 측의 요구에 대한 고려 측의 답변을 요약하면 다음과 같다.

하나, 우리가 오히려 바라는 바이나 번위(왕위)는 하루도 비울 수 없으니, 궁박한 사정을 양찰하고 너그러움을 보여달라.

둘, 성심껏 준비하였으나 많지 않은 인민으로 거두어들인 공물이 적어 정성만을 표시한 것이다. 다음에 추가로 보내겠다.

셋, 조숙창은 상국에서 돌아온 뒤 병을 얻어 즉시 보내기 어렵게 되었다. 송립장의 말에 놀라 천도하였으나 상국의 뜻이 아님을 알고 그 죄를 물어 송립장을 먼 섬으로 유배 보냈는데, 파도가 심하여 그 소식이 묘연하다.

넷, 우리는 본래 소국이고 전란까지 겹쳐 남아 있는 군사가 적고 살아남은 자들도 부상과 질병으로 대국의 용병에는 쓸모가 없으니 그 사정을 이해하라.

다섯, 대군이 쳐들어온다는 소문에 대부분의 인민이 도망하여 산야는 무성한 풀밭으로 변했다. 국가의 존립만 허용해준다면 남아 있는 백성을 모아 대국을 섬기겠다.

여섯, 남아 있는 백성을 모아 상국을 섬기기 위한 것이지 다른 뜻은 전혀 없다.

몽골 측의 요구에 대한 고려 측의 답변을 항목별로 정리해보았는데, 대부분 일시적인 회피성 답변이거나 진실과는 거리가 먼 답변임을 알 수 있을 것이다. 특히 셋째 항 조숙창과 송립장에 대한 해명은 분명한 거짓으로 보인다.

조숙창은 몽골 군대가 압록강을 건너 처음 의주를 칠 때 맨 처음 항복해버린 장수였다. 그 후 몽골에서는 그를 앞세워 북방의 여러 성을 항복케 하는 데 이용했었다. 몽골에서는 천도의 진실을 정확히 알기 위해 친몽골적이며 화친론자인 조숙창이 필요했던 것이다. 최이가 그런 조숙창을 몽골의 요구대로 순순히 보낼 수는 없었다.

송립장을 먼 섬으로 유배 보내 압송할 수 없다는 말도 뻔한 거짓이었다. 송립장이 몽골 군영에서 도망쳐와 했다는 '그 말' 때문에 천도한 것이 진정 사실이라면 그를 몽골로 압송 못할 이유가 없다. 몽골의 요구가 없더라도 오히려 고려 측에서 자발적으로 그를 보내 천도의 이유를 밝혀야 될 일이다. 그렇게 할 수 없었던 것은 송립장의 말이 거짓이었기 때문이다. 이는 앞서 언급했듯이 최이가 천도를 위해 그의 말을 조작하여 이용했음을 말해준다.

물론 송립장이 했다는 '그 말'이 사실이지만, 그가 몽골에 가서 어떤 태도를 취할지 신뢰할 수 없어 보내지 못했을 수도 있다. 하지만 송립장을 신뢰할 수 있다고 해도 그의 말로 천도를 변명하는 것은 궁색한 일이 아닐 수 없다. 일개 하급장교의 말 한마디로 국가의 중대사인 천도를 결행한 꼴이 되고 마니, 어차피 몽골을 설득하기에는 역부족이었다.

그리고 고려 측 답변에서 또 하나 그냥 지나칠 수 없는 중요한 사실이 있다. 그것은 바로 최고통치자 최이에 대한 거취 문제였다. 첫째 항에서 국왕이나 혹은 최이를 보내라는 요구가 있었는데, 그 답변에서는 국왕에 대해서만 갈 수 없음을 언급했고, 최이에 대해서는 아무런 언급이 없다. 최이를 보내라는 몽골 측의 요구는 누구보다도 최이 자신에게 가장 곤혹스러운 일이 아닐 수 없었다.

최이가 몽골에 들어갈 수 없는 이유는 너무도 명백하다. 천도 문제는 차치하더라도 몽골의 비위를 맞추지 못하면 억류당하기 십상일 테고, 이는 바로 정권의 붕괴로 이어질 것이 분명하기 때문이다. 어쩌면 몽골에 들어갔다가 살아 돌아오기 힘들지도 모르는데, 누가 그런 바보 같은 짓을 자초하겠는가.

국왕 고종의 입장도 옹색하기는 마찬가지다. 최이에게 입조하라고 요구할 수는 없고, 국왕 자신이 가겠다고 나설 수도 없는 노릇이기 때문이다. 국왕이 몽골에 들어가는 것도 최이에게는 달가운 일이 아니다. 국왕이 최이를 배신할 수도 있었기 때문이다. 천도 문제를 비롯한 그동안의 실상이 낱낱이 드러나고 최이에게 모든 책임이 지워질 수 있는 중대한 문제였다.

무엇보다도 몽골의 요구대로 진정한 화친이 성립되어, 몽골과의 관계가 새로운 국면을 맞게 되는 것은 최이에게 가장 위험한 일이었다. 국왕이 몽골의 위세를 등에 업고 왕정복고와 같은 정치적 위상을 제고할 수 있었기 때문이다.

최이가 그것을 원천적으로 봉쇄하는 길은 몽골과 대결국면으로 가는 수밖에 없다. 그러나 몽골의 군대가 정작 대규모 정복전쟁을 벌인다면 강화도라고 안심할 수 있었던 것도 결코 아니다. 최이 정권이 대몽항쟁을 명분으로 천도를 단행했음에도 굴욕적인 외교적 수사로 몽골의 비위를 맞추려고 애썼던 것은 그 때문이었다. 정면으로 맞서는 전쟁도 위험했고, 진정한 화친도 거부해야 했다. 그런 줄타기 외교가 언제까지 가능할지는 모르겠지만.

몽골의 2차 침략

여몽 간에 외교적 설전이 진행되는 가운데 살리타이의 군대가 다시 고려를 침략했다. 이것이 두 번째인데 1232년(고종 19) 8월에 침략하여, 그해 12월에 물러났으니 침략 기간은 약 5개월 정도였다.

당시는 몽골의 태종이 금나라 정벌에 마지막 박차를 가하고 있던 때이므로, 살리타이는 아마 고려의 북방이나 그곳에서 멀지 않은 요동 지역에서 출병했을 것으로 보인다. 살리타이가 중국에서 금나라 정벌에 참여하고 있었다면 고려에 대한 침략을 다시 개시하기는 어려웠을 것으로 생각되기 때문이다.

이번 2차 침략에서 몽골의 군대는 대구까지 내려왔다. 1차 침략의 남진 한계선이 충주와 청주였음을 감안하면, 1차에 비해 좀 더 깊숙이 쳐들어왔음을 알 수 있다. 그들이 대구까지 내려온 사실은 팔공산 부인사에 소장된 대장경판이 이때 소실된 데서 확인된다.

팔공산에는 공산성이 있는데, 몽골 군대는 아마 이 공산성을 공격하다가 인근의 부인사를 약탈 방화하면서 대장경판을 불태운 것으로 보인다. 이때 소실된 대장경판은 현종 때 거란족과 싸우면서 조판한 것이었다. 이것을 대신하기 위해 전란 중에 새로 판각을 시작하여 완성한 것이 현존하는 팔만대장경이다.

그런데 대구 부근까지 내려간 몽골 군대는 본대가 아니라 일부의 선발대였다. 그것은 살리타이가 그해 12월 처인성(경기 용인군 남서면) 전투에서 전사하고, 몽골 군대는 더 이상 내려가지 못하고 철수했다는 사실을 통해 알 수 있다.

몽골 군대는 아마 1차 침략 때의 침입로를 그대로 따라왔을 것으로 생각된다. 그들은 이미 천도하여 텅 빈 개경도 거쳤다. 이때 살리타이의 군대는 선박을 건조하여 강화도를 칠 생각도 했다. 이것은 변여邊呂라는 사람을 사로잡아 고문하면서 강화도로 가는 수로를 물었다는 기록에서 확인할 수 있다.

그런데 웬일인지 살리타이의 군대는 이를 실천에 옮기지 못하고 포기하고 만다. 보통 몽골 군대가 수전에 취약한 때문이라고 설명하는데 석연치 않은 점이 많다. 몽골 측에서는 이후의 침략에서도 강화도를 직접 정복할 생각은 거의 하지 않는다. 강화도는 너무나 가까워 수전을 치를 것도 없는 섬이다. 한강을 건널 수 있는 능력이면 얼마든지 도달할 수 있는 곳이기 때문이다.

몽골 군대는 왜 강화도를 직접 정복하지 않았을까? 이 문제는 앞으로도 계속 머릿속에 남겨두고 살펴나갈 것이다.

살리타이의 전사

개경에서 계속 남진하여 한양산성(서울)을 빼앗은 후 광주(경기도)에 이른 살리타이의 군대는, 이곳에서 최초로 큰 저항에 부딪혔다. 당시 광주를 지키고 있던 사람은 광주부사 이세화李世華였는데, 그는 주민들과 혼연일체가 되어 성을 끝까지 지켜내고 몽병을 물리쳤다. 1232년(고종 19) 11월경의 일이다. 여기 광주산성은 지금의 남한산성으로 짐작된다.

이세화는 무반 가문에 태어났으나 과거에 급제까지 했던 인물이다. 몽골의 1차 침입 때는 경상도안찰사로 있던 중에 도내의 군사를 모아 제일 먼저 상경하기도 했다. 그는 예빈소경(종4품)으로 있다가 몽골이 다시 쳐들어오자 특별히 광주부사에 임명되었는데, 그 임무를 완수한 것이다.

광주산성을 지켜낸 데는 그 지역 주민들의 헌신적인 참여가 있었기 때문에 가능했다. 광주는 몽골의 1차 침입 때도 주민들이 힘을 합쳐 몽병을 물리친 적이 있었다. 그 공로를 인정하여 1235년(고종 22) 5월에 그 주민들에 대해서 요역과 잡세를 면제한다는 국왕의 조서가 반포되기도 했다.

한편 광주산성 함락에 실패한 살리타이 군대는 이를 포기하고 남진을 계속했다. 경상도 방면을 침략하기 위해서였다. 그런데 그들은 처인성에서 다시 저항에 부딪힌다. 처인성은 지금의 용인군 남서면 아곡리에 있는 소규모 토성으로, 그때는 처인부곡이라는 천민 지역이었다. 처인부곡은 당시 수주(수원)의 속현으로 있었다.

몽병이 쳐들어오자 처인 부곡민들은 전란을 피하여 모두 처인성에 들어와 있었다. 이곳에서 몽병과 공방전을 벌였는데 그 전투 중에 적장 살리타이가 전사한다. 1232년(고종 19) 12월 16일의 일이었다.

살리타이를 전사시킨 사람은 승려 출신인 김윤후金允候였다. 처인성에서 몽병과 공방을 벌이던 중 김윤후가 화살을 쏘아 그를 죽인 것이다. 전황에 대한 자세한 기록이 없어 아쉬운데, 이후 몽골 군대는 사령관을 잃고 헤매다 바로 퇴각했다고 보인다. 처인성 승첩은 몽골의 2차 침략을 물리치는 데 결정적인 기여를 했던 것이다.

몽병이 물러간 후 김윤후는 그 공을 인정받아 무반의 최고계급인 상장군을 제수받았다. 그런데 뜻밖에도 김윤후는 그것을 사양했다. 그는 처인성에서 싸울 때 자신은 활도 화살도 가지고 있지 않았다고 밝히면서, 살리타이는 자신이 죽인 것이 아니라고 했다. 이에 조정에서는 섭랑장(정6품)으로 고쳐 임명한다.

아마 적장 살리타이는 공방전의 혼란 중에 유시에 맞은 듯 보인다. 그렇다고 해도 살리타이의 사살은 분명 처인 부곡민들의 결사항전 덕분에 가능한 일이었다. 처인성 전투가 다른 대몽항전과 가장 크게 다른 점은 순수 지역민들의 자발적인 항전이었다는 사실이다. 정부에서 파견된 관리나 지휘를 맡은 무장은 한 명도 없었다. 게다가 그 항전이

■ 몽골의 2차 침략

부곡이라는 천민집단에 의해 주도되었다는 것은 특기할 만한 일이 아닐 수 없다. 처인부곡은 그 공으로 처인현으로 승격되었다.

　김윤후는 그 후 상장군(정3품)에 오르고 동북면병마사를 거쳐 좌복야(정2품)에까지 올랐다. 그런데 1253년(고종 40) 몽골의 5차 침략 때 김윤후는 또 결정적인 공을 세운다. 충주산성에서 노비들까지 끌어모아 몽병을 물리친 것이다. 처인성 전투에서 적장 살리타이를 사살한 것이 결코 우연이 아니라 그의 헌신적인 전투의 결과였음을 입증한 셈이다.

　처인성 승첩은 40년 가까운 기나긴 대몽항쟁에서 가장 빛나는 승리였다. 그 전과로 보나, 그것을 승리로 이끈 주체세력들로 보나.

외교적 파탄

몽골의 2차 침략 중에도 양국의 사신 왕래는 있었다. 다만 많은 고려 측 사신들이 억류당하거나 보다 고위층 진영에 압송당하는 일이 발생했다. 그러면서도 고려 측에서는 형식적으로나마 몽골에 대한 화친 의사를 계속 표시했다.

　몽골에서는 계속 미진한 문제를 반복해서 힐책해왔다. 최이의 입조나, 조숙창이나 송립장을 보내라는 요구가 계속되었다. 이에 대한 고려 측 답변도 특별한 것 없이 비슷한 내용의 반복이었다. 특히 최이의 입조 문제에 대해서는 여전히 즉답을 회피하고 있었다. 아무래도 가장 대답하기 옹색한 일이었을 것이다.

　그러던 중 동진에서 몽골의 정세에 대한 궁금한 문제를 고려 측에 물어오는데, 몽골의 침략이 동진을 향하고 있었기 때문이다. 동진은 당시 간도 지방에 근거하고 있었다. 고려에서는 그에 대한 답서를

1232년(고종19) 12월, 동진에 보냈다. 그 내용을 요약하면 이러하다.

- 몽골은 잔인하고 난폭한 자들로 화친을 해도 믿을 수 없다.
- 우리가 그들과 화친한 것은 본의가 아니다.
- 우리는 그들을 예로써 대했으나 그들은 더욱 심하게 침략하고 있다.
- 처인성에서 적장 살리타이를 사살했는데, 그 후 기세가 꺾여 돌아가는 듯하다.
- 그들이 철수하면서도 여러 방면으로 흩어져 철수하니 귀국은 잘 정탐하라.

　동진에 보낸 이 답서를 보면 몽골에 대한 고려의 태도가 전혀 다르게 느껴진다. 천도를 하고서도 굴욕적인 자세를 버리지 않던 최이 정권으로서 의외라는 생각마저 든다. 몽골에 대한 적개심을 숨기지 않고 있는데, 아마 이것이 최이 정권의 본심이었을 것이다.

　1233년(고종 20) 3월 최이는 망해가는 금나라에 외교적 손길을 뻗친다. 그러나 표문을 받들고 간 사신은 길이 막혀 돌아오고 말았다. 최이는 금나라와 기존의 관계를 지속하고 싶었던 것이다. 그것이 종속관계라고 해도 자신의 정치적 위상을 지킬 수만 있다면 그 쪽이 편했던 것이다.

　마침내 몽골에서는 그동안 고려의 잘못을 적은 다음과 같은 황제의 조서를 보내왔다. 1233년 4월의 일이다.

　하나. 거란족을 물리친 이후 국왕은 한 번도 입조하지 않았다.
　둘. 황제의 유훈論訓을 보냈는데 사신을 돌려보냈다.

셋. 사신 저고여를 죽이고 거짓으로 둘러댔다.

넷. 입조를 거부하고 천도를 단행했다.

다섯. 호구 수를 거짓으로 보고했다.

　명백한 최후통첩이다. 다시 전쟁은 불가피해졌다. 살리타이의 전사 소식을 접한 몽골에서 지금까지의 태도를 바꿔 이렇게 결심한 것이다. 지금까지의 1, 2차 침략은 그 서막에 불과했다. 전쟁은 최이 정권이 천도를 단행하면서 벌써 예정된 일이었다. 천도 후에도 형식적이나마 1년 가까이 여몽관계가 유지된 것이 오히려 신통한 일이었다.

홍복원의 반란

최후통첩을 접수한 한 달 후, 1233년(고종 20) 5월 서경(평양)에서 반란이 일어난다. 서경에 사는 홍복원洪福源·필현보畢賢甫 등이 중심이 되어, 서경에 파견된 선유사 두 사람을 죽이고 성을 빼앗아 몽골에 귀부해버린 것이다. 여기에는 많은 서경 군민들이 동조했다. 몽골의 대대적인 침략이 있을 거라는 소식을 듣고 배반한 것이 분명했다.

　앞서 다루가치 사건을 통해서도 드러났듯이 서경에서는 진즉부터 몽골과의 진정한 화친을 바라는 자들이 많았다. 최이 정권의 천도는 그래서 서경 사람들에게 환영받을 일이 전혀 못 되었다. 홍복원 등에게 살해당한 선유사는 서경의 이러한 정서를 염려하여 그들을 회유하기 위해 파견된 사람이었다.

　최이는 그해 12월, 자신의 가병 3천 명을 보내 서북면병마사 민희와 함께 서경을 진압하도록 했다. 가병을 직접 파견한 것을 보면 사태가 심각했던 모양이다. 이때 홍복원은 몽골로 도망쳐버리고, 필현보는 사로잡혀 서울까지 압송되어 심한 고문을 받고 결국 허리를 잘리는 형을 받아 죽는다. 그런데 그는 죽임을 당하면서 조숙창을 끌어들이고 만다. 최이는 1234년(고종 21) 3월, 조숙창을 많은 사람이 지켜보는 거리에서 참수해버렸다.

조숙창은 몽골에 항복한 장수이기는 하지만 필현보처럼 반란을 일으킨 인물은 아니었다. 그는 반란보다는 몽골과 화친을—그 화친은 물론 굴복을 의미하는 것이기는 했지만—주장하는 쪽이었다. 그런 까닭에 몽골에서 그를 보내라고 독촉했던 것이다.

최이가 조숙창을 참수한 것은, 반란을 일으켜 몽골에 귀부한 필현보나 화친을 주장한 조숙창이나, 몽골의 입장에 섰다는 점에서 다를 게 없다고 본 때문이다. 조숙창의 참수는 형식적이나마 유지되어온 몽골과의 화친이 깨졌음을 선언한 것이니, 최이로서는 전쟁선포나 다름없었다. 역시 몽골의 최후통첩이 중요하게 작용했을 것이다.

서경은 평정되었지만 살아서 몽골로 도망친 홍복원이 문제였다. 고려에서는 홍복원의 아비 홍대순洪大純과 동생 홍백수洪百壽, 그리고 그 자식들을 사로잡아두었다. 홍복원이 몽골에서 어떤 짓을 할지 몰라 인질로 잡아둔 것이다. 그리고 서경의 백성들을 모두 섬으로 강제 이주시켜 닥쳐올 몽골의 침략에 대비했다.

도주한 홍복원은 그 자손 대대로 몽골의 앞잡이가 되어 고려를 괴롭힌 아주 특이한 인물이다. 그는 당성(경기 남양) 출신이었는데, 선대에 인주(평북 의주)로 이주하여 살았었다. 그런데 그의 아비 홍대순이 인주의 도령(토착 지방군의 지휘관)이 되면서 고려를 배반하기 시작했다.

홍대순은 1219년(고종 6) 거란족이 강동성을 칠 때 항복했는데, 그 아들 홍복원도 서경 낭장(정6품, 지방군의 지휘관)으로 있으면서 반란을 일으켜 몽골에 귀부한 것이다. 그의 가문과 고려의 악연은 이것으로 끝나지 않는다. 이후 홍복원의 아들 홍다구洪茶丘와 홍군상洪君祥이 몽골 군대가 고려를 침략할 때마다 길잡이 역할을 하며, 그 손자 대에까지 몽골에서 영화를 누리면서 계속 고려를 괴롭혔다. 게다가 고려에 인질로 잡아둔 홍복원의 아비와 동생도 몽골의 위세를 등에 업고 행패가 심했다. 인질은커녕 고려에서는 오히려 홍복원과 그 자식들이 두려워 이들에게 특별한 대우를 해준다.

이와 관련한 자세한 이야기는 뒤에서 다시 언급할 것이다. 어쨌든 홍복원의 가문이 자손 대대로 그런 짓을 할 수 있었던 것은, 오랜 전쟁 기간 동안 몽골의 일방적인 우위가 지속되고 전쟁이 끝난 후에도 몽골의 지배가 계속되었기 때문이다.

새로운 왕도

궁궐과 관아

천도한 강화도를 강도江都라고 불렀다. 천도는 일반적으로 궁궐을 비롯한 제반 시설을 대강 갖춘 다음 단행하는 것이 상식적인 일이다. 하지만 강화 천도는 그 역순을 취했다.

최이는 1232년 6월 자신이 먼저 강화도로 이주하면서 2천 명의 상비군을 동원하여 이미 궁궐 조영에 착수했지만 그것으로는 역부족이었다. 아무런 사전 시설도 없었고, 게다가 몽골이 언제 다시 침략해올지 모르는 급박한 상황 속에서 일각을 다투는 화급한 일이었기 때문이다.

최이는 다시 각 지방의 장정들을 대대적으로 징발하여 궁궐 외에 여러 관청의 건물을 짓는 대규모 역사에 착수했다. 1234년(고종 21) 정월, 천도한 지 벌써 한 해 반이 흐른 때였다. 살리타이가 사살되고 몽골의 2차 침략을 물리친 후 그 틈을 이용한 것이다.

그리고 한 달 후인 같은 해 2월에는 임시 궁궐뿐 아니라 관청을 비롯한 공공기관이나 왕실 부속 사찰 등 부대시설까지 급한 대로 갖추게 되었다. 궁궐을 비롯한 각 관아 건물이나 사찰의 이름은 개경에서 쓰던 이름을 대부분 그대로 차용했다.

임시 궁궐 외에 본궁은 조금 뒤에 완성된 것으로 보이는데, 그 위치는 송악산松岳山 아래 구릉에 있었다. 이 본궁은, 천도를 단행하면서 임시로 조영한 가궐과 관아를 언제인가 송악산 중턱에 다시 옮겨 지은 것으로 보인다. 현재 강화읍 관청리 북산(송악산) 남쪽에 있는 사적 133호로 지정된 고려궁터가 바로 그곳이다. 송악산은 현재 강화읍 관청리 강화군청의 뒷산으로, 개경의 진산이었던 송악산의 이름을 그대로 따온 것이다. 지리상으로도 송악산 아래의 형세는 개경의 궁궐이 자리 잡았던 만월대와 너무나 흡사하다고 한다.

그런데 천도한 초기 임시 궁궐이나 관아 등이 주로 자리 잡은 곳은 송악산이 아니라 지금의 견자산見子山 부근이었다. 견자산은 송악산의 동남쪽에 있는 한 기봉인데, 이 견자산 자락에도 많은 관아와 민가가 밀집되어 있었다. 최이의 사저도 이곳에 위치하고 있었으니 어쩌면 강도시대 정치의 중심은 송악산의 본궁이 아니라 견자산 자락이 아니었을까 싶다.

당시 민가나 시가지는 송악산 대궐의 남쪽을 중심으로 모여 있었고 견자산 북쪽에도 많은 민가가 밀집해 있었다. 이렇게 보면 강도에서 주거지의 중심축은 송악산의 남쪽과 견자산 북쪽을 잇는 선이 주축이 되었다고 여겨진다.

최이가 강압적으로 천도를 단행하면서 무엇보다도 궁궐을 제일 먼저 건축한 것은 주목할 만한 일이다. 당연하다고 생각할 수도 있겠지만, 허수아비와 같은 국왕의 위상을 감안하면 대단한 배려였다는 생각마저 든다. 이는 천도한 후에도 왕실의 권위가 필요했기 때문이었다.

새로운 왕도에서 궁궐의 지형적인 위치나 각 전각의 이름을 개경에서 사용하던 그대로 옮긴 것도 왕실의 지위를 그대로 인정하겠다는 뜻이었다. 몽골과 전쟁을 하든 화친을 하든, 이제 대몽관계에서 왕실이나 국왕의 존재는 더욱 중요하게 되었다. 최이 자신은 직접 대몽관계의 전면에 나서지 않고 배후 조종자로 남기를 바랐기 때문이다.

성곽

강도의 도성도 궁궐과 관아가 갖추어지면서 단계적으로 축성되었다. 그 도성은 내성·중성·외성의 3중성으로 되어 있었다고 한다.

그중 내성이 가장 먼저 축조되었을 것으로 보이지만 언제인지는 분명치 않다. 내성은 둘레 3,874척의 토성으로, 그 위치는 조선시대 행궁의 내성이었던 지금의 강화산성과 거의 일치한 것으로 보고 있다. 이 내성은 현재 읍내의 송악산과 신문리, 남산리 일대를 둘러싸고 있었다.

내성은 조선시대에 와서 석축으로 다시 쌓아 강화부의 성곽으로 사용했다고 한다. 사적 132호로 지정된 강화산성이 그것인데, 강화읍의 서쪽과 남북 산자락에는 석성이 비교적 잘 남아 있는 반면 동쪽은 없어졌다.

한편 외성은 1233년(고종 20) 축성을 시작하여 1237년(고종 24) 완성되었다. 길이 37,076척의 역시 토성이었으며, 그 위치는 지금의 불은면 삼성리·서문동·삼동암리·신현리·덕성리 및 섬의 동쪽 해안선을 따라 둘러싸고 있었다. 해안 쪽에서는 북쪽 강화읍 월문리 휴암돈에서 시작하여 남쪽 길상면 초지리 초지돈까지 이어진다. 이 외성은 장성이라고도 했는데 높이가 7미터, 너비가 1.5미터에 누문이 6개, 수문이 17개 있었다고 한다.

중성은 가장 늦은 1250년(고종 37)에야 완성된다. 최이가 죽고 최항崔沆이 집권한 이듬해였다. 그 둘레는 2,960여 칸이고 관련 성문이 17개였는데, 이 성문의 이름도 모두 개경 도성문의 이름을 그대로 옮긴 것이었다. 중성의 위치는 현재의 선원면 대문동의 대문현을 남문으로 하고, 같은 면 선행리·창리·신정리·지산리와 부내면의 국화리·옥림리 일대를 꾸불꾸불 돌아가는 토성이었다.

강도의 방어체제는 바다를 사이에 둔 자연지리적인 방어만으로 만족할 수 없었다. 강도에 대한 몽골의 직접적인 공략을 대비하지 않을 수 없었기 때문이다. 성곽을 비롯한 인위적인 방어시설은 그런 이유에서 구축된 것인데, 그것은 강화도라는 천연적인 요새를 더욱 빛나게 했다. 후에 전쟁이 말기에 접어들고 몽골과 화친이 다시 추진되면서 몽골에서 성곽의 파괴를 우선 요구한 것은 그 점을 짐작케 하는 일이다.

강도의 여러 기간시설은 옛 수도 개경을 그대로 모방하여 조영했다. 강도 조영사업의 근간은 1232년(고종 19) 6월 천도가 시작되면서부터, 1235년(고종 22) 하반기 몽골의 3차 침략이 시작되기 직전까지 집중적으로 이루어졌다. 이때 대부분의 기간시설이나 왕도 경영의 뼈대가 갖추어진 것이다.

이 3년 동안 강도는 벌써 왕도로서의 모습을 대강이나마 갖추게 되었는데, 짧은 기간에 정말 놀랄 만한 성과가 아닐 수 없었다. 섬 안의 벽지에 하나의 도시를 새로 만드는 일이었으니 그야말로 천지개벽할 만한 일이었다. 오늘날처럼 기계화된 중장비가 동원되어도 쉽지 않은 일이었을 것이다.

 이처럼 신속하게 새 왕도를 건설한 것은 인력과 재정을 집중적으로 투입한 결과였다. 전국 각 지방의 장정이나 국가상비군은 왕도 건설의 주역이었다. 게다가 최이는 자신의 사병과 사유재산도 아낌없이 여기에 투자했다. 이것은 최이와 같은 강력한 통치자만이 할 수 있는 일이었다. 강도가 새로운 왕도로서 자리를 잡아가면서 최이의 권력은 절정에 이른다. 가히 최씨 왕조의 전성기라 부를 만했다.

최이의 사저 경영

1234년(고종 21) 10월, 최이는 진양후晉陽候로 책봉되었다. 아비 최충헌이 진주(경남)를 식읍으로 받으면서 책봉된 진강후晉康候를 그대로 세습한 것이니 어찌 보면 형식적인 절차라고 말할 수 있다. 천도 이전부터 최이는 진양후 책봉을 고사해왔는데, 책봉 여부에 관계없이 그의 권력이나 경제 기반에는 변함이 없었기 때문이다.

 하지만 천도 직후 내려진 이번 책봉은 그 의미가 사뭇 달랐다. 이는 천도를 성공시킨 공로를 인정한 것이었고, 나아가 천도의 정당성을 공식적으로 선언한 것과 다름없었기 때문이다. 최이가 진양후로 책봉된 이날, 모든 문무백관들이 최이의 사저로 가서 하례를 올렸다. 천도한 후에도 최고통치자로서 그의 변함없는 위상을 다시 확인하는 날이었다.

 진양후 책봉 전까지만 해도 최이의 사저는 개경의 그것처럼 광대하지도, 화려하게 완비되지도 않았었다. 이는 국왕이 진양후로 책봉하려 하자 최이가 책봉조서를 받을 준비와 예물이 갖추어지지 않았다는 이유로 일단 사양한 것에서 알 수 있다. 최이는 보름 후에야 마지못한 듯 국왕의 뜻을 수용하여 책봉되었다.

최이는 진양후로 책봉된 후에야 대대적으로 개인 사저를 조영 건축하기 시작했다. 아마 천도한 직후에는 임시 사저를 이용하다가, 진양후 책봉을 계기로 대대적인 조영사업에 들어간 것으로 보인다. 그해 1월 전국의 장정들을 징발하여 관아 및 공공건물을 건축하기 시작했으니, 대강 왕도의 기반시설을 마련한 뒤였다.

최이는 자신의 사저를 짓는 데 사병인 도방의 군인들과 국가상비군 4천 명을 동원했는데, 도합 6천 명은 넘었을 듯하다. 앞서 궁궐을 짓는데 2천 명을 동원했던 것과 비교하면 얼마나 집중적으로 인력과 재정을 투입했는지 알 수 있다.

건축 목재는 주로 개경에서 실어왔다. 잘은 모르겠지만, 이 목재들은 대부분 개경에 있던 옛 사저를 해체한 것이 아니었을까 싶다. 단시일 내에 건축을 끝내려면 그 방법이 제일 효율적이라고 생각되기 때문이다. 정원수도 대부분 내륙에서 가져와 조성했는데, 안양산(경기 안산)이나 관악산(경기 시흥)의 소나무나 잣나무를 그대로 옮겨 심었다.

상비군은 목재나 정원수를 강도까지 운반하는 일을 맡았고, 도방의 사병들은 강도에서 건축이나 조영을 주로 담당했을 것으로 여겨진다. 그 과정에서 가장 힘든 일이 정원수를 파서 옮겨오는 일이었다. 특히 배에 실어 강도까지 운반하는 일은 난공사였는데, 군졸들이 물에 빠져 죽는 일까지 속출했다.

최이는 사저 건축과 조영이 거의 완성된 후에도 계속 정원수나 아름다운 화초를 내륙에서 옮겨와 심었다. 몽골 침략이 뜸한 틈을 이용하려다보니 겨울철에 작업하는 경우도 많아, 심지어는 얼어죽는 자도 있었다. 게다가 운반하는 연도의 주민들까지 강제 동원하니 주민들이 집을 버리고 산으로 도망치기도 했다. 최이는 죽을 때까지 틈틈이 사저를 이렇게 조영했고, 뒤를 이은 최항도 그 사저를 물려받아 계속 조영해나갔다.

이렇게 해서 완공된 최이의 사저는 그 원림의 규모가 수십 리에 뻗쳤다. 아마 옛 개경의 사저를 능가하는 규모가 아니었을까 생각된다. 정원도 아름답기 그지없었다. 열두 개의 누각에 붉고 푸른 구슬이 즐비했고, 기화요초들이 형형색색으로 아름답게 빛났다. 마치 옥으로 만든 집에 올라 푸른 구슬을 바라보는 것과 같아 눈과 귀로는 형용할 수 없었다고 한다.

최이의 사저는 그 규모나 아름다움으로 볼 때 궁궐보다 못하지 않았으리라 생각된다. 위치는 궁궐이 있는 송악산이 아니라 견자산의 동쪽 기슭이었는데, 이 최이의 사저를 진양부晉陽府라고도 불렀다. 이곳이 강도 최씨 왕조의 심장부였다. 최이는 천도한 이후 사저 경영을 통해 자신의 정치적 위상을 마음껏 드러냈으리라.

강도 찬양가

최이 정권에 봉사하던 당시 문인들이 노래한 강도 찬양가는 천도를 역사상 대업으로 더욱 빛나게 했다.

> 천도란 하늘에 오르는 것보다 어렵다 했는데
> 마치 공 굴리듯 하루아침에 옮겨 왔네.
> 진양공의 계획 그토록 서둘지 않았더라면
> 우리나라는 이미 오랑캐 땅으로 변했으리.

크고 견고한 성에 한 줄기 강물이 막고 있으니

공력을 비교하면 어느 쪽이 나은가.

천만의 오랑캐 기병 새처럼 난다 해도

지척의 푸른 물결 건너지는 못하리.

강과 산 안팎에 집들이 가득 들어찼으니

옛 서울 좋은 형세 이에 어찌 더할손가.

《동국이상국집》 18, 〈망해인추경천도〉).

이규보가 1235년(고종 22) 강화해협을 바라보면서 쓴 시다. 천도한 지 3년 만의 일이니 왕도로서 대강 그 모습을 드러냈을 때이다. 살리타이를 사살하여 몽골의 2차 침략을 물리친 일에 자못 안도하여 읊은 듯하다.

이규보는 이밖에도 많은 천도 찬양시를 남겼다. 이규보뿐 아니라 당시 최이에게 봉사하던 문인들은 대부분 천도를 찬양하는 시문 하나쯤 남기고 있다. 이는 최이의 천도가 성공적이었고 또한 최이의 권력이 천도한 후에도 변함없을 뿐 아니라 오히려 더욱 확고해졌음을 보여주는 것이었다.

최이는 천도를 과거시험의 과제로도 출제하여 찬양케 했다. 천도의 정당성을 선전하면서 자신을 추종하는 문인들을 선발하는 좋은 방법이었다. 매년 정초에 국왕께 올리는 하표賀表에서도 국왕보다는 최이의 천도와 강도 경영을 예찬하는 것이 주 내용이었다.

강도를 예찬한 글 중에서 백미는 아마 최자崔滋가 지은 '삼도부三都賦'가 아닐까 싶다. 삼도부는 서경·개경·강도의 세 도읍지를 대비하여, 강도가 서경이나 개경보다 뛰어난 도읍지임을 읊은 것이다. 최자는 그 마지막 부분을 다음과 같이 끝맺고 있다.

> 서쪽 버들(서경)은 음란으로 뒤엎어졌고,
> 북녘 소나무(개경)는 사치로 흩어졌네,
> 아, 빛나는 강도는 덕의 터전이어라.
> 《신증동국여지승람》12, 강화도호부).

이 '삼도부'는 최씨 정권 말기에 지어진 것이다. 그러니까 왕도로서의 모습이 완전히 갖춰진 뒤의 일로 보인다. 그런데 한 가지 특이한 점은 강도를 예찬하는 데 그치지 않고 옛 도읍지인 서경이나 개경을 폄하하고 있다는 사실이다. 이는 강도를 일시적인 피난처가 아니라 새로운 시대의 시작을 알리는 항구적인 도읍지로 생각했다는 뜻이다.

강도 찬양은 최이의 천도를 정당화시켜주는 것이고, 결국 최씨 정권에 대한 예찬과 조금도 다를 게 없다. 이규보나 최자뿐만 아니라 천도 이후 강도시대의 문인들은 정권에 대해 하나같이 순응적인 태도를 보였다. 천도가 거론될 당시의 반대의견 같은 것은 더 이상 찾아볼 수 없었다.

이것은 강화 천도가 최씨 정권의 전개과정에서 중요한 전환점이 되었음을 말해준다. 무모하기 이를 데 없는 천도였지만, 그것을 성공시키고 뒤이어 왕도 건설을 신속히 마무리할 수 있었다는 것은, 최이가 반대세력을 제압하고 보다 강력한 통치권을 확보하는 데 성공했음을 말해준다.

강화 천도는 몽골의 침략에 맞서 싸운다는 명분 아래 가능한 일이었지만, 어쩌면 최씨 정권이 장기 집권하는 데도 가장 중요한 기여를 했다고 할 수 있다. 강화 천도 후 최이 정권이 더욱 공고해졌기 때문이다. 그렇다면 몽골의 침략도 최씨 정권의 장기화에 일조했다고 말할 수 있지 않을까.

2 수성

守成

강도로 천도한 후에도 몽골의 침략은 계속되었지만 웬일인지 몽골 군대는
강도를 직접 정벌하지는 않았다. 그 때문이었는지는 몰라도 강도의 생활은 전란에 휩싸인
내륙과는 판이하게 달라서 전란 속에서도 평화를 구가했다.
옛 수도 개경에서의 생활 모습을 그대로 재현했으며 평화롭기 그지없었다.
그야말로 최씨 왕조의 왕도로서 손색이 없었다.

몽골의 3차 침략

3차 침략의 개요

몽골의 3차 침략은 금을 완전히 정복한 직후에 시작되었다. 태조 칭기즈 칸의 황위를 계승한 태종 오고타이는 동방 정복에 전력하여, 1233년(고종 20) 5월 금의 수도 변경卞京을 함락하고, 그해 9월에는 황자 귀유貴由(뒤에 3대 황제가 된 정종)의 지휘하에 남경성을 함락하여 동진까지 궤멸시켰다. 마침내 1234년 2월 금의 마지막 황제 애종哀宗이 자살함으로써 금은 중원에서 사라지고 말았다.

금은 멸망했지만 그 이남에는 아직 남송南宋이 건재하고 있었다. 금을 멸망시킨 후 몽골은 그동안 소강상태에 있던 서방 원정을 재개하면서, 아울러 남송을 목표로 다시 정복전쟁을 계획했다.

그런데 남송을 정복하자면 그 배후세력으로 작용할 가능성이 높은 고려가 문제였다. 이것은 금을 정복할 때도 마찬가지였는데, 몽골에서는 아마도 서로 연합할 것을 우려했던 것 같다. 그래서 몽골에서는 남송을 정복하기 전에 고려를 먼저 정복 대상으로 정하고 있었다.

몽골의 3차 침략은 당고唐古란 자를 최고사령관으로 삼아 쳐들어왔다. 그는 앞선 1, 2차 침략 때도 참여했던 장수였다. 그리고 서경에서 반란을 일으켜 몽골에 귀부했던 홍복원이 그의 부장 격으로 따라와 길 안내를 맡고 있었다.

몽골은 1235년부터 1239년까지 5년 동안 이루어진 3차 침략에서 세 번의 파상적인 공격을 단행했다. 이 기간 동안 1237년 한 해는 공격이 별로 없던 소강상태였다. 기록이 불충분하여 정확하게 말하기 어렵지만, 세 번에 걸친 파상적인 공격을 나누어 살펴보면 대강 이러했다.

첫 번째 공격은 1235년(고종 22) 7월에 침략을 개시하여 그해 말쯤 철수한 것으로 보인다. 이 첫 번째 공격에서, 몽골 군대는 평안남북도와 황해도를 지나 개경과 남경(서울) 충주, 상주, 안동을 거쳐, 그해 9월에는 경상도 경주 일대까지 침략해 내려왔다. 경상도 동남 지방이 이때의 남진 한계였다.

두번째 공격은 이듬해 1236년(고종 23) 6월에 다시 개시하여 역시 그해 말이나 이듬해 초에 걸쳐 철수한 것으로 생각된다. 이때는 역시 평안남북도와 황해도를 지나 개경과 남경을 통과하고, 수주(수원), 죽주(경기 안성), 온수(충남 아산), 공주, 전주를 거쳐, 그해 10월 말 변산반도의 부녕(전북 부안)까지 남진했다. 전라도 북부 지방까지 내려온 두 번째 공격은 전라도 방면을 향한 최초의 공격이었다.

세 번째 공격은 기록이 미비하여 가장 불확실한데, 1238년(고종 25) 8월 초쯤 공격을 재개하여 이듬해 4월쯤 철수한 것으로 보인다. 세 번째 공격이 시작된 시점은 그해 10월 경주의 황룡사가 몽병에 의해 불에 탔다는 《삼국유사》의 기록으로 보아, 그해 8월쯤으로 추정한 것이다. 몽골은 첫 번째 공격 때와 비슷한 코스로 내려와 경주 일대까지 침략했음이 분명하다.

마침내 고려 정부는 그해 1238년(고종 25) 12월, 장군 김보정金寶鼎과 어사 송언기宋彦琦를 몽골에 파견하여 화친의 표문을 올린다. 다시 번국藩國으로서 복종을 약속하고 해마다 공물을 바치겠다는 내용이었다. 이러한 약속을 담은 표문은 이번이 처음이 아니었다.

그리고 이듬해 1239년(고종 26) 4월, 황제의 조서를 지닌 몽골의 사절단 20여 명이 새로운 수도 강도에 들어온다. 천도 이후 강도에 온 최초의 몽골 사절단이었다. 이들 사절단은 고려 국왕의 친조, 즉 국왕이 직접 몽골의 조정으로 들어오라는 요구를 남기고 돌아갔다. 이후 몽골 군대가 철수하면서 5년에 걸친 3차 침략은 일단 마무리되었다.

전면전을 기피하는 최이

몽골의 3차 침략 군대가 남진하면서 처음으로 저항에 부딪힌 곳은 동주성(황해도 서흥)이었다. 첫 번째 공격 때인 1235년(고종 22) 10월의 일이다.

동주성은 자비령 남쪽에 있는 지금의 대현산성이다. 이 동주성이 몽병에 함락된 것은 10월 12일인데, 기록이 미비하여 자세한 전투 상황은 알 길이 없다. 아마 대부분의 대몽항쟁이 그러했듯이, 그곳의 현지 주민이나 지방 관리들을 중심으로 저항하다가 함락된 것으로 보인다.

계속 남진하던 몽골의 본대가 동주성 함락 후 두 번째로 저항에 부딪힌 곳은 지평현(경기 양평)이었다. 동주성을 공파하고 열흘 후였는데, 이곳에서 몽병은 처음으로 큰 피해를 입는다.

■ 몽골의 3차 침략

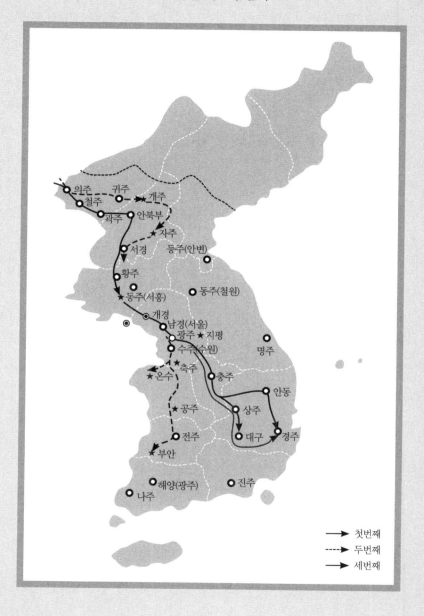

의주 귀주
철주 개주
곽주 안북부
자주
서경 등주(안변)
황주
동주(서흥) 동주(철원)
개경
남경(서울)
광주 지평
수주(수원)
죽주 명주
온수 충주
공주 안동
전주 상주
부안 대구 경주
해양(광주) 진주
나주

→ 첫번째
⇢ 두번째
→ 세번째

지평 전투는 야별초와 지평현 사람들이 합세하여 야간에 몽병을 기습해 승리한 것이었다. 몽병에게 많은 사상자를 내고 포로와 노획물까지 얻는 전과를 올렸는데, 유격전에 의한 승리였다. 다만, 이때 패배한 몽병은 본대에서 떨어져 나온 일부 분대가 아니었을까 싶다.

　지평현은 한강을 우회하여 남진하는 몽골 군대가 중부 내륙으로 향하는 길목에 위치했다. 그래서 야별초군은 미리 그곳에 파견되어 있었을 것이고, 현지 주민과 합세하여 쉽게 몽병을 격퇴시켰다고 보인다. 이 야별초는 중앙에서 파견되기는 했지만 매우 적은 소규모 부대로 정규전보다는 유격전을 주로 구사했다.

　최이 정권의 대몽항쟁은 늘 그런 식이었다. 대규모 출정군을 편성하여 정면으로 몽골 군대에 맞서는 전면전이 아니었다. 소규모 군대로써 국지전을 위주로 하고, 정규전보다는 유격전을 통해 몽골 군대에 대항했던 것이다. 이것은 군사력의 열세 때문에 당연한 일이라고 생각할런지 모르지만, 그럴 만한 분명한 다른 이유가 있었다.

　최이 정권이 몽골의 3차 침략에서 최초로 취한 조치는 야별초 지휘관인 이유정李裕貞에게 160명의 군사를 주어 선발대를 저지하라고 한 것이 고작이었다. 그해 8월 하순에 접어든 무렵으로 몽병의 침략 소식을 접한 지 한 달이 넘은 시점이었다. 이유정은 최이의 사병집단인 도방에 소속된 지휘관이었는데, 이 조치도 이유정의 자청에 응한 수동적인 대응이었다.

　사병집단인 도방에 소속된 이유정이 국가상비군인 야별초의 지휘관을 겸하고 있었다는 것은, 벌써 야별초가 사병화되고 있었음을 뜻한다. 상비군이 사병화되고 있었다면 국가의 군대는 없는 것이나 마찬가지다. 사병화된 상비군은 국가보다는 권력자 최이에게 복무할 것이기 때문이다. 극단적으로 말해서 상비군(야별초)이 곧 최이의 사병이었다고 할 수 있다.

상비군이 사병화되어 있었기 때문에 상비군을 동원한 대규모 전면전은 불가능했다. 대규모로 전면전을 하려면 사병화된 상비군을 동원해야만 하는데, 그렇게 되면 정권 수호에 문제가 생길 수 있었다. 그래서 최이는 대규모로 출정군을 편성하여 전면전을 벌이는 것을 애써 기피했던 것이다. 몽골의 침략에 맞서 대규모 출정군을 편성하여 방어에 나선 것은 1차 침략 때 외에는 이후 단 한 차례도 없었다.

몽골의 침략군은 대규모 군대가 아니었다. 기껏해야 수천의 기병이었다. 모든 상비군을 총동원하여 맞선다면 대적 못 할 것도 없었다. 그런데도 최이는 상비군에게 사병 역할만을 강요하며 전쟁에 동원하는 것을 기피했던 것이다.

최이가 갑자기 천도를 단행한 것도 상비군의 대규모 전쟁 동원을 회피하려는 수법이 아니었을까 생각된다. 국가의 상비군을 전쟁에 동원하지 않고 사병적인 군대로 온존시키는 데 강화도라는 섬은 적격이었다. 이를 뒤집어서 말하면 국가의 상비군은 천도 이후에 더욱 정권만을 수호하는 사병화의 길을 걸을 수밖에 없었다고 할 수 있다.

민심 이반과 회유정책

앞서 동주성을 함락한 몽골 군대는 본대로 보이고 그 선발대는 그에 앞서 이미 경상도 북부 지방을 통과하고 있었다. 반도 내륙의 한 중심을 침략군이 관통하는데도 최이 정권은 별다른 대응책을 내놓지 않았다. 조금 심하게 표현하면 내륙은 몽골 군대에 거의 방치된 상태였다.

경상도 북부 지방에 들어선 몽골 선발대는 안동으로 향했다. 그런데 여기 안동에서 재미있는 일이 벌어진다. 몽병이 안동에 근접하자 안동 사람들이 꾀를 내어 몽병을 동경(경주) 쪽으로 유도한 것이다. 이러한 행동은, 쉽게 생각하면 자기 고장의 피해를 막겠다는 애향심으로 볼 수도 있지만, 몽병의 향도를 자청했다는 점에서 민심 이반의 시작으로도 읽을 수 있다.

최이가 우려한 것은 몽골의 침략이 아니라 바로 이것, 민심의 이반이었다. 최이는 그 소식을 접하고 상장군 김이생金利生을 동남도지휘사로 삼고, 충청도안찰사 유석庾碩을 그 부장으로 삼아 경상도로 급파했다.

김이생은 최이와 가까운 측근 인물로 보이지만, 유석은 강직한 청백리로서 뛰어난 목민관이었다. 권세에 아부하는 인물이 아니었다. 유석은 무송 유씨로, 역시 강직한 성품으로 결사적인 대금외교를 펼쳤던 유명한 유응규庾應圭의 손자이기도 하다(유응규에 대해서는 1권 참조). 청렴 결백한 유석을 파견한 것으로 보아, 이번 조치는 전투가 목적이 아니라 경상도 지방의 민심을 회유하기 위한 것이 분명했다.

최이 정권은 몽골의 3차 침략이 시작되자 전투보다는 민심 이반에 더 신경을 썼다. 그리하여 가벼운 죄로 옥살이하는 자들은 모두 사면하고 멀리 귀양 간 자들도 가까운 곳으로 옮기는 조치를 취했다. 아울러 천도한 이후의 체납된 조세도 면제해주는 아량을 베풀기도 했다.

하지만 이러한 일시적인 조치로 이반된 민심을 되돌릴 수는 없는 일이다. 천도를 계기로 민심은 강도의 최이 정권에게 이미 등을 돌리고 있었기 때문이다. 이러한 민심의 이반에 좀 더 적극적으로 대처하기 위해 시작한 것이 바로 팔만대장경의 조판이었다. 이에 대해서는 조금 뒤에 살펴보겠다.

안동 주민들이 몽병의 선발대를 경주로 이끌자, 민심 이반을 막기 위해 김이생과 유석을 경상도로 파견한 것이 1235년(고종 22) 9월 11일 이었다. 몽골의 본대가 동주성을 함락하기 벌써 한 달 전의 일이니 선발대가 본대와 무척 멀리 떨어졌음을 알 수 있다. 이것은 선발대가 내려오면서 아무런 저항도 받지 않았음을 암시한다. 그러니 본대와 무관하게 거리낌 없이 남진을 계속했던 것이다.

몽병의 선발대를 처음으로 맞아 싸운 이는 앞서 파견된 도방의 지휘관 이유정이었다. 그가 몽병과 부딪힌 것은 9월 22일, 해평(경북 선산)에서였다. 이 전투에서 이유정의 군대는 몽병에게 몰살당하고 만다. 몽병의 선발대는 이후 더 이상 멀리 내려오지 않고 대구나 경주 인근에 머무른 듯하다. 본대와 너무 떨어져 있었기 때문이다.

자주성 함락

몽골의 3차 침략 중 두 번째 공격과 관련된 내용은 개주와 자주, 그리고 죽주의 전투가 소략하나마 사서에 언급되어 있다.

두 번째 공격은 1236년(고종 23) 6월에 재개되는데, 개주(평남 개천) 전투는 그해 7월 6일에 있었다. 몽골 군대가 개주에 이르자 중앙에서 파견된 별초군이 개주의 지방군과 연합하여, 역시 유격전으로 승리를 거둔 것이다.

이러한 유격전은 평안도 서해안의 여러 지역에서 다발적으로 진행되고 있었다. 거의 같은 시기 정주(평북) 석도(대동강 하구의 섬)에서도 몽병들이 포로로 잡히는 일이 있었다. 개주와 마찬가지로 모두 현지 주민들이 합세한 유격전에 의한 전과였다.

그해 8월에는 자주에서도 전투가 있었다. 자주는 앞서 언급했지만 몽골의 1차 침략 당시 부사 최춘명이 끝까지 방어했던 유명한 곳이다. 이 자주성이 함락된 것은 그해 8월 13일이었다. 몽병이 7월 18일 자주성 근교에 나타나 추수하던 농민 20여 명을 죽이고 성을 공격하기 시작했으니, 자주성에서는 최소한 20여 일간 공방전을 벌인 셈이다.

당시 자주성에는 부사 최경후崔景候와 판관 김지저金之佇, 그리고 인근의 은주(평남 은산)부사 김경희金景禧 등이 들어와 있었다. 자주성은 천연의 요충지였는데, 몽골의 침략이 재개되자 아마 수성전에 유리한 자주성을 찾아 인근의 지방관리와 주민들이 들어와 있었던 듯하다.

이들은 몽골의 1차 침략 때 맞서 싸웠던 최춘명과 마찬가지로 성민들을 동원하여 끝까지 항거했다. 하지만 중과부적이었는지 아니면 작전의 실패였는지, 8월 13일 결국 성을 함락당하고 그 안에서 싸우던 관리들은 몽병에게 모두 몰살당하고 만다. 사서에는 아쉽게도 전투의 결과만 간략하게 기록되어 있을 뿐이다.

3차 침략에서 북계의 여러 지역은 쉽게 적에게 장악되었다. 1, 2차 침략을 거치면서 성곽을 비롯한 여러 방어기능이 약화되어 있었기 때문이다. 자주성의 함락도 이런 데 더 큰 원인이 있지 않을까 싶다.

죽주성 전투

죽주성(경기 안산) 전투는 역시 두 번째 공격 때인 1236년(고종 23) 9월 8일에 시작되었다. 아마도 자주성을 함락하고 내려오던 몽골의 군대였을 것이다. 몽병이 죽주에 이르렀을 때, 죽주에는 방호별감인 송문주宋

文胄가 파견되어 있었다.

송문주는 몽골의 1차 침략 당시 유명한 귀주성 전투에 참여하여 공을 세운 경험이 있었다. 그 공을 인정받아 낭장(정6품)으로 특진했고, 이제 방호별감으로 죽주에 파견되었던 것이다. 방호별감은 전시체제 하에서 특수 임무를 지닌 무관이었다.

몽병은 죽주성에 이르자 소수의 군대를 보내 항복을 권유했는데, 보통 성을 공격하기 전 맨 처음에 시도하는 조치였다. 이에 성안에 있던 군민들이 밖으로 출격하여 내쫓아버렸다. 몽병들은 이후 포격을 하여 성을 무너뜨리기도 하고, 짚에 불을 붙여 화공으로 돌격해오기도 했다. 성안에서는, 포격에는 포격으로 대응하고, 화공으로 접근하면 잠자코 있다가 일시에 모든 사람들이 출격하여 몽병을 급습했다. 시간이 흐를수록 몽병 사상자는 늘어갔다. 몽병은 이후 보름 동안이나 수많은 공성법을 동원하여 공격했으나 끝내 함락시키지 못하고 물러났다.

죽주성 전투는 귀주성 전투의 재판이었다. 귀주성 전투에 참여한 바 있는 송문주는 몽골의 공성법을 이미 파악하고 있었다. 적의 움직임만을 보고도 어떤 공성기계를 사용할지 알고 있었기에 신속히 대응할 수 있었다. 이런 예상이 한 번도 틀리지 않았다고 하니 죽주성의 승리는 순전히 그의 지휘 덕분인지도 모르겠다.

물론 여기에는 죽주민들의 공도 적었다고 말할 수 없다. 왜냐하면 죽주는 귀주성 대첩의 영웅이었던 유명한 박서의 고향이기도 하기 때문이다. 박서는 귀주성 전투 후 관직을 그만두고 고향으로 낙향했었다. 송문주가 죽주성에서 싸울 때 박서가 고향에 있었는지는 확인할 수 없지만, 낙향한 박서의 귀주성 전투는 죽주민들에게 큰 감명을 주었을 것이고, 침략에 대비한 자발적인 참여나 전투에도 알게 모르게 많은 기여를 했을 것이다.

죽주성은 현재 경기 안성군 이죽면 매산리에 위치하는데, 이곳은 경기에서 영남으로 향하는 분기점으로 예로부터 경기 남부 지역의 교통요지였다. 그래서 고려시대부터 상업이 번성했고, 산성 주변에는 봉업사를 비롯한 네 곳의 사지가 남아 있다.

죽주성 주변의 불교 유적 가운데, 처인성 승첩의 김윤후와 죽주성 승첩의 송문주 장군을 추모하기 위해 조성했다는 높이 5.7미터의 태평미륵 불상이 있다고 한다. 후대에 붙여진 설화도 많이 남아 있다고 하니 죽주성 전투가 인근 주민들에게 역사적으로 강하게 각인된 결과가 아닐까 생각된다.

죽주성에서 격퇴당한 몽골 군대는 경기 남부를 거쳐 충청도의 온수(온양)를 지나고 있었다. 이들 몽병은 전주, 고부를 거쳐 그해 10월 말 부녕(전북 부안)까지 내려온다. 최초로 호남 지방을 침략 방향으로 잡은 이들은 역시 선발대로 보인다. 이들은 여기서 더 이상 남하하지 않은 듯하다. 죽주와 같이 함락되지 않은 성을 뒤에 두고 마냥 내려올 수는 없었을 것이다.

팔만대장경의 조판

몽골의 3차 침략 중 두 번째 공격이 있던 1236년(고종 23)에 유명한 팔만대장경 판각작업이 시작된다. 전란 중임에도 불구하고 온 국력을 쏟아 16년 만인 1251년(고종 38)에 완성한 것이다. 잘 알다시피 현재 해인사에 보관되어 있고, 보관처인 장경각과 함께 1995년 유네스코 세계문화유산 737호로 등록되었다.

고려의 대장경은 거란 침입 때 간행한 초조대장경과, 그 후 대각국사 의천이 이를 다시 보완하여 간행한 속장경이 있다. 이들 대장경은 대구 부인사에 소장되었는데, 몽골의 2차 침략 때인 1232년(고종 19) 모두 소실되고 그 인쇄본의 일부만이 국내외 여기저기 흩어져 남아 있다고 한다. 팔만대장경(재조대장경) 조판사업은 대장경의 소실로 인해 흩어진 불교 경전을 다시 총집결시키려는 의도에서 시작한 것이다.

대장경은 부처님의 설법을 기록한 '경經', 승려들이 지켜야 할 계율이나 규범인 '율律', 그리고 경·율에 대한 후대의 해석을 기록한 '논論'의 삼장三藏의 경전을 총칭하는 말로 일종의 불교 전집이라 할 수 있다. 그래서 대장경을 간행하려면 우선 경·율·논 삼장의 경전을 모두 수집해야만 한다. 이 첫 단계 작업은 불교 경전에 대한 수준 높은 이해가 선행되지 않고는 불가능한 일이다.

대장경을 간행하려면 불교 경전을 빠짐없이 수집하는 한편, 경전을 판각할 판목도 마련해야 했다. 현재 해인사에 보관 중인 대장경판의 크기는 가로 78~68센티미터, 세로 23~25센티미터, 두께 2.6~3.4센티미터이고, 무게는 2.3~4.4킬로그램으로 다양하다. 여기에 쓰인 목재는 산벚나무·돌베나무·자작나무·단풍나무 등으로 여러 수종이라고 한다. 이런 나무들이 집단적으로 한 지역에만 자생하지 않기 때문에 목재 마련에도 수많은 인력이 동원되었을 것이다. 이런 판목을 8만여 장이나 마련한다는 것은 쉬운 일이 아니었다.

한 연구에 의하면, 이 정도 판목을 마련하려면 최소한 굵기 40센티미터 이상 되는 원목을 1만 본 내지 1만 5천 본을 베어야 한다고 한다. 이러한 원목을 찾아서 벌채하고 운반하는 데만 연인원 8만 내지 12만 명이 동원되었을 것이라니 이것만도 온 국력을 쏟아야 가능한 일이었다. 그것도 전란 중에 말이다.

원목을 일정한 장소에 집결시킨 다음에는 크기에 맞게 켜야 했을 것이다. 그리고 뒤틀리거나 벌레 먹는 것을 방지하기 위해 여러 해 동안 바닷물에 담갔다가 소금물에 쪄서 진을 뺀 다음 그늘에 말렸다. 이런 공정은 또 얼마나 번거롭고 복잡한 일이었겠는가.

그런 다음 경전을 베껴 쓴 종이를 판목에 뒤집어 붙이고 글자를 새겼다. 판목의 앞뒷면에 새겼는데, 1줄에 14자씩 23줄을 새겼다. 새기다가 한 획만 삐끗해도 그 판목은 버려야 했다. 목판을 유심히 관찰해 보면 잘못 새긴 글자를 파내고 다시 새긴 글자를 끼워 맞춘 흔적을 가끔 발견할 수 있다고 한다. 글자 한 획의 착오로 목판 하나를 버리기가 쉽지 않았을 것이니, 이는 오히려 인간미 넘치는 정성을 느끼게 한다. 판각이 완성된 목판은 옻칠을 하고 네 모서리에 청동으로 마구리를 하여, 판면의 손상과 뒤틀림을 막고 통풍이 잘 되도록 했다.

그런데 그렇게 만들어진 8만여 장의 목판에 새겨진 글자체가 처음부터 끝까지 한결같이 아름답고 정교하며 틀린 글자가 거의 없다고 한다. 모두 한 사람이 쓰고 한 사람이 판각하지는 않았을 텐데 이 또한 놀라운 일이 아닐 수 없다. 판목 하나, 글자 한 자 새길 때마다 절을 했다고 하니 그 정성을 어떻게 표현해야 할지 모르겠다. 불교에 대한 돈독한 신앙심이 그것을 가능하게 했으리라.

팔만대장경 조판을 주도한 인물은 집권자 최이였다. 그는 대장경을 간행하기 위해 강화도에 대장도감이라는 임시 관청까지 설치하고, 남해(경남)에도 그 지부 격인 분사대장도감을 두어 일을 추진해나갔다. 여기에 필요한 대부분의 경비는 최이 자신의 사재를 털어 마련했으니, 대장경 간행에 대한 그의 집념이 얼마나 강했는지를 알 수 있다.

항쟁을 위한 국론통합, 혹은 기만

최이는 왜 그렇게 전란 중임에도 엄청난 재력을 쏟아 대장경을 간행하려 했을까? 그리고 전란 중에 어떻게 그것이 가능했을까? 부처님의 힘을 빌려 몽골의 침략군을 물리치겠다는 것은 불교를 믿는 신앙 차원의 이야기일 뿐이다. 최이로서는 대장경 조판을 통해 현실적으로 노리는 바가 분명 있었을 것이다.

강화도로 천도한 최이 정권은 민심의 이반을 겪어야 했다. 천도가 민심을 배반한 것이었으니 당연한 결과이다. 게다가 몽골 군대가 쳐들어올 때 대규모 상비군을 동원하여 내륙민을 보호해주지도 않았고 방치하다시피 했다. 국가의 상비군은 사병 역할에 더 충실했을 뿐이다. 그런 속에서 시간이 지날수록, 몽골의 침략이 거듭될수록 민심의 이반은 가속화되었다.

죄수를 사면하거나 조세를 감면해주는 것으로는 이반하는 민심을 달랠 수 없었다. 여기서 생각해낸 것이 팔만대장경의 조판이다. 고려는 불교국가이니 불교의 호국적 성격을 빌려 외적을 물리친다는 명분도 있어 안성맞춤이었다. 불교에 대한 신앙심을 빌려 이반하는 민심을 통합하려 한 것이다. 요즘 식으로 말하자면 국난을 극복하기 위해 국론을 하나로 통합하려는 시도라고 볼 수 있다.

하지만 그것은 정권 안보를 위해 백성들을 기만한 것에 불과했다. 국론통합에 성공한다면 몽골의 침략이 아무리 계속된다 해도 백성들을 항쟁으로 내몰 수 있었다. 내륙의 백성들이 이반하지 않고 끈질기게 항쟁을 지속해야만 최이 정권도 몽골에 저항하면서 강도에 안주할 수 있었다. 이는 곧 내륙에 남아 있는 백성들만 죽음의 구렁텅이로 내몬 꼴이었다. 실제로 그랬다.

그러면 그러한 백성들은 불교에 속은 것인가, 아니면 최이에게 속은 것인가. 이 대목에서 5공 시절 평화의 댐이 연상되는 것은 괜한 상상일까. 북한의 금강산댐에 대한 대응으로 평화의 댐을 쌓아야 한다고 온 국민이 얼마나 열성적으로 성금 모금에 나섰던가. 절대 강요가 아니었다. 그것은 반공 이데올로기에 집착한 광기였다.

그랬을 것이다. 팔만대장경도 종교적 광기였다. 연인원 수십만 명이 동원되어야 할 대사업을, 그것도 전란 중에 어떻게 강제로만 추진할 수 있겠는가. 자발성 없이는 도저히 불가능한 일이다. 그 자발성은 호국불교라는 종교적 광기가 뒷받침하고 있었다. 팔만대장경의 제작사는 호국불교였고, 총감독은 최이였으며, 그리고 배우는 백성들이었다. 세계에 자랑할 만한 우리의 자랑스러운 문화유산인 팔만대장경이 그렇게 만들어졌다고 하면 서운하게 생각할지도 모르겠다.

여담이지만 이집트의 피라미드, 중국의 만리장성 등도 크게 다르지 않다고 본다. 이들 문화유산 역시 강제 노동만으로 만들어졌다고는 결코 보지 않는다. 팔만대장경과 비교하면 상상도 할 수 없는 수많은 인력과 시간이 소요되었을 그런 대역사가 채찍으로만 가능할 수는 없는 것이다. 거기에도 분명 이데올로기적인 광기가 개입되어 있었고, 강제만이 아닌 어느 정도의 자발성이 뒷받침되었다고 본다.

그런데 그렇게 종교적 광기로 내몰아 수많은 사람의 희생을 강요한 문화유산들이 후손들에게는 더할 수 없는 자긍심을 심어주고 있으니 이 또한 재미있는 일이 아닐 수 없다. 게다가 지금은 관광수입까지 올려주어 후손들에게 실질적으로 커다란 이득까지 안겨주고 있다. 세계의 위대한 문화유산들이 대부분 그런 것 아니겠는가.

그러면 그런 광기를 이용하여 수많은 사람의 희생을 강요한 통치자는 어떻게 평가해야 할까?

황룡사와 9층 목탑의 소실

몽골의 3차 침략 중 세 번째 공격은 기록이 너무나 미비하여 그 윤곽조차 잡을 수 없다. 다만 여러 정황을 종합해볼 때, 3차 침략 3년째인 1237년(고종 24) 한 해는 휴식기였던 것 같고, 4년째인 1238년(고종 25)에 세 번째 공격이 재개되었다고 보인다.

세 번째 공격이 언제 시작되었는지 모르지만, 《고려사》 고종 25년 (1238) 윤4월조에, "몽병이 동경(경주)에 이르러 황룡사탑을 불태웠다"라는 중요한 기록이 남아 있다. 이를 통해 황룡사와 그 탑이 소실된 것이 몽골의 3차 침략 세 번째 공격 때인 1238년의 사건임을 알 수 있다.

그런데 《삼국유사》에는 황룡사탑의 소실을 그해 겨울(10~12월)의 사건으로 기록하고 있어, 윤4월이라 한 《고려사》의 기록과는 차이가 있다. 황룡사탑의 소실에 대한 두 역사서의 시기가 일치하지 않는데, 전자가 옳을 가능성이 많다. 몽골의 침략이 보통 하절기인 6월에서 8월 사이에 시작된다는 점을 감안할 때 《삼국유사》의 기록이 더 신빙성이 있다고 보는 것이다.

그렇다면 몽골의 3차 침략 세 번째 공격은 1238년(고종 25) 8월쯤 재개되어 그해 겨울 경상도 경주 지역까지 침략해 내려왔음을 알 수 있다. 그 와중에 황룡사와 그 탑이 《삼국유사》의 기록대로 그해 겨울 소실되었던 것이다.

황룡사의 소실은 우리 역사상 외침을 통해 입은 가장 큰 문화적 손실이었다. 황룡사는 553년(진흥왕 14)에 착공하여 569년(진흥왕 30) 17년의 역사 끝에 완성한 신라의 호국사찰이었다. 이 황룡사에는 신라의 호국삼보護國三寶—황룡사 장육삼존불상, 황룡사 9층탑, 진평왕의 옥대—중 두 가지가 보존되어 있었으니 호국사찰로서 대단히 중요한 곳이었다.

황룡사의 장육불상은 황룡사를 완공한 직후인 573년(진흥왕 34)경에 조성한 것으로, 동 35,007근과 황금 10,198분을 들여 만들었다. 좌우 두 개의 협시보살을 조성하는 데만도 철 12,000근과 황금 10,136분이 들어갔다고 한다. 이것이 황룡사와 함께 소실되어 사라져버린 것이다.

그리고 황룡사의 9층 목탑은 645년(선덕왕 14) 공사에 착수하여 이듬해에 완성한 목탑이다. 호국의 상징인 이 탑은 철반 이상이 42척(약 15미터), 그 이하가 183척(약 65미터)으로 전체 높이가 80미터나 되는 장엄하고 아름다운 건축물이었다. 오늘날의 건축기술로도 이런 거대한 목조물을 세우는 것은 쉽지 않다고 한다. 이 역시 몽골의 3차 침략 때 불타 없어져버렸다.

이 거대한 목조 건축물이 완전히 재가 될 때까지 불이 꺼지지 않았다는 것을 상상해보라. 아마 경주는 수십 일 동안 대낮처럼 훤했을 것이고, 경주 사람들은 발을 동동 구르며 안타까이 지켜보고 있었을 것이다. 이 탑이 사라지지 않고 현재까지 남아 있다면, 세계 최대 최고의 목조 건축물이 될 것임에 분명하다.

없어진 것은 이뿐만이 아니었다. 754년(경덕왕 13)에 주조한 황룡사의 종도 소실되었다. 이 황룡사 종은 길이가 1장 3촌, 두께는 9촌, 무게는 497,581근으로, 12만 근인 봉덕사 종보다 네 배나 큰 것이었다. 이 거대한 종은 또 어떻게 되었을까? 불에 타 녹아버렸는지 아니면 몽병들에게 약탈당했는지 알 수 없다.

정복민으로서는 피정복민의 문화적 우월성이 가장 눈에 거슬렸을 것이다. 무력으로 모든 것을 다 지배할 수 있다 해도 문화적 우월성만큼은 마음대로 되지 않았기 때문이다. 문화재 파괴는 그래서 더욱 폭력적이다. 게다가 그것이 호국의 상징이라면 두말할 필요가 없다.

황룡사와 그 9층 목탑의 소실은 신라 천년 왕도인 경주의 위상에도 큰 타격을 주었음에 틀림없다. 경주는 이후 폐허와 같이 변했으니, 무인정권이 성립한 이래 줄곧 소외받던 경주는 이제 쇠락의 길로 들어서게 되었다. 아마 그곳에 뿌리 내리고 수백 년을 살던 경주민들의 자긍심도 큰 상처를 입었으리라.

백제부흥운동

백제 부흥의 깃발

몽골의 3차 침략 때 일어난 중요한 사건으로 '백제부흥운동'을 빼놓을 수 없다. 백제부흥운동은 1236년(고종 23) 겨울에 시작하여 이듬해인 1237년 봄에 평정된 민란이다. 이 민란의 중심인물은 담양(전남) 출신의 이연년李延年 형제였다.

이연년이 맨 처음 거병한 곳은 원율현(담양군 금성면과 용면 일대)인데, 이곳에는 현재 금성산성이 남아 있다. 이 금성산성에서 이연년 형제는 인근의 초적들을 끌어모으고 세력을 키워 백제도원수百濟都元帥를 자칭했다.

백제라는 옛 국호를 거론한 것은 그 부활을 다시 꿈꾸었다는 뜻인데, 이들이 처음부터 옛 백제 왕조의 부활을 기도했는지는 불확실하다. 옛 백제 지역의 세력을 끌어모으기 위한 명분으로 백제를 내세웠을 가능성이 많은데, 그것은 충분히 설득력이 있었다. 강화로 천도한 이 무렵 고려 왕조는 최이 정권에 의해 그 무력함이 극에 달해 있었기 때문이다.

고려 왕조는 강화로 천도한 이후 최이 정권을 지탱해주는 장식품에 불과했다. 이런 속에서 최이 정권의 대몽항쟁도 정권 안보에만 치우쳐 반민중적으로 흘러가고 있었다. 강화도를 제외한 반도의 내륙은 무방비 상태로 거의 방치되고 있었다. 최이 정권은 대규모로 중앙군을 출동시켜 몽골과 전쟁다운 전쟁도 한 번 치르려 하지 않았다. 대몽항쟁은 대부분 지방민이나 자발적인 지방 군인들에 의해 소규모 유격전으로 치러질 뿐이었다.

게다가 몽골 군대는 이 무렵 최초로 그 공격 방향을 전라도로 향하고 있었다. 몽골의 3차 침략 두 번째 공격 때인 1236년(고종 23) 10월 10일경에는 몽병이 전주와 고부(전북)에 출현하기 시작했고, 그달 29일에는 부녕(전북 부안)에도 출현했다. 전라도에 처음으로 쳐들어온 이들은 몽골의 선발대로 보이는데, 이연년 형제가 담양에서 거병한 것은 바로 이 무렵이었다.

몽골의 선발대가 이제 전라도를 향하여 침략의 손길을 뻗치고 있는데도 최이 정권은 항상 그러했듯이 방관만 하고 있었다. 이것은 이연년 형제가 거병하게 되는 중요한 계기였다고 보인다. 즉 무력해진 고려 왕조에 운명을 맡기지 않고 몽골의 침략을 직접 방어하면서, 대몽항쟁보다는 정권 안위에만 신경 쓰는 최이 정권에 반기를 든 것이다.

이연년 형제의 백제부흥운동에 동참한 세력들을 자세히 살펴보면 이들이 왜 일어날 수밖에 없었는가를 알 수 있다.

백제부흥운동의 중심세력은 '이가당李家黨'이라고 불렸다. 이연년 형제를 추종하는 무리라는 뜻인데, 이들이 반란의 핵심세력으로 보인다. 이들은 최이 정권에 불만을 품고 초야에 묻혀 있던 지방의 토착세력이나 중앙에서 낙향한 전직 관리들로 보인다. 이런 이들을 '산림山林'이라고도 불렀는데, 이는 관직에 나아가지 않고 초야에 묻혀 있는 자들이라는 뜻이다. 이들이 반란세력의 상층부를 형성하고 있었다.

또한 백제부흥운동에 참여한 세력을 '초적' 혹은 '무뢰배'라고도 불렀다. 이들은 반란에 참여한 일반 민중들을 가리키는 듯한데, 이런 용어는 대개 군대에서 이탈한 자들에게 붙여지는 경우가 많았다. 지방 군대에서 이탈한 자들은 다름 아닌 농민들이다. 그래서 백제부흥운동에 참여한 대다수 무리는 농민 혹은 전직 군인들이었다고 할 수 있다. 이들은 반란세력의 하층부를 이루고 있었다.

전직 군인이나 농민들이 반란에 참여하게 된 데는 군제의 문란이나 가혹한 수탈도 중요하게 작용했다. 기존 상비군 체제가 와해되면서 새로운 별초군을 조직하여 상비군으로 활용했지만, 기존의 상비군을 모두 흡수할 수는 없었다. 군대에서 이탈한 자들이란 바로 이들이다.

이들이 안주할 곳은 농업밖에 없는데, 토지제도의 문란으로 경작지 확보가 힘들었고, 더구나 몽골의 침략은 미미한 토지의 경작마저 의미 없게 만들었다. 그래서 이들 농민들은 대부분 거주지나 토지에서 유리된 유망농민들이었다.

게다가 당시 전라도 지역에서는 최이의 아들인 만전萬全이 쌍봉사(전남 화순)에 거주하면서 농민들을 광범위하게 수탈하고 있었다. 만전은 후에 환속하여 최항崔沆으로 개명하고, 최이를 이어 최씨가의 3대 집권자가 된 자이다. 그는 쌍봉사를 중심으로 전라도 각지에 농장을 개설하고, 자신의 측근 인물들을 시켜 농민들을 가혹하게 수탈하고 있었다. 이연년 형제의 백제부흥운동에 참여한 농민들은 이러한 수탈과도 무관하지 않았다.

그런가 하면 백제부흥운동에 참여한 자들 중에는 승도들도 있었다. 승도들이 왜 민란에 참여하게 되었는지 궁금한 문제가 아닐 수 없다. 이런 승도들에 대해서는 구체적인 기록이 없어 추측할 수밖에 없다.

반란에 참여한 승도들도 최이 정권에 불만이 많은 자들이었음에 분명한데, 이 역시 출가한 최이의 아들 만전의 횡포와 관련이 있다. 만전은 농민에 대한 수탈뿐 아니라, 유명한 사찰을 점거하는 등 인근 사찰에 대한 탄압과 행패도 심했다. 그는 비록 출가한 승려였지만 최고통치자의 아들이었으므로 그에게 맞설 자가 없었고, 성품마저 고약해 인근 사찰과 승려들에게 가한 횡포는 이루 다 말로 할 수 없었다.

백제부흥운동에 참여한 승도들은 이런 만전의 횡포에 피해를 입은 사찰의 승려였던 것이다. 만전이 사찰에 가한 폭력이나 횡포가 광범위했음을 감안하면 반란에 참여한 승도들은 의외로 많았을지도 모른다. 그런 승도 가운데 어떤 이들은 민란세력의 선봉장을 맡기까지 했으니, 참여한 승도들의 수가 만만치 않았고 반란에도 매우 적극적이었음을 알 수 있다.

민란의 확산

이연년 형제가 주도한 민란은 1236년(고종 23) 10월, 담양의 금성산성에서 시작되었다. 몽골 군대가 처음으로 전라도 북부 지방까지 쳐들어올 무렵이었다.

앞서 언급한 대로 최이 정권은 몽골의 침략에 맞서는 한 방법으로 산속으로 도피시키는 산성입보山城入保를 농민들에게 강요했었다. 몽골 군대가 전라도로 향하자 금성산성에는 산성입보를 위해 많은 사람들이 들어와 있었다. 이연년 형제는 바로 이 금성산성에서 거사를 시작했다. 산성에 들어온 사람들 중 최이 정권에 불만이 많은 사람들을 규합하여 민란세력으로 이끈 것으로 보인다.

이연년 형제는 민란세력이 형성되자 산성에 근거하면서 인근의 여러 주현에 격문을 띄웠다. 격문의 내용은 사서에 나타나 있지 않지만 상상해볼 수는 있겠다. 아마 몽골의 침략에 맞서 싸우자는 내용과 대몽항쟁에 태만한 최이 정권에 대한 적개심을 불러일으키는 내용, 이 두 가지가 핵심이 아니었을까 싶다. 이들은 격문을 띄우면서 백제부흥을 표방했을 것이다.

격문은 의외로 효과가 커서 인근 지방에서 더욱 많은 군사들이 모여들었다. 세력을 키운 이연년 형제는 이제 더 이상 금성산성에만 머물러 있을 필요가 없게 되었다. 산성에 근거하는 수세적인 자세에서 벗어나 적극적인 공세를 취할 필요가 있었던 것이다. 그만큼 세력이 커져 자신감이 생겼다는 뜻이다.

이연년 형제가 산성을 나와 민란세력을 이끌고 향한 곳은 해양(광주)이었다. 금성산성을 나와 광주로 향하면서 이연년 형제는 비로소 백제도원수를 칭했다. 민란세력이 광주를 향해 나아가자 인근 주현의 관리들 중 도망치는 자들도 있었지만, 민란세력을 영접하여 음식을 대접하는 관리들도 적지 않았다. 광주로 향하는 길에서도 많은 호응을 받았던 것이다.

백제도원수를 내세운 것은 광주를 장악하는 데 결정적인 역할을 했다. 생각보다 고려 왕조에 대한 불만이 컸던 탓이다. 그리고 전라도 일대를 장악하여 세력을 확대하기 위해서는 그보다 더 유력한 수단은 없었다. 뿐만 아니라 최이 정권을 부정하고 반기를 드는 가장 효과적인 방법이 그것이었다. 최이 정권과 고려 왕조에 대한 불만이나 적개심이 그만큼 팽배해 있었기 때문이다.

이때까지 최이 정권은 민란의 발발을 알고 있었는지 모르고 있었는지, 아무런 대응이 없었다. 모르고 있었을 리는 없었을 테고, 몽골의 침략이 전라도를 향하고 있던 전란 중이라 별다른 수를 쓰지 못했을 것이다. 최이 정권이 전라도에서 몽골의 군대와 민란세력 모두를 적으로 삼아 싸운다는 것은 불가능할 뿐 아니라 좋은 계책도 될 수 없었기 때문이다.

민란세력은 광주를 점령한 후, 거기서 머무르지 않고 다시 나주로 향했다. 나주로 향하는 민란세력은 더욱 불어났다. 민란세력이 나주로 향한 것은 그해 11월 말이나 12월 초쯤이었고, 이듬해인 1237년(고종 24) 정월에는 나주의 관군과 접전이 시작되었다고 보인다.

나주는 당시 전라도의 거점이 되는 대읍으로서 민란세력이 만약 이곳을 점령한다면 백제 부흥의 향방에 획기적인 전기를 마련할 수 있는 곳이었다. 백제 부흥이 단순한 꿈만이 아닌 현실로 나타날 수도 있는 것이었다. 그래서 이연년 형제는 애초부터 나주를 목표로 하고 있었는지도 모른다.

어향, 나주에서의 패배

이연년 형제의 민란세력이 나주에 이르기 하루 전, 김경손이 전라도 지휘사에 임명되어 당도해 있었다. 김경손은 몽골의 1차 침략 시 귀주성 전투에서 박서와 함께 용맹을 떨쳤던 바로 그 명장이다. 그는 또한 최이의 사위인 김약선의 동생이기도 하다. 이런 점을 고려하면 그의 나주 파견은 민란세력을 저지하라는 최이의 특명을 받고 파견된 것이 분명했다.

민란세력은 김경손이 나주성에 들어왔다는 말을 듣고 성을 포위했다. 민란세력은 수적으로 나주성의 관군을 압도할 정도로 많았다. 힘의 우열은 벌써 명백하게 드러났다.

김경손은 우선 민란에 가담한 무리들이 대부분 촌민들임을 역설하여 나주민들을 안심시켰다. 수적인 열세로 겁에 질려 있는 나주민들에게는 그나마 위안이 되었을 것이다. 그리고 김경손이 동원한 방법은 '어향御鄕'인 나주의 지역적 특수성을 들어 항전을 촉구하는 것이었다.

나주는 태조 왕건의 두 번째 부인인 장화왕후 오씨의 고향이다. 그녀 소생의 태자 무武는 나주에서 태어나 태조의 뒤를 이어 고려 왕조 두 번째 왕인 혜종이 된다. 그러니 나주는 임금님의 고향임에 틀림없다. 그래서 나주를 어향이라 칭했고, 이런 표현은 고려 왕조 내내 나주 사람들에게 대단한 자긍심으로 작용했다.

김경손은 용력이 뛰어난 장정 30여 명을 결사대로 선발했다. 그리고 나주의 토착세력 중에서 원로들을 함께 모셔놓고 눈물로 호소했다. 다른 모든 지역이 민란세력에 항복한다 해도 어향인 나주만큼은 그래서는 안 된다는 설득이었다. 나주민들의 특별한 지역정서를 이용하여 아프게 파고든 것이다. 김경손이 어향임을 강조하여 항전을 독촉한 것은, 민란세력이 백제 부흥을 표방한 것에 대한 정면대응이기도 했다. 어향임을 강조하는 속에는 나주가 고려 왕조를 상징하는 도시라는 뜻이 담긴 것이었다. 나주는 고려 왕실의 어향이고 백제부흥운동은 고려 왕조를 부정하는 것이니, 결사항전하지 않을 수 없다는 촉구였다.

나주민들이 결사항전의 의지를 굳혔다고 판단한 김경손은 결사대를 선봉으로 삼아 나머지 군사를 이끌고 성 밖으로 나섰다. 주변의 많은 사람들이 수적인 열세를 들어 반대했지만 듣지 않았다. 성안 수비는 당시 나주부사로 재임 중이던 최인崔璘에게 맡겼다. 최인은 최충헌 정권에서 재상에까지 올랐던 최당崔讜의 손자이다.

그런데 이때 이연년 형제는 성 밖에서 색다른 계획을 세워놓고 있었다. 그 계획이란 김경손을 생포하는 일이었다. 귀주성 전투의 명장인 김경손을 사로잡아 민란세력의 최고원수로 삼겠다는 의도였다. 그가 대몽항쟁에서 얻은 명성이나 인망을 민란세력 확대에 이용해보겠다는 속셈인 듯했다. 강성해진 세력에 자만했는지는 모르지만 그것은 무모한 일이 아닐 수 없었다.

이연년 형제는 김경손을 사로잡기 위해 활을 쓰지 못하도록 하고 짧은 칼로만 상대하게 했다. 한 수 접어준 싸움이었다고 볼 수 있다. 그럼에도 중과부적이던 김경손의 부대는 점차 시간이 흐르면서 곧 민란세력에 의해 포위되다시피 했다. 이연년 형제와 측근의 군사 수 명이 곧장 앞으로 달려나가 김경손을 에워싸고 말고삐를 낚아챘다. 그 순간 김경손의 결사대가 달려들어 이들을 가로막고 퇴로를 차단해버렸다. 이연년 형제는 졸지에 아군의 포위망 속에서 적에게 포위당한 꼴이 되어버렸다. 그들은 결국 그곳에서 빠져나오지 못하고 김경손의 결사대에 의해 마침내 죽임을 당하고 말았다.

우두머리의 죽음을 직접 본 민란세력은 걷잡을 수 없이 와해되었다. 한번 무너지면 돌이킬 수 없는 것이 군대의 사기이다. 김경손의 군대가 승기를 확실히 잡고 밀어붙이니 민란세력은 이리저리 흩어져 도망치고, 다시는 회복할 수 없게 되었다. 우두머리의 죽음으로 그렇게 쉽게 무너진 것을 보면, 민간세력은 규모에 비해 조직력이나 결속력은 보잘것없었던 모양이다.

적장을 생포한다는 것부터가 무모한 일이었다. 그것이 가능하다 해도 진압군 사령관을 민란세력의 원수로 삼겠다는 것은 아무래도 현실성이 없어 보인다. 그런데도 이연년 형제가 그런 의도를 분명히 드러내고 실천하려고 했다는 것은 심상치 않다. 어쩌면 김경손은 최이 정권에 대해 상당히 비판적인 입장을 지닌 인물이었는지도 모른다. 훗날 그가 최씨 정권에 의해 비참하게 희생되는 점을 감안하면 이는 충분히 그럴듯해 보인다. 적어도 이연년 형제가 김경손에게 깊은 신뢰감을 갖고 있었던 것은 분명해 보인다. 이는 최이 정권의 태만한 대몽항쟁에 비해 그의 결사항전이 너무나 빛났기 때문이기도 하지만, 최이 정권에 대한 그의 숨겨진 불만을 알아차린 탓이 아니었는가 싶다.

김경손의 그러한 정치적 성향과 희생적인 항쟁 자세를 보고, 이연년 형제는 그를 민란세력으로 끌어들이고 싶었을 것이다. 김경손은 이연년 형제의 의도를 모르고 있었다. 설사 알고 있었다 해도 민란세력에 영합하고 싶지는 않았을 것이다. 하지만 이연년 형제는 김경손이 자신들의 뜻에 기꺼이 따라줄 것으로 믿어버렸다.

이연년의 민란세력이 적극 공격을 감행했다면 김경손을 죽이고 진압군도 충분히 궤멸시킬 수 있었다. 그러나 이연년 형제의 김경손에 대한 믿음은 공격을 최대한 자제하는 너그러운 행동으로 나타나 전세가 역전되어버렸던 것이다. 추측에 불과하지만, 김경손이 이연년 형제의 의도를 미리 간파하고 그것을 역이용했을 수도 있다. 결국 이연년 형제의 갑작스런 죽음은 바로 세력의 궤멸로 이어졌다.

어쩌면 백제 부흥을 표방한 것 자체가 성급한 일이었는지도 모른다. 백제 부흥을 외친 것은 최이 정권에 대한 저항의 수단으로서는 효과적이었는지 모르지만, 이민족과 전쟁 중이었다는 것을 감안하면 성공 가능성은 애초부터 희박했다. 민란세력이 백제 부흥에 성공한다고 할지라도, 바로 몽골과의 항쟁에 다시 직면해야 했을 것이기 때문이다.

이연년은 누구일까

이연년 세력이 옛 백제의 부활을 꿈꾸었다는 것은 정말 흥미로운 일이 아닐 수 없다. 최씨 정권에 들어와 신라와 고구려에 이어 이제 백제부흥운동까지 일어났으니 정말 범상치 않은 일이었다.

신라부흥운동은 최충헌 집권기 때인 1202년(신종 5) 경주 일대에서 옛 신라의 부흥을 외치며 일어난 민란이었다. 고구려부흥운동 역시 최충헌 집권기 때인 1217년(고종 4) 서경에서 고구려 부흥을 표방하여 일어난 거사였다. 이로부터 20년 후 담양, 나주 등지에서 백제 부활을 기치로 내건 대규모 민란이 다시 일어난 것이다(신라와 고구려부흥운동에 대해서는 2권 참조).

고구려·백제·신라가 망한 지 벌써 5백 년 이상이 지났고, 그 뒤를 이은 후삼국이 통일된 지도 3백 년이 흘렀다. 그런데도 옛 고구려·백제·신라에 대한 계승의식이 다시 살아났으니, 이것을 어떻게 해석해야 할지 매우 조심스럽다.

삼국을 계승하겠다는 부흥운동이 일어난 가장 중요한 이유는, 최씨 정권에 의해 고려 왕조가 유명무실해졌기 때문이다. 실제 고려 왕실은 최씨 정권을 유지시켜주는 도구에 불과했다. 민중들이 얄밉게 생각한 것은 어쩌면 최씨 정권보다도 오히려 그러한 고려 왕실이었는지도 모른다. 하지만 저항의 직접적인 대상은 무력한 고려 왕실보다는 현실적으로 최씨 정권이 될 수밖에 없다.

백제부흥운동은 앞서 신라부흥운동이나 고구려부흥운동과 마찬가지로, 역시 최씨 정권에 대한 독특한 저항 형태였다고 볼 수 있다. 이러한 세 가지 저항운동에서 최씨 정권을 가장 곤경에 빠뜨린 것은 백제부흥운동이었다. 그것은 세력이 가장 강대해서가 아니라, 몽골이라는 이민족과 전쟁을 치르는 중에 일어났기 때문이다.

당시 최씨 정권은 항몽을 명분으로 천도했지만 내륙을 방치하고 있었고, 몽골 군대는 전라도 지방을 향하고 있었다. 이연년 형제의 백제부흥운동은 최씨 정권의 그런 대몽항쟁 태도에 적개심을 갖고 시작한 것이다. 즉 천도 이후 최이 정권의 반민중적 태도는 백제부흥운동이 일어나는 직접적인 원인이었다고 할 수 있다.

하지만 간과할 수 없는 것은 이연년 형제의 출신 기반이나 배경도 백제부흥운동에서 중요하게 작용했다는 점이다. 앞선 신라나 고구려 부흥운동의 주도세력과 마찬가지로, 이연년 형제도 백제 부흥을 외칠 만한 옛 백제 지역에 연고를 가지고 있었던 것이다.

전통 왕조시대의 민란 지도자들이 보통 그러하듯이, 이연년 형제에 대해서도 남아 있는 기록이 거의 없다. 다만 여기저기 산재한 단편적인 기록들을 통해 몇 가지를 유추해볼 수 있을 뿐이다.

이연년의 본관은 담양의 속현인 원율현이다. 원율현 토착세력의 성씨 중 이 씨가 있는 걸로 보아, 이연년 형제는 원율현의 토착세력 혹은 호족의 후예쯤으로 보인다.

그런데 원율현 출신으로 고려시대 중앙 고위직을 역임한 사람 중 참지정사(정2품)를 역임한 문종 대(1046~1083)의 이영간李靈幹이라는 사람이 있다. 이 이영간을 통해 이연년 형제를 알아볼 수 있을 것이다. 이연년 형제와 이영간은 같은 원율현 출신이기 때문이다.

이영간은 후백제와 관련된 중소호족이었다. 이들 후백제 출신 호족들은 광종 대(949~975)에 중앙정계로 진출하는데, 이영간의 가문도 그랬을 것으로 보인다. 이영간이 재상급인 참지정사에까지 오른 것으로 보아, 이영간의 가문은 중앙에서 나름대로 정치적 기반을 잡았다고 볼 수 있다.

이렇게 중앙에서 착실히 성장해가던 이영간의 가문에 시련이 닥쳤다. 1170년(의종 24) 일어난 무신란이 그것이었다. 많은 귀족가문들이 몰락하거나 신변의 위협을 느껴 낙향해야 했는데, 이영간의 가문도 이 와중에 낙향했다고 보인다. 낙향한 이영간의 가문이 이연년 형제의 직계 조상이라고 단정할 수는 없지만, 같은 원율현 출신이라는 점에서 분명 혈연상 무관하지는 않았다.

이연년 형제가 이런 이영간의 가문과 무관치 않다면, 그 역시 무신란으로 실각했거나 난을 피해 낙향한 가문의 후예라고 할 수 있다. 즉 이연년 형제가 속한 가문도 무신란 후 중앙정계에서 소외된 가문으로 볼 수 있는 것이다. 이것은 이연년 형제가 백제 부흥을 기치로 내걸고 최이 정권에 저항할 수 있었던 사적인 배경이 되지 않았을까.

또한 앞서 말했듯이 이연년 형제가 백제 부흥을 표방했던 것은 후백제 출신이라는 점과도 무관치 않았다. 정확한 증거 자료가 없어 장담할 수 없지만, 이연년 형제는 후백제 계통의 호족 후예로 보인다. 아울러 담양 지역에는 그 시대 건립된 백제계 석탑이 지금도 남아 있는데, 이 역시 이연년 형제가 백제 부흥을 표방했던 사실과 관련이 있다고 보인다.

한편 담양 지방에는 전우치田禹治 설화가 전해 내려오고 있다. 전우치는 원율 출신으로 실존했던 인물로 알려져 있는데, 설화 내용에는 지방 관리의 부패를 폭로하고 빈민을 구제하는 그의 활약이 잘 나타나 있다. 어쩌면 이것은 백제 부흥에 실패했던 이연년 형제에 대한 원율 주민의 안타까운 마음이 보상심리로 작용하여 설화로 재현된 것인지도 모를 일이다.

운주사, 설화 속의 백제부흥운동

운주사의 비밀

전남 화순군 도암면에는 운주사雲住寺라는 신비에 싸인 사찰이 있다. 누구나 이 사찰을 처음 가보면 여느 사찰과는 전혀 다른 독특한 느낌에 사로잡힌다. 갑자기 운주사를 거론한 것은, 이연년 형제의 백제부흥운동과 이 사찰이 관련이 있지 않았을까 하는 생각 때문이다.

운주사의 독특한 분위기를 만들어내는 것은 천불 천탑과 와불이다. 현재 남아 있는 불상과 불탑은 형태가 불완전한 것이나 훼손된 것까지 모두 합하여 불상은 91구, 불탑은 21기 정도 된다고 한다. 천불 천탑의 명성에 비하면 약소한 수이지만 경내에 들어서면 불상과 탑이 지천으로 널려 있다는 느낌을 받는다. 아마 불완전하고 조악한 외형과 무질서하게 흩어져 있는 모습 때문인 듯하다.

그래서 그런지는 모르겠지만 이 운주사의 천불 천탑을 보고 이런 우스갯소리도 심심찮게 나온다. 불상이나 불탑을 조각하고 제작하는 석공들의 연습장이 아니었냐고. 사찰에 놀러오는 일반인들의 입에서 나온 농담이지만, 전문가들도 이런 천불 천탑의 조성 배경에 대해 속시원히 설명을 못하고 있는 실정이다.

특히 불상은 이게 불상인가 싶을 정도로 매우 거칠고 완성도가 떨어진다. 좋게 표현해서 민중적이고 소박한 느낌이라고 할 수 있지만, 예술적인 조형미는 형편없어 보인다. 매우 다급한 상황에서 시간에 쫓겨 만들었다는 것을 바로 느낄 수 있는데 이런 불상을 언제, 누가, 왜, 만들었는지 궁금한 문제가 아닐 수 없다.

게다가 91구의 불상 가운데 전모를 파악할 수 있는 완전한 것은 50여 구에 불과하고, 태반이 머리 부분만 있거나 혹은 머리 아래 몸통 부분만 남아 있다. 이처럼 불두 혹은 불신만 남아 여기저기 흩어져 있기에, 정확한 통계조차 내기 어려워 조사자마다 불상의 수를 다르게 집계하고 있다. 혹 누군가에 의해 의도적으로 파괴되지 않았을까 하는 의구심이 드는데 이 또한 궁금한 문제가 아닐 수 없다.

불상들은 대부분 큰 바위를 의지해서 아무 데나 자리잡고 있다. 큰 바위 끝을 처마 삼아 마치 비라도 잠시 피할 양으로 불안하게 바위 밑자락에 옹기종기 모여 있다. 불탑이 놓인 곳도 무질서하기는 마찬가지다. 최근 불탑의 위치가 하늘의 별자리를 상징한다는 이야기도 나오긴 했지만, 겉으로는 무질서해 보인다. 불상과 불탑은 왜 그렇게 흩어져 있을까?

불탑은 그 독특한 양식으로 더욱 주목받고 있다. 기단을 자연암반으로 대신한 것은 차치하고라도, 독특한 원반형이나 원구형 옥개석이라든지, 탑신에 이상한 문양이 새겨져 있다든지, 자연석을 그대로 얹어

만든 석탑이나 실꾸리 모양을 한 석탑 등을 보면 정말 이국적이고 기묘한 느낌을 받지 않을 수 없다. 그래서 혹자는 운주사를 이민족 집단이 세웠다거나 밀교적인 사원으로 보기도 한다. 하지만 역시 무슨 목적으로 누가 이러한 석탑을 조성했는지는 풀리지 않는 의문이다.

와불도 궁금한 문제가 아닐 수 없다. 와불은 사찰 입구에서 봤을 때 왼쪽 산등성이에 있는데, 10미터 안팎의 미완성 불상 두 개가 붙어 누운 채로 있다. 하나는 좌상의 형태이고 좀 더 작은 다른 하나는 입상의 형태를 취하고 있다. 마치 거인 부부가 하늘을 향해 원망하는 모습 같기도 하고, 누군가 손잡아 일으켜주기를 기다리는 모습 같기도 하다. 이 와불은 또 무슨 연고로 이렇게 붙어 누워 있단 말인가?

와불은 거대한 자연암반 위에 머리 쪽을 약간 아래로 하여 반입체로 조각되어 있다. 거대한 암반 위에 좌상과 입상을 조각한 것인데, 와불의 다리 부분과 두 불상 사이에는 암반에서 떼어내려 한 흔적이 남아 있다. 아마 암반에 두 불상을 조각한 후, 떼어내 어디엔가 세우려 했는데, 무슨 이유에서인지 미처 공정을 마치지 못하여 미완성의 불상으로 남은 듯하다.

이러한 미완성의 불상은 운주사와 관련된 설화의 중심 소재이기도 한데, 조금 뒤 백제부흥운동과 관련시켜 이를 재구성해보고자 한다.

운주사에 대한 궁금한 사항은 위와 같이 한두 가지가 아니지만 아직도 명쾌하게 해명된 것이 별로 없다. 무성하게 여러 학설만 난무할 뿐이다. 궁금증을 해결하는 데 필요한 역사 기록이나 근거할 만한 자료가 별로 없기 때문이다. 무엇보다 가장 궁금한 사실은 언제, 누가, 무슨 목적으로 이런 천불 천탑과 와불을 조성했는가 하는 점이다.

다행히 전남대학교 박물관에서 1984년 이후 수차례에 걸쳐 운주사에 대한 발굴 조사를 했고, 그 결과 1991년에《운주사종합학술조사》라는 보고서가 나왔다. 이 보고서에 의하면 운주사와 관련된 가장 확실한 사실은, 운주사는 늦어도 11세기 초에 창건되었고, 세 차례의 중창을 거쳐 정유재란 때(1600년 무렵) 폐사되었으며, 그 이후 언제인가 복원되어 현재에 이르렀다는 것이다.

이러한 사실은 발굴 조사를 바탕으로 하기 때문에 다른 반박할 자료가 없는 한 그대로 믿는 수밖에 없다. 그 가운데 가장 눈에 띄는 것은 석탑 양식이 백제 계통 양식을 따랐다는 점과, 석탑 건립 시기를 고려 중엽 혹은 12~13세기라고 본다는 점이다. 이 시기는 최씨 무인집권기에 해당되는 시기로 바로 백제부흥운동이 일어난 때이다.

그런데 위 보고서에는 송기숙 교수가 작성한 운주사 천불 천탑과 와불에 관계된 주변 설화가 자세히 조사 기록되어 있다. 필자는 이 설화에서 백제부흥운동과 연결시킬 만한 내용을 발견하고 눈이 번쩍 떠졌다.

그 설화를 소개하기에 앞서, 운주사에 예로부터 수많은 사람들이 모여들었다는 이야기로부터 시작해보자.

운주사에 모여든 사람들

운주사는 나주·영암·장흥·화순의 경계가 서로 만나는 곳에 위치했다. 이 운주사에서 서남쪽으로 2킬로미터쯤 가면 옛날 중들의 장터였다는 '중장터'가 나온다. 한 달에 한 번씩 매달 보름에 장이 서는데, 절의 수요품인 목탁이나 염주 등 각 절의 특산품을 가지고 나와 물물교환했다는 것이다.

장이 서는 날에는 쌍계사·화엄사·내장사·대흥사·무위사·송광사

등 여러 사찰의 중들이 특산품들을 가지고 나와 서로 교환했다. 보름에 장이 선 것도 먼 데서 오는 중들이 달밤을 이용하기 위해서였다고 한다. 이런 장터에서는 물건만 교환되는 것이 아니라 중들 사이의 여러 정보도 교환되었을 것이고, 절과 절 사이의 업무 연락이며 때로는 집회 장소로도 이용되었을 법하다.

그런데 이 중장은 본래 나주에 있었던 것이라고 한다. 고려 후기 이후 전국에 두 개의 중장이 있었는데 하나는 경상도 상주에, 또 하나는 전라도 나주에 있었다. 이 나주에 있던 중장이 이곳 운주사 쪽으로 옮겨왔다는 것이다.

나주의 중장이 이곳으로 옮겨온 것은 나주를 비롯한 인근 지역 불량배들의 행패가 심했기 때문이라고 한다. 이것은 불량배의 행패를 방관했던 조선시대의 억불정책을 그 배경으로 설명하고 있다. 하지만 이 대목에서 놓칠 수 없는 생각은 이연년의 백제부흥운동이 나주에서 패배했다는 사실이다.

이러한 중장터의 유래와 함께, 매년 초파일 운주사에 수많은 사람들이 모여들었다는 것도 그냥 지나칠 수 없는 이야기이다. 이는 인근 노인들의 실제 경험담으로 한국전쟁 얼마 전까지만 해도 그랬다고 한다. 초파일에는 운주사 골짜기에 발 들여놓을 틈이 없었고, 추석에도 사람들이 운주사로 몰려들었다고 하니 이상한 일이 아닐 수 없다.

운주사 인근에 불회사나 쌍봉사 등 큰 사찰이 많았지만 사람들은 운주사로만 모여들었다고 한다. 온 식구가 열이면 열 하나도 남김없이 모두 절을 찾아 운주사에서 일이십 리 근처 동네가 텅텅 빌 지경이었다고 한다. 가마와 말을 타고 온 사람들도 있었다고 하니 모여든 사람들은 하층민들만은 아니었던 모양이다.

그런데 운주사에 모여든 사람들은 특별한 목적이 없었다니 이 또한 흥미로운 일이 아닐 수 없다. 자식들의 복을 비는 경우도 있었지만, 대부분 놀고 즐기는 일이었다. 여자들은 북장구를 치고, 남자들은 술을 마시며, 어린아이들은 엿을 사먹으며 놀았다고 한다. 그래서 그날이 오면 술장수와 엿장수 등 음식장수들이 장을 이루었다는 것이다.

초파일에는 그렇다 치더라도, 추석 같은 민간의 명절에도 사찰에 사람들이 모여들었다고 하니 더욱 이상한 일이었다. 추석이니 씨름판이나 농악놀이 등 민속 잔치가 벌어졌을 법도 한데 그런 일은 전혀 없었고, 많은 사람들이 그냥 놀다가 갔다는 것이다. 이것은 천불 천탑의 수수께끼만큼이나 궁금한 문제가 아닐 수 없다.

중장터는 왜 나주에서 쫓겨나 운주사로 옮겨왔으며, 왜 사람들은 운주사로 모여들었을까? 다음의 운주사에 얽힌 설화를 마저 언급하고, 이런 문제들을 백제부흥운동과 연관시켜 살펴보고자 한다.

운주사에 얽힌 설화

운주사와 관련된 인근 설화에는 다음과 같은 세 가지 모티프가 있다.

① 하루 동안 여기다 천불 천탑을 세우면 서울이 이리 옮겨온다.
② 여기는 왕이 태어날 명당 자리라서 그 혈을 누르느라 천불 천탑을 세웠다.
③ 도선국사가 풍수지리설에 근거하여 천불 천탑을 세웠다.

이 가운데 ③은 ①과 ②의 설화와 중첩되어 나타나 있다. 이것은 운주사의 창건 동기가 무엇이든 간에, 설화상으로만 보면 운주사 창건이 도선국사의 풍수지리설에 근거하고 있다는 뜻이다. 이렇게 볼 때 운주사와 관련된 설화의 내용에는 ①과 ②의 두 가지 유형이 있지만, 모두 그 밑바탕에는 도선의 풍수지리설이 깔려 있다는 것을 알 수 있다.

먼저 ①과 관련된 설화부터 살펴보자. ①의 내용으로 된 설화는 유사한 것이 여러 개 있는데 모두 참고하여 내용을 다치지 않는 범위에서 약간 윤색을 가하여 정리하면 다음과 같다.

우리나라 산세는 행주형국行舟形局인데, 동쪽은 산세가 높아서 무겁고 서쪽은 평야가 많아서 가볍다. 이 때문에 동쪽으로 기울어져 나라가 편안치 못하고 항상 변란이 많았다. 중국에서 돌아와 이런 산세를 관찰한 도선국사는 여기에 높은 탑을 많이 세워 돛대를 삼고, 부처로서 짐을 삼아 많이 실어놓으면 배가 균형을 잃지 않고 순항하리라 여겼다(도선국사 대신 운주도사가 등장하는 설화도 있다).

이에 도선국사는 이곳에 절을 세워 나라를 편안하게 하기 위해 사동 하나를 데리고 와서 터를 다듬어나갔다. 그리고 천불 천탑을 만들기 위해 도력으로 하늘에 있는 수많은 석공들을 불러 내려오도록 했다. 도선국사는 이들 석공들과 한 가지 약속을 했다. 다음날 닭이 울기 전까지 천불 천탑의 공사를 모두 마치고, 만약 닭이 울면(날이 새면) 천불 천탑을 완성하지 못해도 석공들은 다시 하늘로 올라가도 좋다는 것이었다.

약속대로 한다면 하루 낮 하루 밤 동안 어떻게든 천불 천탑을 마쳐야 했다. 하지만 도선국사는 혹시 시간이 부족하여 일을 다 마치지 못할까 염려하여 절의 서쪽에 있는 일봉암日封岩에 해를 붙잡아 매어놓았다. 도선국사는 도술을 부려 인근 30리 안에 있는 돌들을 불러모으고, 석공들은 부지런히 돌을 다듬어 불탑과 불상을 만들어나갔다. 모두 일치단결하여 쉬지도 않고 일했다. 어느 정도 일이 진척되자, 도선국사는 날이 새기 전에 일을 마칠 수 있을 것으로 보고 일봉암의 해를 가만히 풀어주었다. 석공들도 모두 지쳐 있었지만 바삐 손을 움직여, 해가 진 뒤에는 천불 천탑이 거의 끝나가고 있었다.

그런데 마지막으로 큰 석불 한 쌍만 다듬어 세우면 천불 천탑이 완성되는 순간에, 꾀 많은 사동 하나가 고약한 장난을 치고 말았다. 그 사동은 일에 너무나 지친 나머지 그만 "꼬끼오" 하고 소리쳐버린 것이다. 닭 우는 소리가 울리자마자 모든 돌덩이들은 그 자리에 멈춰버리고, 석공들은 날이 샌 줄 알고 애초 약속대로 하늘로 올라가버렸다. 석공들이 하늘로 올라간 뒤 살펴보니 석불 한 쌍만 일어서지 못하고 와불인 상태로 있었다.

이 와불이 일어서는 날 운주사 일대에 큰 도읍이 자리 잡게 될 것이라는 이야기가 그 후 운주사 주변에 떠돌았다. 이 와불만 일어서면 천불은 사공이 되고 천탑은 돛대가 되어 우리나라가 순행할 것이라는 이야기도 함께 나돌았다.

다음 ②와 관련된 설화를 살펴보자.

운주사 뒤편으로 가면 움푹 패인 곳이 있는데, 거기 있는 탑이 명당탑이고 그곳은 명당 중에서도 대명당 자리였다. 명당에는 장군이 태어날 명당, 부자가 날 명당, 임금이 날 명당이 따로 있는 법이다. 왕씨가 세운 고려는 개성을 도읍으로 했고 이씨가 세운 조선은 한양을 도읍으로 하여 섰는데, 이씨 이후로는 계룡산이 정씨의 도읍이 된다고 한다.

한양이 이씨 5백 년 도읍지이고 계룡산이 정씨 8백 년(혹은 7백 년) 도읍지라면, 이곳 운주사는 범씨의 사당터(도읍지)가 되어 일곱 나라가 조공을 바칠 곳이었다. 운주사 명당탑 자리가 바로 범씨 터로 이미 정해졌고, 왕이 태어날 왕후지지王侯之地라고 하여 새 왕조를 세울 주인이 정해졌다는 것이었다.

그런데 범씨가 이곳 운주사 명당터를 취하지 않고 경상도 가야산에다 도읍을 정한다는 말이 나돌았다. 그러자 욕심 많은 사람들이 이 명당터에 묘를 몰래 쓰는(도장하는) 일이 벌어졌다. 명당에는 본래 주인이 있는데, 주인이 아닌 자가 명당을 쓰니 천지가 용납하지 않고 하늘이 노하여 비를 내리지 않았다. 그래서 거기다 묘를 쓰기만 하면 가뭄이 들고, 가뭄이 들면 사람들은 명당터의 묘를 파헤쳐버렸다. 그곳이 움푹 패인 것은 그 탓이었다.

운주사의 명당터가 주인을 찾지 못하고 하늘로부터 노함을 받자, 명당 자리가 오히려 사람들에게 화가 되었다. 명당이라는 소문 때문에 그곳에 묘를 쓰면 가뭄이 들고, 다시 묘를 파헤치는 일이 빈번했기 때문이다. 그래서 이곳에 명당탑을 세운 것이다. 명당탑은 도읍이 될 것이라는 그 명당의 왕성한 혈을 누르기 위한 것이었다.

이 설화는 앞의 ①의 설화와 내용상 서로 상반된다. ①의 설화가 왕도가 들어설 것이라는 바람을 드러낸 것이라면 ②의 설화는 그 바람을 반대로 누르고 있는 것이다. 전자가 반왕조적인 설화 구조를 띠고 있다면, 후자는 친왕조적인 구조를 띠고 있다. 서로 상반되는 설화가 한 곳에 얽혀 있다는 것은 심상치 않은 일인데, 역시 호기심을 자극하는 문제가 아닐 수 없다.

백제부흥운동과 천불 천탑

담양의 금성산성에서 출발한 이연년의 민란세력이 광주를 거쳐 나주로 향했다가, 나주에서 궤멸당했다는 사실을 앞서 역사 기록을 통해 살펴보았다. 그 민란세력에 승도들도 많이 참여했다는 것 역시 언급했었다. 여기까지는 역사 기록을 그대로 따른 것이다.

다음부터의 이야기는 위에 인용했던 운주사와 관련된 설화나 증언을 바탕으로 백제부흥운동을 재구성해본 것이다. 하지만 역사 기록에는 없는 것으로 상상일 뿐이다.

백제부흥운동에 참여했던 승도들은 애초에 운주사에 집결하여 출정식을 가졌다. 담양의 금성산성에 근거한 이연년 세력이 인근 각 지방에 격문을 띄우자, 소식을 접한 승도들이 모두 운주사에 집결한 것이다. 운주사는 나주·영암·장흥·화순의 접경 지역으로 인근 여러 사찰에서 모여들기에 적합한 곳이었기 때문이다.

이연년 세력은 백제부흥을 표방하면서 이미 나주를 목표로 하고 있었다. 운주사는 나주에서도 아주 가까워 전초기지로 안성맞춤이었다. 그런데 운주사에는 승도들만 모여든 것이 아니었다. 인근 주민들도 이연년의 격문 소식을 듣고 몰려들고 있었다.

금성산성을 출발한 이연년 세력은 백제 부흥의 기치를 내걸고 광주를 거쳐 나주로 향했다. 이때 운주사에 집결한 사람들은 이연년 세력과 합세하기 위해 나주로 향하거나 일부는 운주사에 그대로 머물러 있었다. 운주사에 남은 자들은 체력이 떨어지는 승려 출신의 노약자나 어린아이 혹은 부녀자들이 대부분이었다. 대개 나주를 향해 출전한 사람들의 가족이었다.

운주사에 남아 있던 이들은 전투보다는 지역 간 연락이나 민란세력에 대한 후방지원을 주로 맡았다. 인근 지역과 계속 연락을 취하면서 전투에 필요한 물자나 사람들을 끌어모으는 것이었으니, 쉽게 말해서 운주사는 나주를 공략하기 위한 후방기지였다고 할 수 있다.

운주사는 야트막한 산 사이의 계곡에 자리 잡고 있는데, 고려시대에는 지금처럼 계곡 깊숙이 자리 잡은 것이 아니라 계곡 입구에 위치하고 있었다. 그래서 여러 건물이 자리잡고 있는 사찰의 중심지 뒤편에는 양쪽 산 사이의 꽤 넓은 평지가 여유 있게 펼쳐져 있었다.

이런 개활지는 여러 사람들이 숨어 있기 안성맞춤이었다. 양쪽 옆과 뒤편은 산이고, 앞쪽에는 사찰 건물이 자리잡고 있었다. 계곡 입구에서 보더라도 사찰 건너편 안쪽은 들여다보이지 않았다. 게다가 계곡이 'S'자 형태로 굽어 있어 그리 길지 않은 계곡이었지만 입구에서는 안쪽이 전혀 보이지 않았다. 그 안쪽에서 외부에 드러나지 않게 무슨 일이든 할 수 있었던 것이다.

운주사에 남아 있던 이들은 바로 이곳에서 누가 먼저랄 것도 없이 이심전심으로 불상을 다듬기 시작했다. 각자 자신의 힘에 부치지 않는 적당한 돌덩이를 부둥켜안고서, 누구의 지시도 없었지만 불상을 다듬기 시작한 것이다. 전투에 참여하지 않고 남아 있던 승도들이 불안한 마음에 막연한 소일거리로 시작한 일이었다. 이것을 본 부녀자나 노약자들도 전투에 참여한 가족의 무사안녕을 빌며 말없이 따라 하기 시작했다.

마침 운주사 주변에는 다루기 쉬운 화산력응회암이 많았다. 자갈과 모래가 거칠게 섞인 푸석한 석재들로서 숙련된 석공이나 전문적인 공구가 없더라도 떼어내기 쉽고 다듬기도 쉬운 돌이었다. 노약자나 부녀자도 손에 단단한 돌멩이 하나만 있으면 어렵지 않게 대강 다듬을 수 있는 석재들이었다.

조잡하나마 불상이 하나둘 만들어지자 사람들의 얼굴에는 불안이 가시고 화기가 돌았다. 만들어진 불상을 보면서 여기저기서 탄성과 함께 웃음소리도 터져나왔다. 그러면서 누구의 입에선가 천불을 만들자는 소리가 흘러나오기 시작했고 아무도 여기에 이의를 다는 사람이 없었다. 오히려 사람들은 더욱 신이 나서 흥분하기 시작했다.

이후부터 작업은 활기를 띠면서 새로운 목표를 향해 좀 더 조직적으로 진행되었다. 조심스럽게 지켜보던 운주사 인근의 농민들도 너나 할 것 없이 참여하고, 시간이 흐르면서 좀 더 먼 지역의 사람들도 소문을 듣고 무리지어 동참했다. 모여든 사람들은 승속에 구애받지 않았고, 저마다 석재를 다룰 도구를 하나씩 들고 있었다.

사람들이 구름처럼 모이면서 석불과 함께 석탑도 다듬기 시작했다. 역시 일사분란하게 지휘 감독하는 사람은 없었다. 다만 일부 승도들이 작업하는 사람들 사이를 부지런히 왕래하면서 조언을 하며 협조를 구할 뿐이었다.

석탑을 쌓는 일은 석불을 다듬는 일보다 훨씬 힘들고 어려웠으며 전문적인 기술도 필요했다. 무엇보다도 우선 많은 인력과 석재가 필요했다. 석불처럼 개인이나 소수가 홀로 할 수 있는 일이 아니었다. 수십 명으로 구성된 수십 개 조의 사람들이 집단을 이루어 각 조별로 석탑을 다듬어나갔다. 힘을 모아 돌을 운반하고, 운반한 돌을 다듬었으며 돌을 다듬는 일도 옥개석, 탑신 우주와 탱주 등을 나누어 분업하고, 각 부품이 완성되면 조립했다.

이럴 때 전문가의 조언이나 지도가 필요했지만 그 많은 사람들의 작업을 일사분란하게 총감독하는 것은 애초부터 불가능한 일이었고, 그것을 위해 나서는 사람도 없었다. 당연히 작업은 조별로 맡겨졌고, 석탑에 매달려 작업하는 각 조가 편의대로 자유스럽게 해나갔다.

당연히 석탑마다 기법이나 기술이 다양하고 양식도 여러 가지였으며, 조형미도 격이 떨어지는 것이 태반이었다. 호떡이나 오가리, 혹은 실꾸리 같은 기상천외한 옥개석은 그래서 나타나게 되었고, 자연암반을 기단으로 삼는 편리한 기법도 그래서 구사되었다.

그런데 재미있는 일은 그런 무질서·무정형 속에서도 보이지 않는 체계가 있었으니 다름 아닌 백제 계통의 석탑과 친연성이 드러난 것이다. 석탑의 가장 중요한 특징은 옥개석에서 나타나는데, 바로 이 옥개석에서 그런 특징이 나타났다. 마치 보이지 않는 손이 작용한 것처럼 아무도 지시하는 자가 없었지만 무언중에 슬며시 드러난 것이다. 이는 분명 민란세력이 백제 부흥을 기치로 내건 탓이었다.

일어서지 못한 와불

천불 천탑 조성을 시작한 것은 1236년(고종 23) 11월이나 12월쯤으로 생각된다. 이연년 세력이 금성산성을 나와 광주를 거쳐 나주로 향하던 무렵이다. 다음해 정월, 이연년 세력이 나주에 도착하여 나주의 관군과 접전을 시작했다는 소식이 운주사에 전해지면서 천불 천탑 조성은 급진전되었다.

이 무렵, 천불에 맞춰 천 개의 석탑을 만들자는 이야기가 자연스럽게 흘러나왔다. 누가 먼저랄 것도 없이 그런 생각을 하게 되었고, 모두 함께 참여했다. 하지만 천불과 천탑을 일일이 헤아려가며 작업을 지시하는 자는 없었다.

정월로 접어들어 한겨울 추위가 조금 꺾이면서 천불 천탑 조성작업은 최고조에 달했다. 그 수를 정확히 파악해본 사람은 없었지만, 불상은 천불까지는 아니라 해도 백불은 충분히 넘을 듯 싶었다. 하지만 이 때까지 세워진 불탑은 수십 기에 불과했다.

천불과 천탑을 모두 완성하기에는 무엇보다도 시간이 촉박했다. 시간을 한정해놓고 작업을 시작한 것은 아니지만 어차피 빠른 시간 안에 일을 끝마쳐야 했다. 나주에서의 전투 상황이 어떻게 전개될지 알 수 없기도 했지만, 천불 천탑이 완성될 때까지 무한정 계속 이 일을 해야 한다고 생각하는 사람은 아무도 없었다.

신속하게 끝내야 한다는 것은 모든 사람들의 소망이자 무언의 약속이었다. 어쩌면 천불 천탑의 숫자를 채우는 것보다는 나주에서의 전투가 승리로 끝나기를 기원하는 마음뿐이었을 것이다. 그런 점에서 굳이 시한을 정한다면 그 전투가 승리로 끝날 때까지라고 말할 수도 있겠다.

그런데 석탑을 만들면서 가장 큰 애로사항은 석재가 부족한 것이었다. 석불과 달리 석탑을 세우는 일은 시간도 많이 소요되었지만, 그 크기로 인해 많은 석재가 필요했다. 부족한 석재를 보충하기 위해 먼 곳에서 석재를 운반해 올 수 있는 처지는 도저히 아니었다. 운주사 계곡에 있는 바위로만 작업하는 수밖에 없었던 것이다.

그래서 사람들은 쓸 만한 석재를 찾아 계곡 양쪽의 산등성이를 뒤지기 시작했다. 그러던 중 계곡 입구에서 보았을 때 왼쪽 산등성이에 커다란 자연암반이 여러 군데 있다는 사실을 알게 되었다. 바위는 대부분 흙 속에 묻혀 겉표면만 널찍하게 드러나 있었다. 유문암질용암으로서 조직도 치밀하여 석질이 우수한 암반이었다. 산등성이 일부가 통째로 암반으로 이루어진 곳도 있었다. 이 정도라면 석재가 부족하지는 않을 듯 싶었다.

그런데 문제는 이 바위들의 석질이 매우 치밀하여 떨어내고 다듬기가 쉽지 않다는 점이었다. 우선 암반에서 석탑용 석재를 떨어내는 작업이 무척 힘들었고, 그것을 다듬어 석탑을 세우는 일도 너무 더뎠다. 이런 어려움으로 석탑을 세우는 일은 큰 진척이 없었다.

암반을 떨어내어 석탑을 세우는 작업이 벽에 부딪히자 석탑보다는 석불 조성으로 생각이 바뀌었다. 석불은 아무래도 석탑보다는 작업이 용이하고 시간도 절약되었기 때문이다. 석불용으로 적절한 바위를 찾던 중에 흙 속에 반쯤 묻혀 있는 암반을 하나 발견했다. 흙을 파고 암반의 뿌리를 대강 들어내보니 가로 10여 미터 세로 7~8미터의 장방형 암반이 드러났다.

그 암반은 좁은 부분이 아래로 약간 기울었고 넓은 부분이 위쪽을 향해 비스듬히 누워 있는 모습이었다. 암반의 전체 형태로 보아 거대한 불상을 두 개쯤 다듬어내면 좋을 듯 싶었다.

누군가 나서서 솔가지로 좌상 하나와 입상 하나를 암반 위에 그려 보였다. 좌상을 크게 하여 아래쪽에, 입상은 조금 작게 하여 위쪽에, 암반의 좁은 부분에는 머리를, 위쪽의 넓은 부분에는 다리를 그린 것이다. 전체 암반 형태에 불상을 맞춘 모습이었다. 공정을 최소화하기 위해서 이 거대한 두 불상을 자연암반 형태에 꼭 들어차게 다시 치밀한 설계도를 그렸다. 설계도대로 석불이 완성된다면 좌상은 앉은키가 12미터에 달하는 거대한 모습이고, 입상도 키가 10미터에 이르는 것이었다.

암반에 석불을 새기는 작업은 그리 어렵지 않았다. 많은 시간이 소요되지도 않았다. 암반 위에 이목구비와 착의법, 손과 다리 모양을 자세하게 표시하여 그대로 쪼아내면 되었고, 석불 둘레의 필요 없는 가장자리 부분을 떨어내면 그만이었다. 머리 높이만도 4미터에 달하는 거대한 석불이었지만 지금까지 만든 석불 중에서 가장 볼륨감 있게 잘 다듬어지고 있었다.

문제는 좌상과 입상을 분리하여 일으켜 세우는 일이었다. 자연암반에서 이 거대한 두 개의 석불을 분리해내는 것은 보통 일이 아니었다. 입상은 몸통의 폭이 1미터 남짓 되었지만, 좌상은 가장 넓은 무릎의 폭이 6미터가 넘었다. 자연암반에 붙어 있는 부분이 그 정도였으니 이를 떼어낸다는 것은 불가능한 일로 느껴졌을 법하다. 우선 좌상과 입상 사이 경계 부분을 파서 두 개의 석불을 분리하는 것이 필요하여 사람들은 이 일에 달려들었다.

이즈음 나주에서는 김경손의 관군과 이연년 형제의 민란세력이 최후의 접전을 벌이고 있다는 소식이 운주사에 날아들었다. 어려운 공정을 앞에 두고 마음마저 초조해졌다. 하지만 여기서 중단할 수는 없었다. 나주 전투에서의 승패는 마치 자신들의 손에 달린 것처럼 더욱 다급해졌다.

누군가의 입에서 이런 말이 흘러나왔다.

"만약 이 두 개의 석불을 일으켜 세운다면 나주에서 승리하여 새로운 나라가 일어날 것이고, 이곳은 왕도가 될 것이다."

어느 노승은 유식한 척 풍수지리설을 들어 다음과 같은 말로 용기를 북돋우기도 했다.

"이 운주사 터는 본래 도선국사께서 자리 잡은 곳이다. 동국의 지형은 행주형인데 이 운주계곡이 그 배에 해당하는 곳으로 여기에 천불천탑을 세우면 삼한이 안정될 것이다. 이제 이 두 개의 석불만 세우면 천불 천탑이 모두 끝난다."

그 말을 들은 사람들은 갑자기 신들린 듯 움직였다. 모두 달려들어 두 석불의 가장자리를 떨어내기 시작했다. 암반에 새겨진 와불의 아랫부분에서는 6미터 남짓한 길쭉한 여분의 석재도 얻을 수 있었다. 몇몇 사람들이 달려들어 이 돌도 독립된 불상으로 완성해나갔다. 이 석불은 와불을 일으켜 세웠을 때 시위불로서 제격이라는 것도 이심전심으로 알고 있었다.

두 개의 석불은 경계 부분이 벌어져 거의 분리되었고 이제 암반에서 떼어내는 일만 남았다. 와불이 일어서면 나주에서의 싸움도 틀림없이 승리하리라고 믿었다. 이런 믿음은 나주에서 관군과 싸우는 가족들이 살아서 돌아오기만을 기원하는 간절한 마음이기도 했다.

정신없이 일하고 있던 그때, 나주에서 관군에 패배했다는 소식이 누군가에 의해 순식간에 퍼져나갔다. 그 말을 들은 사람들은 일손을 놓고 서로를 멍하니 쳐다만 보고 있었다. 북적대던 작업장에 갑자기 암반처럼 무거운 침묵이 흘렀다. 그 무거운 침묵 속에서 사람들은 일시에 털썩 주저앉고 말았다.

잠시 후 사람들이 하나 둘씩 소리도 없이 운주사 계곡을 빠져나가 뿔뿔이 흩어지는 데는 오랜 시간이 걸리지 않았다. 운주사에 모여들 때 그랬던 것처럼 소리 없이 흩어졌다. 끝내 세워지지 못한 와불은 사라져가는 그들의 뒷모습을 산등성이에서 말없이 지켜볼 뿐이었다.

이때가 1237년(고종 24) 3월로 접어들 무렵이었다. 분홍빛 꽃부처[花

佛들이 미완의 천불 천탑을 대신하려는 듯 여기저기서 무더기로 피어
나고 있었다.

몇 가지 남은 문제

천불 천탑은 운주사가 창건된 뒤에 조성된 것이었다. 현재의 운주사는
계곡 깊숙이 자리잡고 있어 천불 천탑이 사찰 앞에 자리하고 있다. 그
러나 운주사가 현 위치와는 달리 본래 계곡의 입구에 세워졌다는 것이
발굴에 의한 연구 성과이다. 그래서 운주사가 먼저 창건되고, 천불 천
탑은 나중에 백제부흥운동 때 사찰의 뒤편에 조성되었다고 생각하는
것이다.

나주에서 백제부흥운동이 실패한 후 운주사와 천불 천탑은 어떻게
되었을까? 조금 더 상상해보면 이렇지 않았을까.

나주에서 승리한 관군이 잔여세력을 추격하는 과정에서 그 일부가
운주사까지 쳐들어와 수많은 석불을 파괴하기 시작했다. 현재 운주사
석불의 불두와 불신이 따로 놀고 있는 것은 그 때문이었다.

관군은 석불을 파괴하면서 한편으로 천불 천탑의 의미를 거꾸로 뒤
집어놓았다. 즉 이곳이 새로운 왕도가 되지 못하도록 하려고 천불 천
탑을 세웠다는 말을 퍼뜨린 것이다. 이곳이 왕도가 되지 못하도록 천
불 천탑이 그 기운을 누르고 있다는 뜻이다.

이를 선전하고 실천하기 위해 관군이 따로 세운 탑이 ②의 설화에
나타난 명당탑이었다. 현재 운주사 대웅전 뒤편에는 속칭 명당탑이라
는 탑이 실재하는데, 이는 천불 천탑의 의미를 역전시키기 위해 관군
측에서 특별히 만든 것이었다.

천불 천탑을 세우면 이곳이 왕도가 된다는 말과, 왕도의 기운을 누르기 위해 천불 천탑을 세웠다는 말은 백지장 한 장 차이지만 그 의미는 하늘과 땅 차이이다. 천불 천탑을 모두 파괴하는 것보다 더 큰 심리적 파급 효과가 있었을 것이다. 운주사에 남아 있는 서로 상반된 ①과 ②의 두 설화는 이런 연유로 생겨났다.

운주사의 창건설화에 풍수지리설이나 도선국사가 빠지지 않는 이유도 궁금한 문제이다. 도선국사의 생존 시기는 신라 말로서 운주사의 창건 시기와 전혀 맞지 않다. 그런데 운주사 창건과 관련된 설화는 도선국사와 풍수지리설을 빼놓고는 설명할 수 없다.

이는 아마 천불 천탑을 조성하면서 사람들을 하나로 결집시켜 작업을 신속히 끝내기 위해 이용된 선전 선동으로 생각된다. 아마 학식 있는 어떤 승려나, 도선국사의 출생지와 관련 있는 누군가가 퍼뜨렸을 것이고, 사람들은 그 말을 그대로 믿고 따랐을 것이다.

도선국사의 출생지가 운주사에서 그리 멀지 않은 영암 구림이라는 점도 생각해볼 대목이다. 천불 천탑 조성에 인근의 많은 사람들이 참여했다면 도선국사의 출생지에서도 참여한 사람이 있었을 것이다. 어쩌면 이들이 도선의 풍수지리설을 퍼뜨렸을지도 모른다. 그 결과 도선국사의 풍수지리설이 소급되어 운주사 창건에까지 연결된 것이다.

그것이 아니라면, 운주사 창건 무렵에 백제부흥운동과는 무관하게 풍수지리설이 개입했을 수도 있다. 도선국사는 운주사가 창건된 고려 중엽 무렵인 인종 대(1123~1145)에 선각국사로 추증되고 원효元曉·의상義相과 동격의 고승으로 존숭되었다. 그렇다면 도선 계통의 승려가 풍수지리설을 근거로 산천비보진압설에 가탁하여 운주사를 창건했다고도 볼 수 있다.

다음에 중장터 문제를 생각해보자. 중장터가 나주에서 운주사로 옮겨온 이유에 대해 보통은 조선시대 억불정책의 소산으로 설명하고 있다. 고려시대에도 중장터가 나주에 있었는지 장담할 수는 없지만, 혹시 있었다면 나주에서 백제부흥운동의 실패가 중장터를 운주사로 옮기게 하지 않았나 싶다. 중장터 문제는 논외로 하더라도 나주에서 백제부흥운동의 실패가 그것에 참여한 승려들에게 탄압으로 작용했을 것은 분명하다.

최근까지도 초파일이나 추석에 많은 사람들이 운주사에 모였다는 것은 또 어떻게 해석해야 할지 모르겠다. 백제부흥운동이 일어났을 때 천불 천탑을 조성하기 위해 운주사로 몰려드는 사람들을 연상할 수밖에 없는데, 그런 풍습이 그렇게 오랫동안 유지될 수 있었을까 하는 점이 걸린다. 그 문제만 해결된다면 최근이나 그때나 운주사에 몰려드는 사람들의 행태는 너무나 유사하다.

성공한 사람들은 역사를 만들지만 실패한 사람들은 신화로 숨어든다. 그래서 역사가에게는 상상력이 매우 중요하고 또 필요할 때가 많다. 그러나 상상력을 적절하게 억제하는 것은 더욱 중요하다. 실패한 역사에 대한 상상은 특히 조심해야 한다. 성공한 역사보다 실패한 역사가 더 자극적으로 상상을 부추기기 때문이다. 운주사에 얽힌 설화는 백제부흥운동에서 실패한 사람들의 역사가 아니었을까.

설화를 근거로 운주사의 천불 천탑과 백제부흥운동을 살펴보았는데, 너무 심한 상상이 아니었나 조심스럽다.

대몽항쟁의 전술과 전략

산성입보·해도입보

최이 정권이 몽골의 침략에 대처한 방법은 군대를 동원한 적극적인 정면대응이 아니라 가능하면 전면전을 회피하는 것이었다. 그런 방법으로 동원된 것이 산성입보山城入保와 해도입보海島入保였다.

산성입보는 백성들을 깊은 산속이나 산성으로 이주시키는 것이고, 해도입보는 연안 근해의 가까운 섬으로 이주시키는 것이다. 이 두 가지 입보책은 백성을 보호한다는 차원보다는 일종의 청야淸野 전술로 이루어졌다. 따라서 강제성을 띠고 있었기에 백성들로서는 고역이지만 따르지 않을 수 없었다.

해도입보의 전형적인 사례가 바로 강화 천도였다. 강화 천도 자체가 해도입보책으로서 최선의 전범을 보인 것이다. 그래서 몽골의 1차 침략 때부터 해도입보는 침략에 대한 대비로 널리 이용되었다. 특히 몽골 군대의 침입로에 있는 북계 지방(평안남·북도)에서는 광범위하게 시행되었다.

해도입보는 강도 정부가 병마사(양계의 장관)나 안찰사(5도의 장관)를 통해 하달했고, 명령을 받은 지방 수령의 지휘하에 군현 행정단위로 시행했다. 이것은 해도입보가 행정조직을 통하여 국가의 공식적인 전술로 동원되었음을 말해준다. 그렇지 않고 때로는 중앙에서 직접 사신을 파견하여 독려하는 경우도 있었다.

해도입보책으로 섬으로 들어온 백성들은 어려움이 많았다. 무엇보다도 식량과 식수 조달이 문제였다. 섬에 있는 기존 경작지는 형편없는 상태였고, 작은 섬에는 아예 그나마도 없는 경우가 대부분이었다. 특히 식수를 조달하기가 어려워, 이를 구하기 위해 뭍으로 나갔다가 적병에게 포로가 되는 경우도 적지 않았다.

산성입보도 행정조직을 통하여 이루어지기는 마찬가지였다. 두 대비책이 차이가 있다면, 산성입보는 백성들을 동원하기는 쉬워도 통제하기가 어려웠고, 반면 해도입보는 동원하기는 어려워도 통제는 보다 쉬웠다. 백성들을 입보시킬 때는 해당 군현의 자연지리적인 조건이나 백성들의 동태를 감안하여 양자 중 택일했을 것이다.

그런데 몽골의 3차 침략 때부터는 입보책과 관련하여 방호별감防護別監이라는 새로운 직책이 등장한다. 이 방호별감이 하는 일이 궁금한데, 아마 최이의 명령을 직접 받아 각 지역의 산성입보나 해도입보를 지휘 감독하는 관직이었을 것이다. 다시 말해서 입보책을 좀 더 강력하게 추진하기 위해 만든 직책이었다.

방호별감은 해도입보보다는 주로 산성입보에 많이 관여했는데 이는 산성입보의 불안함과 관계가 있을 것이다. 해도입보는 바다가 가로막혀 백성들을 통제하기가 쉬웠지만 산성입보는 그렇지 못했기 때문이다. 더구나 산성에 입보된 백성들은 농경지와 같은 생활 터전이 가까이 있어 그 유혹 때문에 통제가 더욱 어려웠다.

방호별감은 그런 이유로 산성입보를 좀 더 강력하게 추진하고 몽골의 군대와 백성을 적극적으로 차단하기 위해 중앙에서 직접 파견된 관리로 보인다. 그래서 방호별감은 반드시 무관이 임명되었으며, 성안의 지방군을 이끌고 직접 전투를 맡기도 했다. 또한 방호별감이 파견된 지역의 수령은 그 별감의 지휘 통제를 받아야 했다. 이로 인해 당연히 방호별감은 백성들에 대해 더욱 강압적인 태도를 취했고, 백성들이 여기에 저항하는 경우도 많았다.

몽골의 3차 침략군이 철수한 1243년(고종 30) 2월, 전국 각 도에 권농勸農과 방호를 겸하는 산성별감 37명이 파견된 적이 있었다. 이는 권농을 겸하고 있었지만 실은 군사상의 방비를 목적으로 한 것이었다. 즉 산성입보를 강력히 추진하려는 데 주 목적이 있었던 조치였다.

그런데 같은 시기에 민심을 회유하기 위해 파견된 순문사들이 이 조치의 철회를 요구하는 일이 일어났다. 순문사 파견은 전란 후 잠시의 휴전기를 이용하여 백성들의 고통을 살펴서 그들의 어려움을 덜어주는 것이 목적이었다. 이러한 순문사가 산성별감의 철수를 요구한 것은, 그에 대한 백성들의 반발이 컸음을 알려주는 대목이다.

산성입보와 해도입보는 몽골의 침략이 거세어지는 5차 침략 이후에 집중적으로 나타난다. 최이 정권은 몽골의 침략에 적극적으로 맞서 그들을 물리치려는 모습은 전혀 보여주지 못했다. 그들의 침략에 대처하는 방법은 산성입보와 해도입보가 거의 전부였는데, 이것조차 백성들로부터 반발을 받는 등 어려움이 많았던 것이다.

대몽항쟁의 이중성

최이 정권은, 1·2차 침략 때도 마찬가지였지만, 5년에 걸친 이번 3차 침략 때도 대규모로 중앙 상비군을 동원하여 적극적으로 방어에 나서지 않았다. 그래서 대부분의 전투는 지방군이나 현지 주민들의 자발적인 참여로 이루어졌다. 가끔 최이의 명령을 직접 받은 별초군(상비군)이 중앙에서 파견되어 참전하는 경우도 있었지만 현지 주민들이 벌인 전투보다 전과도 없었고 그 규모도 보잘것없었다.

어찌보면 최이 정권의 대몽항쟁은 다분히 인민들에게 보이기 위한 항쟁에 불과했다. 몽골과 항쟁을 계속하고 있다는 것을 선전하기 위한 생색내기에 불과했다는 말이다. 싸우지 않는다면 많은 반대를 무릅쓰고 단행한 천도의 명분이 서지 않았을 테니 그럴 만도 했다.

고려는 외형상으로는 몽골의 1차 침략 때 이미 화친이 성립되어 복속된 상태였다. 그러나 최이 정권의 전격적인 강화 천도는 그렇게만은 볼 수 없게 만들었다. 천도는 사실상 몽골에 대한 저항을 의미했기 때문이다. 하지만 최이 정권은 강화로 천도한 후에도 전면전을 기피하면서 공식적으로 몽골에 대한 저항의 기치를 분명히 내걸지 않고 있었다. 그렇다고 온전히 복속한 것도 분명 아니었으니 애매모호한 상태였다.

이것은 최이 정권이 몽골의 침략에 대응하는 최선의 전략이었다. 군사적으로 맞서자니 힘의 열세가 너무나 분명했고, 복속하자니 정권이 붕괴될 가능성이 많았기 때문이다. 그래서 화친을 했으면서도 복속을 인정하지 않았고, 복속을 거부하면서도 전면적인 전쟁은 기피했다.

대규모로 출정군을 편성하여 몽골과 전면전을 벌인다면 천도한 강도도 결코 안전을 보장받지 못했을 것이다. 전면전을 기피한 것은 사병적인 군대로 전락한 상비군을 동원하지 않으려는 이유가 컸지만, 그런 이유도 무시할 수 없었다. 그들이 침략해오면 다시 화친을 자청하고, 물러나면 복속을 인정하지 않았으니, 몽골 측에서는 헷갈리는 일이 아닐 수 없었다.

몽골의 수차례 침략 속에서도 천도한 강도가 직접 공략의 대상이 되지 않은 이유는 여기에 있지 않았을까 생각된다. 화친을 자청해오는 상황에서 공략을 감행하는 것은 무리가 많다고 판단했을 수 있다. 고려를 완전 정복하는 것은 급박한 일이 아니었으니 좀 더 시간을 두고 지켜보아도 무방하다고 생각했을 법하다. 몽골의 입장에서는 어쩌면 고려를 정복하는 것은 시간문제라고 생각했을지도 모를 일이다.

몽골 측에서 보자면 고려는 분명한 복속국도, 명확한 적대국도 아니었던 것이다. 그래서 전쟁답지 않은 전쟁이 수십 년이나 계속되었고, 그런 가운데에도 강도의 최씨 왕조는 안전했던 것이다. 이러한 최이 정권의 대몽항쟁 기조는 최씨 정권이 무너질 때까지 전혀 변하지 않았다.

이러한 태도는 분명 정권 안보에만 치중한 것으로 비난받아 마땅한 일이지만, 그 덕분에 강도 정부가 몽골 군대에 정복당하지 않은 것 또한 분명한 사실이다. 이러한 점을 근거로 고려의 자주성을 온전히 지켜냈다고 평가하기에는 부적절하지만, 최이 정권의 대몽전략이 어느 정도 성공했음은 인정해야 할 것이다.

그러나 그런 대몽전략의 성과가 자주성을 침해당하는 것 못지않게 굴욕적이었다는 점은 그냥 지나칠 수 없다. 그 점은 침략군을 물리치기 위한 몽골과의 화친 과정에서 그대로 드러난다.

다시 화친하다

3차 침략에 참여했던 몽골 군대가 완전 철수한 것은 1239년(고종 26) 4월이었다. 이로써 1235년(고종 22)부터 5년간 파상적으로 지속된 전쟁이 일단 종식되었다. 그런데 몽골의 군대가 철수한 것은 스스로 물러난 것이 아니라, 고려 측의 간절한 화친 요청이 있었기 때문이다.

1238년(고종 25) 12월, 고려에서는 화친 사신에게 국왕의 표문을 주어 급히 몽골에 파견했다. '표문表文'이라는 외교 문서 자체가 신하가 황제께 올리는 글을 말하므로, 의례적이지만 사대관계에 의한 복속을 뜻하는 것이었다. 그 내용 역시 굴욕적인 화친을 요청하는 저자세를 그대로 드러낸 것이었다.

생각하건대 궁벽하고 누추한 작은 나라가 반드시 큰 나라에 의탁해야 할 것인데, 하물며 시운에 응하여 일어난 우리의 성군(몽골의 황제)께서 관대하게 번국(변방)으로 대해주시니 어찌 정성껏 복종하지 않으리요. …… 대개 지난날 기묘·신묘 양년의 강화를 맺은 이후 기대고 의지함이 더욱 굳어졌다고 생각하여 온 나라가 기뻐하였던 일은 오직 천지신명이 아실 것입니다. 일은 반드시 성취하기가 어렵고 믿다가도 간혹 의심을 사게 되어 도리어 군부君父(몽골의 황제)의 견책을 번거롭게 하였으니, 여러 차례 군사를 보내어 문책할 줄을 어찌 알았겠습니까. …… 이에 메마른 땅의 토산물을 다 긁어 작은 나라의 정성을 바칩니다. 엎드려 바라건대 다만 군사의 위협만은 더하지 마시고 옛 풍속을 그대로 지니게 하여주시면, 비록 약소한 해산 방물이나마 해마다 바치지 않겠습니까. 이번으로 그치는 것이 아니라 영원토록 기약합니다(《고려사》 23, 고종 25년 12월).

고려가 몽골에 이런 굴욕적인 표문을 올린 것은 이번이 처음이 아니었다. 강동성 전투 직후 맨 처음 외교관계를 맺었던 기묘년(1219년: 고종 6)과, 1차 침략이 있었던 신묘년(1231년: 고종 18)을 비롯하여, 그 뒤 천도를 변명하면서도 수차례 그랬었다. 이러한 저자세의 표문을 보낸 것은 모두 몽골 군대를 철수시키려는 수단이거나 정면대응을 회피하려는 것이었다.

이번 표문 역시 마찬가지로, 몽골 군대를 철수시키는 방법으로 동원된 것이었다. 이 표문을 올린 것은 몽골 군사들에 의해 황룡사 9층탑이 소실된 직후였으니 최이 정권으로서는 다급했던 모양이다. 그들을 물러나게 하려면 그 수밖에 없다고 판단했을 법하다.

이 표문이 효력을 발휘했는지, 아니면 그들 나름대로 불가피한 다른 사정이 있었는지 다행히 몽골 군대는 곧 철수했다. 표문으로 복속을 자청하여 그들을 물리친 것은 1차 침략 이후 이것이 벌써 두 번째였다. 그러나 몽골의 침략은 이것으로 완전히 종식되지 않는다.

몽골은 1247년(고종 34) 다시 4차 침략을 해온다. 이는 고려 측의 복속 태도에 뭔가 미진한 점이 있다고 판단했기 때문이다. 몽골의 요구를 충분히 만족시켜주지 못한 고려의 복속, 무엇이 문제였을까?

친조 회피

고려의 복속 요청을 받고 몽골의 군대가 바로 철수한 것은 아니었다. 1239년(고종 26) 4월, 그러니까 표문을 지닌 고려 측 사신이 파견된 지만 4개월 만에 몽골 측에서도 사신을 보내왔다. 이들 사신이 가지고 온 조서에는 고려 국왕의 친조를 요구하는 내용이 담겨 있었다.

이번 사신은 강화도에까지 들어왔는데, 몽골 군대가 철수한 것은 이들 사신이 들어온 직후였다. 그러니까 몽골에서는 친조 요구만 공식적으로 전달하고 그 실행 여부는 지켜보지 않은 채 군대를 바로 철수시킨 것이었다. 강경책보다는 먼저 회유책으로 접근하려는 태도였다. 여기에는 고려의 정복에만 매진할 수 없는 몽골 내부 사정도 작용한 듯하다.

친조 요구를 받은 고려는 그해 6월, 표문을 지닌 사신을 다시 몽골에 파견했다. 표문의 내용은 사서에 언급되어 있지 않지만 친조 요구에 대한 회피성 답변이었을 것이다. 그러자 같은 해 8월 몽골에서 다시 친조를 요구하는 사신이 들이닥쳤다. 이번에는 137명이나 되는 대규모 사신단이었다.

다시 고려 측에서는 같은 해 12월, 현종의 8대손이 되는 신안공新安公 전佺을 148명이나 되는 사신단과 함께 몽골에 보냈다. 종실의 왕족을 대규모 사신단에 함께 끼워 보낸 것은 국왕의 친조를 대신하려는 의도였지만 그것으로 친조 요구가 해소될 리 없었다.

신안공 전은 이듬해 1240년(고종 27) 9월 다시 국왕의 입조入朝를 요구하는 몽골의 사신을 대동하고 고려에 왔다. 그 사이에도 수차례 여·몽 간에 사신 교환이 있었는데, 몽골 측에서는 국왕의 입조를 계속 요구하고, 고려 측에서는 국왕의 입조 요구를 계속 회피했다. 고려 국왕의 친조 문제가 이처럼 양국 간의 중요한 외교적 현안으로 대두된 것이다.

몽골에서 고려의 친조를 집요하게 요구했던 것은, 그것이 가장 확실한 복속의 증거라고 판단했기 때문이다. 아무리 표문으로 복속을 자청해도 국왕이 직접 몽골 조정에 들어와 충성을 서약하지 않는 한 믿을 수 없다고 생각한 것이다. 물론 몽골 측의 친조 요구에는 복속의 의미 외에 다른 색다른 목적이 숨겨져 있었을 수도 있다.

몽골 측이 친조 외에 복속에 대한 증거로써 고려에 요구했던 것으로 출륙出陸 문제가 있다. 출륙은 개경으로 다시 돌아오라는 것인데, 이에 대해서는 웬일인지 강력하고 끈질기게 요구하지 않는다. 아마 고려 측 사정을 어느 정도 배려했거나, 아니면 출륙 문제는 친조 문제보다 급하지 않다고 판단한 때문이 아닌가 한다.

사실, 국왕의 친조만 확실하게 이루어진다면 고려 정부가 강도에 있든 개경으로 돌아오든 별 상관이 없을 수도 있다. 어려운 문제 두 가지를 한꺼번에 요구하는 것보다는, 실행하기 쉬운 친조 문제 한 가지라도 제대로 해결하는 것이 몽골 측으로서는 좀 더 현실적인 판단일 수 있었다. 그래서 출륙 문제는 친조를 받고 난 다음의 과제로 미루어졌다고 보인다.

그러나 이는 몽골 측에서 잘못 판단한 것이었다. 당시 강도의 최이 정권으로서는 출륙도 어려운 문제지만, 친조도 그에 못지않게 실행하기 힘든 문제라는 사실을 정확히 몰랐던 것이다.

몽골 측에서 최고통치자로서 최이의 정치적 위상을 모를 리 없었다. 그래서 천도한 초기에는 국왕과 함께 최이의 입조를 동시에 요구하기도 했지만, 그것이 최이의 입장에서 실천하기 힘들다는 것을 곧 알아차렸다. 최이의 입조는 권력의 공백을 초래하고, 이는 곧 정권의 붕괴로 이어질 수 있어 수용하기 어렵다는 사정을 간파한 것이다. 최이 스스로 그런 위험 부담을 안고 무모하게 몽골의 조정으로 들어갈 수는 도저히 없는 노릇 아니겠는가.

그래서 그 후에는 최이를 제외한 국왕의 친조만을 요구하게 된 것이다. 아마 몽골 측에서는 최이가 국왕의 친조는 어렵지 않게 수락할 것으로 믿었는지도 모를 일이다. 하지만 국왕의 친조 역시 최이로서는 받아들이기 곤란한 문제였다. 국왕이 몽골에 입조하여 어떤 일을 도모할지, 혹은 몽골이 그 국왕을 어떻게 이용할지 예측할 수 없는 일이었기 때문이다.

고려 국왕이 친조할 경우 몽골 측에서 정치적 목적을 위해 국왕을 이용할 소지는 충분히 있었다. 가령 국왕을 억류한다든지, 국왕을 앞세워 최이 정권을 압박할 소지가 얼마든지 있었다. 혹은 국왕이 자청하여 몽골의 세력을 등에 업고 최이 정권 타도를 도모할 가능성도 결코 배제할 수 없었다.

어느 쪽이나 강도에 남아 있는 최이로서는 위험천만한 일이 아닐 수 없었다. 최이 정권이 몽골의 친조 요구에 난색을 드러낸 것은 그러한 예측 불허의 상황을 염려한 때문이었고, 바로 그러한 이유로 국왕의 친조를 절대 수용할 수 없었던 것이다.

친조 대신 인질

몽골의 친조 요구는 그들의 군대가 철수한 1239년(고종 26) 4월부터 1241년(고종 28) 무렵까지, 대여섯 차례에 걸쳐 사신이 올 때마다 반복되었다. 그때마다 최이 정권은 여러 가지 핑계를 대어 회피했지만 그게 언제까지나 통할 수 없었다.

마침내 1241년(고종 28) 4월, 앞서 몽골에 사신으로 파견된 적이 있는 종실 신안공 전의 종형이 되는 영녕공永寧公 준綧을 국왕의 아들이라고 속여 몽골에 보내게 된다. 여기에 좀 더 신뢰감을 주기 위해 고위관료의 자제 10여 명도 함께 딸려 보냈다. 역시 미봉책에 불과했지만 친조 요구에 대한 새로운 대안일 수 있었다.

그런데 이들의 공식 자격은 사신단이 아니라 인질이었다. 인질을 몽골어로 톨루하禿魯花라고 하는데, 이들은 고려를 출발할 때부터 톨루하라고 불린 것이다. 그리고 여기에 추밀원사 최인과 장군 김보정, 좌사간 김겸金謙을 사신단으로 구성하여 함께 파견했다.

최인은 나주부사로 재임 중 김경손과 함께 이연년의 백제부흥운동을 진압하여 최이의 신임이 두터운 인물인데, 이후에도 몽골과의 외교교섭에서 핵심적인 역할을 맡았다. 그리고 김보정과 김겸은 이전에도 사신으로 몽골에 파견된 적이 있는 경험 많은 이들이었다. 몽골의 친조 요구가 이것으로 끝날지, 아니면 계속될지는 이들의 수완에 달려 있었다.

영녕공 준을 국왕의 친자라고 속여 인질로 보냈으니, 사실이 드러났을 때를 대비하지 않으면 안 되었다. 먼저, 사신단이 소지한 표문에 '친자親子'라는 표현 대신 '애자愛子'라는 표현을 써서 비껴갔다. 그리고 영녕공 준에게는 어려서부터 궁중에서 생활하면서 국왕과 왕후를 부모로 여기며 컸다고 답변하도록 주지시켰다. 또한 문제가 제기되었을 경우, 친자 사실 여부에 대한 해명은 사신단의 대표였던 최인이 모두 맡도록 했다.

10여 년 뒤의 일이지만, 영녕공 준이 국왕의 친자가 아니라는 사실은 고려 사람에 의해 결국 폭로되고 만다. 이 사실을 알고 격노한 몽골의 황제는 당시 표문으로 고려가 의도적으로 속이려 했다는 사실을 증명하려 했지만 실패한다. 표문에 '친자'가 아닌 '애자'라고 분명히 표현되어 있었기 때문이다. 표문의 내용으로 보아 몽골의 황제를 속인 것은 아니라는 결론에 이른 것이다.

왕족을 인질로 보낸 것이 몽골 측의 요구에 의한 것인지, 아니면 고려 측의 일방적인 파견인지 명확치 않다. 국왕의 아들이라고 속인 것으로 보아 몽골 측의 요구에 의한 것일 가능성이 많아 보이는데, 어느 쪽이든 이후 여몽 간에 사신 왕래가 줄어든 것으로 보아 어느 정도 몽골의 요구를 만족시키지 않았나 싶다.

이후 여몽 간에는 사신 교환만 매년 한두 차례씩 이루어진다. 그리고 1247년(고종 34) 몽골의 4차 침략이 있기까지 강도의 최씨 왕조는 대몽항쟁 기간 중 가장 긴 휴전 기간을 맞는다.

그런데 이처럼 휴전 기간이 길었던 데는 고려의 외교적 교섭도 한몫했지만, 그럴 만한 몽골의 복잡한 내부 사정도 있었다. 당시 몽골은 황제였던 태종 오고타이가 1241년(고종 28) 사망한 후 수년간 황제가 없는 공위시대功位時代가 지속되었다. 황제를 옹립하기 위한 권력투쟁이 진행되는 동안 태종의 황후가 그 권한을 대행하고 있었는데, 이 대행 기간은 태종의 장남 귀유貴由가 황제에 오르는 1246년 (고종 33)까지 계속된다.

지금까지 고려에 대한 정복전쟁을 주도하던 태종이 사망하고 약 5년 동안 황제위가 비었다는 것은 정복전쟁에 매진할 수 없는 사정이었음을 뜻한다. 그런 사정으로 여몽 간에 비교적 긴 기간의 휴전이 가능했고, 고려의 최이 정권에 대한 몽골의 여러 압박이나 끈질긴 요구도 잠시 뜸해졌다고 할 수 있다.

국왕 고종과 최이

한편 이야기를 조금 앞으로 되돌려서, 국왕 고종은 몽골의 친조 요구에 어떤 태도를 취했을지 궁금하다. 최이의 권력에 압도당한 상태에서 자신의 명확한 입장을 드러내지는 못했겠지만, 자신 위에 군림하는 최이를 달가워하지는 않았을 것이다. 그렇다면 속으로는 몽골의 친조 요구를 은근히 수용하고 싶어 했는지도 모르겠다.

혹시 그게 아니라면, 국왕은 최이의 권력에 기대어 편안히 안주하고 싶었는지도 모른다. 왕위에 오르고 그때까지 30년 가까이 흘렀지만, 국왕 고종이 정면으로 최이 정권에 저항한 흔적은 찾아볼 수 없다. 특히 천도한 후에는 국왕과 최이 사이에서 사소한 갈등이나 마찰조차 찾아볼 수 없다. 이렇게 본다면 국왕 역시 몽골의 친조 요구에 최이와 같은 입장이 아니었을까 하는 생각도 든다.

몽골의 친조 요구에 대한 국왕의 의중이 어느 쪽이었는지는 정확히 헤아릴 길은 없다. 중요한 점은, 국왕의 의중이 어느 쪽에 있든지 최이의 처지에서는 국왕과의 관계에서 갈등이나 대립이 있어서는 안 된다는 사실이다. 둘은 친조 문제와 같은 미묘한 외교협상에서 반드시 함께 행동해야 했다. 만약 둘 사이에 갈등이나 대립이 생겨나면 몽골의 친조 요구에 대응해가는 데 심각한 문제가 일어날 수 있었기 때문이다.

국왕의 정치적 위상에 변화가 일어나는 것도 최이 정권에 결코 이로울 수 없었다. 이제는 국왕을 폐위하고 최이가 스스로 왕이 된다는 생각은 도저히 가질 수 없게 되었다. 그런 생각은 천도를 단행하면서 이미 물 건너간 지 오래였다. 아무런 힘이 없는 국왕일지라도 몽골과 외교교섭에서는 그 존재 자체로 효용가치가 너무나 컸기 때문이다. 최이 정권은 싫든 좋든 국왕을 등에 업고 다녀야 했다. 게다가 이제는 국왕 고종을 억압하거나 홀대할 수도 없게 되었고, 그 정치적 위상을 제고하기 위해 가능하면 우대해줄 필요조차 있었다.

이를 위해 최이는 우선 국왕의 정전인 강안전을 대대적으로 확대하여 개창했다. 1244년(고종 31) 8월의 일이다. 다급하게 천도를 서두르다 보니 그 규모나 장식이 정전으로서의 격에 미치지 못했었는데, 천도한 지 10여 년이나 지난 지금에야 큰마음 먹고 개창했던 것이다. 그리고 선심이나 쓰듯 황색 비단으로 후벽 전체를 화려하게 장식까지 해주었으니 국왕의 환심을 사려는 의도가 분명했다.

이듬해 8월에는 태자(후일의 원종)가 국자감의 유생을 대상으로 특별 과거시험을 행하여 관리를 선발하기도 했다. 이때 선발된 자들은 동궁의 관료로 바로 임명되었는데, 태자가 직접 그 속료를 선발하는 것은 최씨 정권에서는 처음 있는 일이었다. 이때 태자의 나이 이미 27세였고, 그 태자비는 바로 최이의 외손녀였다. 최이는 장성한 태자에 대해서도 배려를 아끼지 않았던 것이다.

최이는 선원사에 국왕을 초대하여 성대한 잔치를 벌이기도 했다. 선원사는 최이의 원찰로서 이 전년에 강화도에 창건한 사찰이었다. 이때 국왕만을 위한 잔칫상을 준비했는데 성대하기 이를 데 없었다. 사서 기록에 의하면, 음식을 6개 상에 차렸고 그릇은 모두 칠보로 장식한 것을 썼으며 반찬은 극히 풍성하여 사치스럽기가 그지없었다고 한다. 잔치를 마치고 최이는 국왕에게 이렇게 말했다.

"뒤에 어느 누가 이같이 할 수 있겠습니까?"

국왕이 최이의 의도를 간파했는지는 알 수 없지만 기분 나쁘지는 않았을 것이다. 최이로서는 힘없는 국왕이지만 그렇게라도 우대해주고 환심을 사둘 필요가 있었다. 혹시 일어날지도 모를 갈등이나 대립을 미연에 방지하면서, 아울러 양자의 관계가 돈독하다는 것을 여러 사람들에게도 과시하고 싶었다.

국왕이 몽골과의 교섭에서 최이 정권을 보호하는 보호막이었다면, 최이 정권은 대내적인 정치에서 국왕의 권위를 받쳐주는 받침대와 같았다. 몽골 측의 입장에서 생각한다면 국왕은 최이에게 볼모로 잡힌 꼴이나 다름없었다. 그런 국왕에게 친조를 허락하여 입조케 하는 것은 볼모를 놓아주는 것이나 마찬가지였으니 그게 가능할 법한 일이었겠는가.

긴 전란, 짧은 평화

진양공 최이

몽골의 3차 침략이 끝난 1239년(고종 26) 이후부터, 4차 침략이 있은 1247년(고종 34)까지 약 8년 동안 강도는 오랜만에 평화의 시대를 맞았다.

강도는 수차례 몽골의 침략을 받으면서도 그 발길이 미치지 않은 탓에 전란 중에도 사실상 독립된 섬이나 다름없었다. 그렇지만 내륙이 몽골의 침략에 짓밟히는 전쟁 중에 강도라고 불안감이 없을 수 없었으니, 이 휴전기 동안 강도는 긴 전란 가운데 오랜만에 평화를 맞은 것이다.

휴전기 동안 최이 정권이 할 일은 많았다. 진정 몽골에 복속되기를 원하지 않는다면 무엇보다도 우선 재침략에 대한 군사적 대비를 확실하게 해야만 했고, 전란으로 흩어진 백성이나 민심도 수습해야 했다. 하지만 이에 대한 대비책으로 볼 만한 것은 별로 없었다. 여전히 산성입보나 해도입보에 대한 준비가 전부였지만 그마저 백성들의 반발을 사는 경우가 많았다.

1243년(고종 30) 2월 여러 지방에 순문사巡問使를 파견한 것이 그나마 다행스런 일이었다. 민희閔曦를 경상도 방면에, 손습경孫襲卿을 전라도 방면에, 그리고 송국첨宋國瞻을 충청도 방면에 파견하여 전란 후 백성들이 겪는 어려움을 살피려는 것이었다. 세 사람 모두 청렴하고 강직한 인물이었으니, 일종의 민심 수습책이라고 할 수 있다.

이밖에 흉년이 든 지역의 조세를 감면해준다든지, 병화를 입은 지역의 요역과 공물을 면제해주는 조처도 있었다. 하지만 그 혜택의 범위가 극히 제한된 지역에만 미쳐 전후의 민심 수습책으로는 미흡했다.

그러면서도 최이는 이 휴전기를 이용하여 자신의 사저를 집중적으로 조영했다. 사저는 천도한 초기에 이미 뼈대를 갖추었지만 세심한 조영이나 꾸밈은 아직도 많은 손길을 필요로 했다.

1243년(고종 30) 12월 엄동설한에 안양산(경기 안산)의 잣나무를 최이 사저의 정원에 옮겨 심는 대역사가 있었다. 강도에서 안양산은 그 거리만도 며칠 거리였고 바다를 격해 있어 배로 수목을 운반한다는 것이 여간 어려운 일이 아니었다. 주로 군대를 동원했는데 군사작전을 방불케 하는 일이었다. 게다가 한겨울이어서 작업 도중 얼어죽는 자가 나올 만큼 혹독한 노역이었지만 거리낌 없이 추진했다. 혹사는 이것뿐만이 아니었다. 사사로이 쓰기 위해 한겨울에 얼음을 채취하여 지하 얼음창고에 보관하기도 했다. 백성들을 동원한 이 작업도 한겨울에 이루어져 이루 말할 수 없는 고역이었던 것이다.

휴전기 동안에 이루어진 중요한 시혜조치는 오히려 최이 자신에게 내려졌다. 1242년(고종 29) 10월 최이에게 식읍食邑을 추가로 지정해주고 그 작위를 진양후에서 '진양공'으로 올려준 것이다. 최이는 이전에도 이미 '영공令公'으로 불리고 있어 승진된 공公의 작위는 별 의미가 없는 의례적인 것이었다.

다만 식읍을 더해준 것은 경제적 의미가 컸다. 식읍은 서양 중세에 있었던 봉건 영주의 영지領地와 비슷한 것으로, 그것을 더해준다는 것은 경제 기반의 확대를 의미했다. 본래 최충헌 때부터 진양(경상도 진주)이 최씨 가의 식읍으로 지정되어 있었는데, 이때 추가로 더해진 식읍이 어느 곳인지는 나타나 있지 않다.

그런데 이 식읍을 놓고 재미있는 일이 벌어진다. 최이가 진양공으로 책봉된 이듬해, 1243년(고종 30) 5월 세미를 수납받는 국고인 좌창左倉에서 진양의 세공미를 받아들인 것이다. 진양은 최이의 식읍이므로 그 세공미는 최이의 사유재산으로 귀속되어야 마땅한데 그것이 국고로 들어간 것이다.

국왕은 이 사실을 알고 깜짝 놀라 일을 저지른 좌창의 책임자를 파직했고, 유사에서도 그 휘하 관리까지 문책해야 한다는 탄핵이 올라왔다. 그런데 최이의 식읍에서 올라온 세공미를 좌창에서 받아들인 것은, 실은 최이가 원하는 바였고 그가 요청해서 그렇게 된 것이었다. 그것을 모르고 있던 국왕과 유사에서 최이의 심기를 건드린 것으로 지레 겁을 먹고 호들갑을 떨었던 것이다.

최이가 자신의 식읍인 진양의 세공미를 국고로 자진 반납한 것은 정치적인 의미가 컸다. 몽골과의 전란은 수확을 어렵게 만들었고, 그 줄어든 수확마저 조세 수입으로 이어지지 못했다. 전란이 길어질수록 국가 재정은 피폐해질 수밖에 없었다. 이런 마당에 더 이상 사욕을 부린다면 그것이야말로 정권의 위기를 초래할 수 있었다. 전란에 지친 사람들이 몽골과의 진정한 화친과 복속을 드러내놓고 요구할 수도 있었기 때문이다.

더 이상 가질 것 없이 가졌고, 누릴 것 없이 누린 최이로서는 식읍의 한 해 세공미 정도는 얼마든지 국고에 양보할 수 있었을 것이다. 어려운 국가 재정을 염려하는 모습을 보이면서, 나름대로 재산의 사회 환원이라 여겨주길 바라는 최이의 정치적인 제스처였다는 뜻이다.

전쟁 기간에는 민심을 다스리는 일이 차라리 어렵지 않다. 그러나 휴전 기간에는 오히려 대처하기가 쉽지 않은 법이다. 진양공 최이는 그 점을 잘 인식하고 사욕을 부리면서도 한편으로는 적절히 억제하며 여론의 향배를 주시하고 있었다.

관료집단에 대한 회유

장기간의 전란에 지쳐 있는 사람들이 전쟁의 완전한 종식을 바라는 것도 결코 최이 정권에 이로울 수 없었다. 전쟁 종식에 대한 바람은 몽골 측에서 원하는 바를 그대로 수용하여, 그들에게 복속하는 것이 차라리 좋다는 여론을 형성할 수 있었기 때문이다.

그래서 몽골의 친조 요구 같은 문제를 대응함에 있어 그것을 회피하는 외교적 교섭도 중요했지만, 대내적인 회유정책도 중요한 일이었다. 문제는 관료사회 전체의 여론이었다. 몽골의 요구대로 친조를 해야 한다는 여론이 관료집단에서 일어난다면 그것 또한 심각한 문제를 야기할 수 있었기 때문이다.

게다가 관료집단의 여론은 국왕의 생각이나 행동에도 영향을 미칠 수 있었다. 특히 재상급의 고위 관직자들은 관료집단의 여론을 주도할 수 있는 위치에 있었다. 그래서 그들에 대한 회유도 국왕에 대한 배려

못지않게 꼭 필요한 일이었다. 최이는 이런 문제에도 각별한 관심과 노력을 아끼지 않았다.

최이는 우선 관료집단의 우두머리인 수상(문하시중)을 확실하게 자기 편으로 붙잡아두었다. 1242년(고종 29) 7월, 문하시중으로 있던 최종준崔宗峻이 자신은 너무 늙었다며 퇴직하기를 청했으나 최이는 강력히 만류한다. 최종준은 최충헌 정권에서 재상급에까지 오른 최선崔詵의 아들로, 강화로 천도할 때 최이를 적극 도와 일을 무사히 성사시킨 인물이다. 아버지 대부터 최씨 정권에 봉사했던 인물이니 수상직에 있지 않더라도 최이로서는 가장 의지할 만했을 것이다. 그는 또한 몽골의 끈질긴 친조 요구에 대응하는 외교협상을 도맡았던 최인의 당숙이 되기도한다.

최종준에 대한 최이의 신임은 이것으로 끝나지 않는다. 1246년(고종 33) 7월, 최이는 최종준을 위하여 대저택을 지어주기도 했다. 얼마나 많은 사람과 물자를 일시에 동원했는지 단 이틀 만에 공사를 마칠 정도였다.

그런데 최종준은 이 대저택을 하사받은 지 한 달이 채 못 되어 죽고 만다. 아무리 신임했던 인물이라지만 노년에 접어든 최종준에게 최이가 이렇게까지 후원을 아끼지 않은 이유는 따로 있을 듯하다. 아마 관료사회 전체에 대한 선전용이 아니었을까 싶다. 누구든 충성을 다하여 자신을 따르면 이렇게 죽을 때까지 후원해주겠다는 식으로 말이다.

최이는 고위관료들의 자제나 예비 관료집단에 대해서도 특별한 관심을 기울였다. 고려시대 중앙의 최고 교육기관은 국자감이었는데, 최이는 1243년(고종 30) 5월 이 국자감 건물을 대대적으로 수리하고 정비했다. 아마 강도로 천도한 후 미비된 상태로 있던 것을 이때 완비한 것으로 보인다. 뿐만 아니라 최이는 그 국자감에 딸려 있는 양현고에 쌀 3백 석을 기증하기도 했다. 양현고는 국자감 학생들을 위한 일종의 후생 장학재단이다. 최이가 여기에까지 관심을 기울인 것은 놀라운 일이 아닐 수 없다. 쌀 3백 석이야 그의 엄청난 재력에 비하면 미미한 것이겠지만, 그러한 배려에는 깊은 속뜻이 있다는 뜻이다.

좋은 교육시설과 튼튼한 재정 기반은 관리들의 자제나 예비 관료들에게 심리적 안정감을 더해주었을 것이다. 교육은 곧 예비 관료로서의 자격을 쌓는 과정이었기 때문에, 그 기회가 박탈된다는 것은 곧 관료로서의 진출 기회가 막힌다는 뜻이다. 긴 전란 속에서 예비 관료들은 이 점을 가장 불안해했다. 그 불안은 전쟁이 하루 빨리 끝났으면 하는 바람으로 이어질 수 있었으며, 이는 또한 몽골에 대한 진정한 복속을 거부하고 있는 최이 정권에 대한 저항으로 나타날 수 있었다.

이들을 그런 여론으로부터 미연에 차단하는 길은, 교육 기반을 확실하게 마련하여 평시처럼 교육에 전념하게 하고 안정을 찾아주는 것이었다. 최이가 국자감을 정비하고 자기 재산을 희사하면서까지 그 재정 기반을 마련한 데에는 그러한 정치적 목적이 크게 작용했다고 할 수 있다.

그런가 하면 최이는 과거시험도 그와 같은 정치적 목적을 가지고 특별히 관리했다. 강도로 천도한 이후에도 과거시험은 계속되었다. 몽골의 군대가 쳐들어와 바로 눈앞에서 내륙을 유린하고 있는 전란 중에도 과거시험은 중단되지 않았다. 몽골의 사신이 강도에까지 들어와 친조를 요구하는 협박을 하는데도 과거시험은 치러졌다. 이런 점만 놓고 보아도 새로운 수도 강도는 전쟁과는 정말 무관하게 동떨어진 도시였다.

과거시험이 중단되지 않고 계속된다는 것은 관직 진출을 노리는 예비 관료들에게는 가장 중요한 일이었다. 만약 그 길이 막힌다면 그들의 불만이 어떻게 표출될지 알 수 없는 일이고, 잘못하다가는 전쟁 종식을 위해 몽골에 복속해야 한다는 여론이 높아질 수 있었다. 이렇게 되면 최이 정권의 대몽항쟁 전략에 큰 차질을 빚게 되는 것이다.

요컨대, 충실한 교육 기반이나 정기적인 과거시험 실시는 긴 전란 속에서도 상류 지배층 사람들의 일상성을 유지시켜주는 중요한 제도적 장치였다. 이는 교육이나 과거시험이 전란 속에서도 평온을 느끼게 해주는 유효적절한 정치행사였음을 말해준다.

위장된 평화

몽골에 완전 복속하지 않는 한 그들의 침략이 언젠가 다시 있을 것이라는 생각은 누구나 불안하게 예측하고 있었다. 그런 불안감을 덜어주고 민심을 안정시키기 위해 최이가 동원한 또 다른 수단이 성대한 잔치나 연회를 자주 베풀어 국왕과 신료들을 안심시키는 일이었다.

화려한 잔치나 연회는 국왕 이하 모든 문무관리들을 위무한다는 명분으로 베풀어졌지만, 실은 전란 속에서 평화를 가장하기 위한 정치적인 쇼에 불과했다. 그래서 이 시기 잔치나 연회는 가능하면 규모를 성대하게 하고 화려하게 치장했다. 어쩌면 긴 전란 속에서 쌓였던 불안감이나 위기감을 해소시켜주는 데 일조하기도 했을 것이다.

잔치나 연회를 아무 때나 벌이는 것은 아니었다. 매년 2월 15일의 연등회나 11월 15일의 팔관회, 혹은 4월 초파일의 부처 탄신일 등 절일 節日을 맞이하여 행해졌다. 간혹 5월 단오 때 벌이는 경우도 있었다. 그 참여 대상은 주로 국왕 이하 관료집단의 상층부였고 때로는 모든 문무관리를 대상으로 하는 경우도 있었다.

관료집단의 상층부나 2품 이상의 재상급 관리들을 대상으로 하는 잔치는, 국왕을 위한 연회와 함께 개경시대부터 자주 있곤 했다. 다만 천도한 이후 전란이 계속되면서 잠시 뜸했었는데 이제 다시 평화를 가장하기 위해 재개하는 것이었다. 한 가지 주목해야 할 것은, 이러한 잔치나 연회를 모두 최이가 주최했고 당연히 그 경비도 최이가 사비를 들여 마련했다는 사실이다.

이 기간 동안에 있었던 잔치나 연회를 일일이 거론할 필요는 없지만 특별한 것 몇 가지만 언급하겠다.

1244년(고종 31) 2월 대궐에서 국왕을 위한 곡연曲宴이 베풀어졌다. 이틀 전에 있었던 연등일을 축하하기 위한 내전 파티였다. 연등회나 팔관회와 같은 불교행사에는 반드시 연회를 베풀었으며, 이때 왕실의 안녕을 기원하고 국왕에 대한 축수를 하거나, 혹은 호국적인 의례가 빠지지 않았다. 그래서 연등회나 팔관회와 같은 전통적인 불교행사는 본래 왕실과 국왕이 그 행사의 주체였고 중심이었다.

그런데 강도로 천도한 후 국왕은 이런 행사의 실질적인 주체가 되지 못했다. 최이는 이런 절일을 전후하여 관리들에게 성대한 연회를 베풀거나, 연예인을 동원한 춤과 노래 공연을 펼치는 데 이용했다. 국왕이 신료들을 위해 베푸는 연회를, 오히려 최이가 국왕을 위해 베푼 것이다. 이런 연회에 빠지지 않는 것이 곡연이었다.

곡연은 음악과 함께하는 연회를 말하는데, 이때 가면인잡희假面人雜戲가 행해졌다. 여러 무희들이 가면을 쓰고 나와 춤과 노래를 하는 것으로 서양의 오페라쯤으로 여겨진다. 고려시대에 널리 유행했던 가면극은 신라의 향가인 처용가를 극적인 형식으로 변용한 처용무였다. 당시에는 관리들 중에도 처용무를 잘하는 자가 있었다니, 그 시절 가장 널리 유행했던 가무가 아닌가 싶다. 그러니 아마 이런 곡연에서는 처용무 같은 가면극이 펼쳐졌을 것이다.

이번 곡연을 주최한 사람도 물론 최이였다. 곡연이 끝난 후 최이는 참여한 배우들에게 모두 은병 하나씩을 주고, 기녀들에게는 각각 비단 두 필씩을 나누어주었다. 왕실의 경사를 명분으로 삼아 성대한 잔치를 열고 물질적인 시혜까지 아낌없이 베풀었던 것이다.

이듬해 4월 초파일에는 더욱 성대한 연회가 열렸다. 도성 곳곳에 연등이 즐비하게 달리고 온갖 가무음곡이 밤새도록 펼쳐졌다. 참석한 문무관리들을 위해 따로 채붕綵棚까지 준비했다. 채붕은 나무를 계단 형식으로 높다랗게 조립하고, 그 위를 화려하게 비단으로 덮거나 걸쳐서 만든 일종의 계단식 관람석이다.

이날 밤 도성 안의 부녀자들이 이를 구경하기 위해 몰려들어 인산인해를 이루었다니 전례가 없는 희한한 눈요깃감이었던 모양이다. 최이는 초파일을 핑계로 이러한 화려한 구경거리도 푸짐하게 제공했던 것이다. 사람들은 화려한 쇼를 구경하는 동안만큼은 다시는 전쟁이 없을 것으로 착각했을지도 모를 일이다.

이 행사가 있기 한 달 전인 3월에는 강도의 견자산 북쪽에서 큰 화재가 일어나 민가 8백여 호가 불에 타고 죽은 자도 80여 명이나 되었다. 사회불안을 노린 의도적인 방화일 가능성이 많은데, 연경궁까지 소실되는 대참사였다. 그런 중에도 이런 사치스런 행사를 마련했으니 최이는 초파일을 내세워 뭔가 의도하는 바가 있었음이 분명했다.

지배층이 위기감과 불만에 쌓여 있을수록 통치자에게는 그것을 해소할 수 있는 돌파구가 필요했다. 그러한 민심을 그대로 방치하면 사회불안이나 색다른 변란으로 이어질 수 있기 때문이다. 성대한 잔치나 화려한 연회는 그런 정치적 목적으로 이용되었던 것이다.

태평성대의 강도

1245년(고종 32) 4월 초파일에 이어 한 달 후인 5월 단오에도 연회가 계속되었다. 이번에는 왕실의 종친과 재상급 관리들을 대상으로 한 것으로 최이의 사저에서 베풀어졌다.

최이는 엄청난 사비와 수많은 사람, 국가 시설까지 동원하여 전무후무한 화려한 연회를 마음껏 베풀었다. 여기에 동원된 악공만도 1,350명이나 되었으니 그 규모에 혀를 내두르지 않을 수 없다. 그 환락의 현장인 최이의 사저로 잠시 들어가보자.

단오맞이 행사였으므로 이날 준비의 핵심은 마땅히 그네이다. 사저 안의 조그만 동산에 채색 비단으로 휘장을 만들어 장막을 두르고 그 안에 그네를 매어, 마치 산 하나가 통째로 비단에 휩싸인 것처럼 보였다. 그네 줄은 화려한 무늬가 들어간 수繡와 비단으로 만든 조화로 장식했고, 그네를 지탱하고 있는 지주는 팔면에 은 단추와 자개로 꾸몄다. 여기서 그네 뛰는 모습을 상상해보라. 마치 꽃봉오리를 넘나드는 나비를 보는 듯 했을 것이다.

그리고 최이가 좌정한 로얄 시트 앞에는 성인 키만큼 큰 항아리 네 개를 가로로 늘여놓고, 그 위에 기묘하게 장식한 얼음 조각 봉우리를 놓았다. 각각의 얼음 봉우리 앞에는 가마솥만큼 큰 또 다른 네 개의 단지에 붉은 작약과 자줏빛 작약 수십 다발이 가득 꽂혀 있다. 얼음에 반사되는 꽃빛깔과 얼음을 통해서 보는 꽃빛깔이 서로 어울려 마치 얼음 봉우리 전체가 꽃봉오리처럼 환상적이었을 것이다.

뜰 위의 무대에서는 남녀 악공 1천여 명이 모두 호화롭게 단장하고 풍악을 연주하는 가운데, 그 앞에서는 화려한 가무음곡이 펼쳐진다. 거문고·가야금의 음향과 북과 피리 소리가 천지를 진동하듯 울려퍼지면, 성대하게 마련한 잔칫상 앞에서는 최이를 비롯한 고관들이 질서정연하게 늘어앉아 술잔을 기울인다. 상상만 해도 태평성대를 보는 듯하다.

이날 최이는 연회를 준비한 관리들에게는 은 세 근씩을 주고, 참여한 악공들과 기녀·광대 모두에게도 각각 비단을 내려주었다. 이 연회에 참여하고 관계된 연인원이 수천 명은 되었으니 그 비용만도 거만이 들어간 거국적인 행사였다. 누가 이런 나라를 보고 전란 중이라고 할 수 있겠는가.

최이는 그처럼 하루가 멀게 연회를 개최했고 본인 스스로 술과 음악을 매우 즐겼다. 연회 때마다 관리들을 초청했는데, 대개 재상급 관리들이 주 대상이었고, 가끔 3품 혹은 4품 이상의 관리로 제한하거나, 때로는 특별히 무관인 장군들을 초청하기도 했다.

관료들 스스로도 그런 연회를 결코 싫어하지 않았다. 강도의 정치문화가 이런 연회를 중심으로 움직였기 때문에 그 자리에 참여하지 못한다는 것은 바로 정치적 소외를 의미했다. 초청을 받지 못하면 오히려 서운하게 생각할 뿐 등을 돌리는 자는 하나도 없었다. 최이 정권은 그러한 연회정치의 한 중심에서 평화와 풍요를 가장하고 있었던 것이다.

고려시대 어떤 국왕도 그렇게 화려하고 사치스런 연회를 구사하지는 못했다. 최씨 왕조는 이처럼 강도에서 전성기를 맞이했다. 최이 정권은 전쟁과는 무관하게 강도에서 그렇게 태평성대를 마음껏 구가했던 것이다.

어느 사관은 그 5월 단옷날의 화려한 행사를 전례가 없는 특별한 사건으로 보았는지 다음과 같은 비판적인 촌평을 사서에 남겼다.

> 몽골 군사의 침략으로 해도(강화)에 들어가 숨어 사직을 겨우 보전하고 있는 상태에서, 진실로 군신이 걱정을 같이하여 마치 물 위의 얇은 얼음을 타고 있는 것처럼 두려워하고 조심해야 할 것이다. 그런데 최이는 국가권력을 도둑질해놓고도 망령되게 사치하고 과장하여 조금도 두려워하거나 거리낌이 없으니 그 죄가 죽어도 남을 것이다《고려사절요》16, 고종 32년 5월).

몽골의 4차 침략

강도가 위장된 태평성대를 구가하고 있던 1247년(고종 34) 몽골 군대가 다시 쳐들어왔다. 4차 침략이다. 이때 몽골 군대의 사령관은 아무칸阿母侃이라는 새로운 인물이었다.

1246년 몽골에서는 태종 오고타이가 죽은 지 5년 만에 그의 장자 귀유貴由가 황제위에 올랐다. 몽골의 3대 황제 정종定宗이다. 4차 침략은 이 정종이 즉위한 지 이듬해에 있었으니, 몽골에서 고려에 대한 정복전쟁을 재개한 것이 분명했다.

아무칸이 이끄는 몽골 군대는 그해 7월 염주(황해도 연안)에 주둔했다. 이때 아무칸은 서경에서 반란을 일으키고 몽골로 도망친 홍복원을 길잡이로 대동하고 있었다. 몽골 군대는 청천강 상류의 위주(평북 희천)와 대동강 상류의 평로성(평남 영원)을 공략하고 남진을 계속하여 7월경에 염주에 주둔한 것이다.

이번 침략의 특징은 그 침입 경로가 이전과 다르다는 점이다. 지금까지의 침입로는 평안남북도 서해안 쪽에 치우쳐 있었는데 이번 4차 침략은 보다 깊은 내륙의 길을 택했던 것이다. 그래서 서경(평양)도 경유하지 않고 남진했다. 몽골에서 이렇게 침입로를 바꾼 이유는 무엇일까?

지금까지의 침입로는 그 인근 지역에 살던 대부분 백성들이 연안의 가까운 섬으로 피신하여 피해를 줄 수가 없었다. 반면 연안의 섬과 거리가 먼 내륙에 사는 백성들은 깊은 산속으로 피신할 수밖에 없었다. 몽골의 이번 침략은 섬으로 피신한 사람들보다는 깊은 산속으로 피신한 사람들을 목표로 했던 것이다.

그것을 짐작케 하는 것이, 4차 침략이 있기 1년 전인 1246년(고종 33) 겨울 벌써 몽골의 선발대가 황해도 수안까지 들어와 산천의 지세와 백성들이 숨을 만한 은신처를 정탐했다는 사실이다. 4차 침략은 내륙 사람들을 목표로 아마 이 선발대의 길을 따라 남진했을 것이다.

그런데 이 몽골의 4차 침략은 이미 몇 년 전에 확실하게 예견된 것이었다. 몽골에서는 1244년(고종 31) 7월에 보낸 사신을 마지막으로 사신 파견을 이미 중단했었다. 고려에서 이듬해 두 차례나 사신을 파견했으나 몽골 측에서는 아무런 반응이 없었다. 게다가 1245년(고종 32) 10월, 그해 두 번째 사신이었던 신안공 전은 몽골에 억류당하고 말았다. 신안공 전은 4년 뒤에야 환국하게 된다. 이러한 사신 교환을 감안할 때 몽골에서는 외교적 교섭을 이미 중단하고 재침을 준비한 듯 보인다.

그런데도 최이 정권은 이 무렵 그에 대한 대비는 전혀 하지 않고, 성대한 잔치나 연회를 계속하고 있었다. 전쟁의 위협이 클수록 평온을 가장한 연회가 더욱 필요했을지도 모르겠다. 다만, 5월 단오에 그네 뛰기와 북 치고 피리 부는 놀이를 금한 것이 그나마 내린 조치였다. 단옷

■ 몽골의 4차 침략

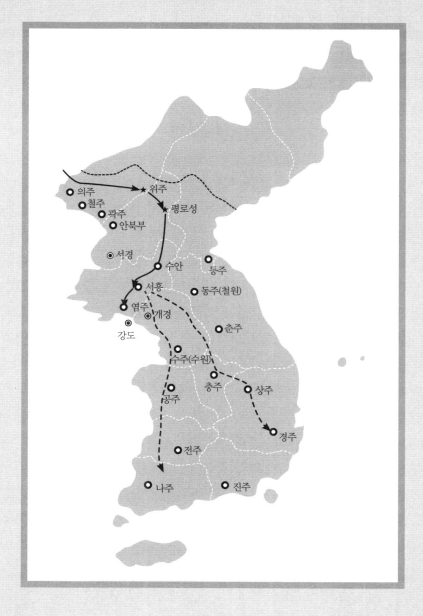

날의 이러한 놀이문화는 최이 정권이 의도적으로 민간에 조장한 것이지만, 위협이 목전에 다가오자 다시 금지시킨 것이다.

몽골의 본대가 주둔한 염주는 황해도의 남단으로 강화도의 북쪽과 마주보고 있었다. 바로 코앞에 몽골 군대가 주둔했으니 강도에 대한 위협이 크지 않을 수 없었다. 최이 정권은 얼마나 다급했던지 몽골 군대가 염주에 주둔한 한 달 후인 8월에 많은 음식을 몽골의 군영에 보내 바로 회유에 들어갔다.

이어서 1248년(고종 35) 2월에는 추밀원사(종2품) 손변孫卞을 몽골에 파견했다. 본명이 손습경인 손변은 강직한 인물로서 전란 후 민심 수습에 공이 많아 능력을 인정받은 사람이었다. 이례적으로 재상급 관료를 사신으로 파견한 것 자체가 사태의 심각성을 말해주는 것이었다. 손변의 파견은 사신 왕래가 중단된 지 3년 만에 다시 재개된 것이었다. 항상 그랬듯이 전면전을 피하면서 몽골의 군대를 하루 속히 물리치려는 최이 정권의 전술이 분명했다.

고려의 사신이 몽골에 파견된 이후 몽골 군대는 철수한 것으로 보인다. 하지만 그것은 사신 파견의 성과 때문만이 아니었다. 그해 3월 몽골의 3대 황제 정종이 사마르칸트에서 갑자기 급사하는 사건이 겹쳤기 때문이다. 아마 사신 파견이 없었더라도 몽골 군대는 황제의 죽음으로 인해 철수했을 것으로 보인다.

몽골의 이번 4차 침략에 대한 관찬 사서의 기록이 너무나 엉성하여 전투 상황이나 다른 피해 상황을 자세히 알 수 없다. 다만 당시 승려들의 행적이나 불교 관련 문적에서 1247년(고종 34) 무렵 경상도나 전라도 지역에까지 몽골 군대가 남진한 흔적을 엿볼 수 있을 뿐이다. 아마 이들 군대는 염주에 주둔한 몽골의 본대가 아니라 미리 들어와 있던 선발대로 판단된다.

　이렇게 보면 몽골의 4차 침략은 다행히 별다른 큰 피해 없이 끝난 셈이다. 지금까지 있었던 네 차례의 침략 중에서 가장 피해가 적었다고 볼 수 있다. 그런데 이는 고려 측의 신속하고 적절한 대응 때문이 아니라, 황제의 죽음이라는 몽골 측의 내부 사정이 더 크게 작용한 것이었다.

연안 도서의 개발

몽골의 4차 침략 동안에도 중앙군을 파견하여 몽골 군대와 정면으로 맞서는 전투는 전무했고, 지방민의 자발적인 항전도 이전과 달리 거의 없었다. 최이 정권이 4차 침략 때 내놓은 대비책은 이전과 다름없이 산성이나 섬으로 백성들을 강제 입보시키는 것이 전부였다.

　몽골의 침략을 피해 섬이나 산성에 들어간 백성들은 어려운 점이 한두 가지가 아니었다. 특히 해도입보책은 삶의 근거지와 완전히 단절되는 것이어서 백성들에게 큰 곤욕이었다. 우선 섬에는 농사를 지을 경작지가 턱없이 부족했고 식수 마련도 쉽지 않았다. 식수를 얻기 위해 혹은 가을에 추수를 하기 위해 육지로 나왔다가 몽골 군대에 포로가 되는 경우가 허다했다. 별수 없이 섬 안에서 삶의 터전을 마련해야 했는데, 평안남북도의 연안 섬들이 그렇게 많이 이용되었다.

　청천강 하구에 있는 위도라는 섬이 그랬다. 4차 침략의 몽골 군대가 철수할 무렵, 당시 최이 정권은 북계병마사에게 명령을 내려 북계 여러 성의 백성들을 섬으로 들어가도록 했다. 아마 철수하는 몽골 군대에게 피해 입는 것을 막기 위해서였다고 생각된다. 그때 북계의 병마판관으로 있던 김방경金方慶은 백성들을 이끌고 위도로 들어갔다. 하지만 식량이나 식수 조달이 문제였다. 백성들은 몽골 군사에 잡히는 위험을 무릅쓰면서까지 식량이나 식수를 얻기 위해 몰래 육지로 나가기도 했다. 무력만으로는 도저히 그것을 막을 수 없었다.

이에 김방경은 백성들을 동원하여 위도 안의 간척지에 조수를 막는 둑을 쌓고 농사지을 땅을 개간했다. 또한 식수를 확보하기 위해 빗물을 저장할 저수지를 만들어 대비하기도 했다. 백성들이 처음에는 괴로워했으나 마침내 섬 안에서 모든 것을 해결할 수 있게 되자 그의 슬기에 탄복했다고 한다. 여기 김방경은 몽골과의 항쟁에서, 그리고 전쟁이 끝난 후 몽골과의 교섭에서 중요한 인물로 다시 등장하므로 기억해 둘 필요가 있다.

이렇게 몽골의 침략은 뜻밖에도 섬 지방의 개발을 불러왔다. 몽골과의 전쟁이 장기화되고 섬이 개발되면서 점차 그곳에 정착해 사는 사람도 늘어갔다. 어떤 섬은 내륙의 군현 전체가 지방관청과 함께 통째로 들어온 경우도 있었다. 이러한 섬은 인구가 갑자기 폭증했고, 섬과 가까운 내륙 연안 지방의 개발도 차츰 활기를 띠기 시작했다.

그렇게 집중적으로 개발된 대표적인 섬이 다름 아닌 강화도였다. 새로운 왕도로 자리 잡았으니 짧은 시간 내에 폭발적으로 인구가 늘었고, 이에 따라 섬 안의 인구를 부양할 땅도 하루가 다르게 개간되어 경작지도 증가했다. 기타 민가나 관아 사찰 등 제반 시설의 건축은 말할 나위가 없을 것이다.

울릉도

최이는 동해의 울릉도에 대해서도 깊은 관심을 갖고 있었다. 몽골의 4차 침략이 있기 직전 최이는 울릉도에 특별한 목적을 띤 관리를 파견했다. 그 관리의 임무는 울릉도가 사람이 살 만한 섬인지 살펴보는 것이었는데, 주거지가 분명히 남아 있다는 보고를 올렸다. 울릉도는 신라 때부터 개발되어 우산국으로 불리면서 분명 사람들이 살고 있었지만, 그 후 언젠가 황폐화되어 그 무렵에는 거주한 사람들이 거의 없었던 것 같다.

보고를 접한 최이는 동계(함경남도 남부와 강원도 동해안 지역) 주민들을 옮겨 이주하도록 조치를 내렸다. 역시 몽골 침략에 대비하기 위해서였다. 그런데 바닷길이 너무 멀고 험하여 가는 도중 대부분 해난사고를 당하고 섬에 도착한 주민은 극소수에 불과했다. 최이는 결국 이 조치를 취소하고 만다.

최이가 울릉도 개발을 시도했던 것을 보면 몽골과의 전란 중에 섬에 대한 관심이 폭넓게 이루어졌음을 알 수 있다. 이런 점을 감안하면 사람이 살 만한 연안의 가까운 섬에 대한 개발은 더욱 적극적이었을 것이다.

내륙이 몽골의 침략으로 하루하루 피폐해진 반면, 연안 도서 지방은 백성들의 안전한 주거지로 각광을 받으면서 그렇게 개발되고 있었다. 가혹한 전쟁에 대한 보상치고는 너무나 미미한 것이기는 하나 연안 도서 지방의 개발은 그래도 전란을 통해 얻은 득이라면 득일 수 있었다.

3 위기

危機

최이가 죽은 후 권력을 세습한 최항은 최이 정권에 비해 여러 가지로 안정감이 부족했다.
출가했다가 환속하여 권력을 세습한 것부터가 불안한 출발이었고,
어머니가 천출이었다는 것도 큰 제약이었다. 하지만 그의 권력 세습도 일단은 성공했다.
최항이 반대세력을 무자비하게 제거한 것은 그런 불안함의 반영이었다.
게다가 몽골의 침략도 더욱 격렬해지고 있었으니 최항 정권의 위기는
그런 대내외적인 악조건이 겹친 데 있었다.

후계자 문제

후계자, 사위 김약선

최이에게는 만전萬全과 만종萬宗 두 아들이 있었는데, 모두 본처 소생이 아니라 서련방瑞蓮房이라는 미천한 애첩 소생이었다. 최이는 죽는 날까지 부족함 없이 모든 것을 마음껏 누렸지만, 본처 소생의 아들이 없다는 점은 늘 아쉬움으로 남았다. 두 아들 모두 비첩 소생이라는 것이 늘 마음에 걸렸다는 얘기다.

미천한 소생이어서 그랬는지, 아니면 정치적 역량이 떨어진 때문인지 최이는 두 아들이 자신의 후계자로 적절치 않다고 판단했던 것 같다. 기라성 같은 문벌귀족들이 포진하고 있는 사회에서, 비첩 소생이라는 신분적인 약점이 더 결정적이었다고 보인다. 그래서 일찌감치 후계자로 사위인 김약선金若先을 마음속에 그려두고 있었다.

김약선은 경주 김씨로 신라 왕실의 후예였으니 출신 가문도 좋았다.

아버지 김태서金台瑞는 과거에 합격하여 명종 때부터 고종 때까지 다섯 왕대 동안 중용되어 재상급에까지 올랐다. 또한 할아버지 김봉모金鳳毛는 중국어와 여진어에 능통하여 외교교섭에서 많은 능력을 발휘했으며, 역시 재상급에까지 오른 인물이었다.

이러한 김약선이 최이의 사위가 된 것은 최이가 아비 최충헌의 권력을 세습한 1219년(고종 6) 직전 아니면 직후쯤이었다. 최이는 가문이나 개인적인 능력 등 여러 가지를 감안하여 김약선을 선택했을 것이다. 사위가 된 김약선이 언제쯤 최고통치자 최이의 후계자로 점지되었는지는 잘 나타나 있지 않다. 다만 사위가 된 10여 년 후에 그가 최이의 가장 믿을 만한 최측근으로 등장한 것은 분명하다.

그런데 최이는 두 아들을 그대로 두면 훗날 사위와 아들이 권력 싸

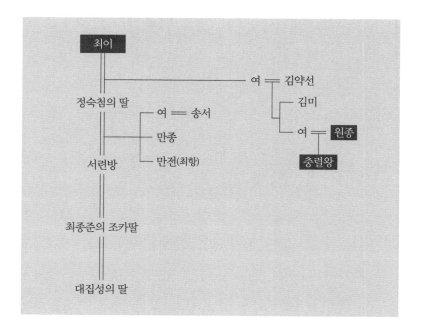

움을 벌이지 않을까 걱정되지 않을 수 없었다. 그래서 두 아들을 머리를 깎아 출가시키고 만다. 출가시킨 시기는 역시 최이가 아비 최충헌의 권력을 세습한 직전이나 직후였을 것으로 보인다. 두 아들을 출가시킨 것은 달리 말해서 사위 김약선을 후계자로 생각하고 있었다는 얘기도 된다.

강화로 천도한 이후 김약선의 활약은 거의 눈에 띄지 않는데, 이 점은 조금 의문이다. 최이가 그를 후계자로 작정했다면 정치적으로 크게 부상하든지 했을 텐데 그렇지 않은 것이다. 아마 최이의 마음이 그 후 바뀌었든지, 아니면 김약선의 처신이 너무 조심스러워 드러나지 않은 탓일 것이다.

사위 김약선은 매우 신중한 인물이었다. 권력의 속성상 사위인 김약선에게 권력을 세습시키려는 최이의 의중이 사위에게 분명하게 표명되지는 않았을 것이다. 하지만 최이가 두 아들을 출가시키면서 김약선은 최이의 의중을 간파하고 있었다. 김약선의 신중함은 이때부터 발동된다. 별다른 이변이 없는 한 권력을 승계할 김약선은 오히려 처신이 어려웠다. 권력을 마음 놓고 행사하자니 자칫 최이의 심기를 거스를 위험이 있었고, 조용히 눌려 지내자니 자신의 위상에 걸맞지 않았다. 미리 후계자인양 자만했다가는 권력의 추락을 맛보기 십상이었고, 권력에 초연한 척하기에는 현실이 그렇지 못했다는 말이다.

출가한 두 아들

만종과 만전 두 아들은 순천의 송광사(수선사)로 출가했다. 그때 송광사는 1대 사주인 보조국사 지눌이 1210년(희종 6) 입적한 후 그 뒤를 이어

진각국사 혜심慧諶이 대선사에 올라 2대 사주로 있었다. 진각국사 혜심이나 그가 사주로 있던 송광사는 최이 정권의 전폭적인 후원을 받으면서 급성장하고 있었으므로, 최이는 두 아들을 안심하고 맡길 만했을 것이다(최이와 진각국사 혜심의 관계에 대해서는 2권 참조).

송광사의 혜심 문하로 출가한 두 아들은 진각국사가 입적하는 1234년(고종 21) 무렵 송광사를 떠난다. 아버지 최이가 권력을 세습할 무렵 출가했다고 보면, 이들은 송광사의 진각국사 혜심 문하에서 15년 정도 머물렀을 것이다. 고승의 문하에 있었으니 불법에만 정진했다면 불도를 깨우칠 충분한 시간이었지만 형제 모두 불법과는 너무나 거리가 멀었다.

형인 만종에 대해서는 잘 모르겠지만, 동생인 만전은 1209년(희종 5) 태어났으니 혜심 문하로 출가할 때 10세 안팎의 나이였고 혜심의 문하를 떠날 때는 이미 26세의 나이였다. 그 후 형인 만종은 단속사(경남 산청)에 동생인 만전은 쌍봉사(전남 화순)에 거주했다.

혜심의 문하를 떠난 이후부터 1247년(고종 34) 무렵까지 10여 년 동안 두 아들은 각각 이 두 사찰을 본거지로 삼아 경상도와 전라도 일대를 마음껏 휘젓고 다녔다. 특히 몽골의 3차 침략이 끝난 후 짧은 휴전기 동안 이들의 자행한 횡포는 몽골 군대의 만행을 능가했다.

두 형제는 무뢰배 같은 땡중들을 끌어모아 문도門徒로 삼고 인근의 이름난 절들을 장악하여 온갖 행패를 다 부렸다. 몽골 풍습을 본뜬 안마와 의복을 갖추고 말을 타고 횡행하면서 불법을 자행했다. 때로는 관리를 사칭하여 마음대로 역마를 타고 다니면서 관리들을 능욕하기도 하고, 남의 재산을 약탈하거나 여자를 강간하고, 심지어는 고리대금업에까지 손을 대고 있었다. 지방관들도 이들의 횡포를 제지하지 못하자, 못된 승도들 중에 이들 형제의 문도임을 사칭하여 불법을 서슴지 않는 자들도 수없이 생겨났다.

두 형제는 또한 50여 만 석의 쌀을 비축하여 경상도 일대의 백성들에게 강제로 꾸어주고, 가을에 문도들을 각 지방에 나누어 보내 이식을 가혹하게 착취하니 백성들의 아우성이 이만저만이 아니었다. 백성들은 관청에 납부하는 조세를 못 내더라도 그 이자만은 빠뜨릴 수 없었다. 지방을 순시하는 안찰사가 가끔 제지하기도 했지만 통제하는 데 한계가 있었다. 최고통치자의 아들인데다 이들 휘하에 있는 문도들의 세력이 만만치 않은 탓이었다. 동생 만전이 한때 진도의 한 절에 머문 적이 있었는데, 그때 통지通知라는 승도의 행패가 아주 심했다. 당시 이 지역을 순시 중이던 안찰사 김지대金之岱는 통지의 만행을 알고 있었지만 만전의 위세에 눌려 어찌해볼 도리가 없었다. 성품이 엄정한 그였지만 통제는커녕 만전의 불법적인 청탁을 거절하는 것만도 쉬운 일이 아니었다. 김지대는 한 가지 꾀를 내었다. 만전의 부탁을 들어준다는 핑계로 통지를 행영으로 보내주도록 한 후 며칠 후 행영에 찾아온 통지를 체포하여 강물에 던져 수장시켜버린 것이다.

동생인 만전은 후에 환속하는데, 그때의 사감을 이유로 김지대를 해치려고 했지만 워낙 과실이 적고 청렴하여 손을 대지 못한다.

최이의 두 아들은 그렇게 젊은 날을 반사회적 행위로 낭비하고 있었다. 그들의 행동은 횡포에 지나지 않았지만, 이재 능력만큼은 있었던 모양이다. 본래 그들의 성향에 문제가 있었는지 모르겠지만, 사위 김약선을 위한 최이의 조치에 그런 식으로 불만을 표출했을 가능성이 많다.

김약선의 급부상

한편, 천도한 이후 은인자중하던 김약선의 신상에 중요한 변화가 찾아온다. 태자(후의 원종)가 1235년(고종 22) 6월 김약선의 딸을 비로 맞은 것이다. 그러니까 이 태자비는 최이에게는 외손녀가 된다. 그리고 이듬해 2월에는 이 태자비가 태손(후의 충렬왕)까지 생산했다.

김약선은 자신의 딸이 태자비가 되고 태손까지 생산하면서 정치적 위상이 한껏 높아졌다. 왕실에 딸을 납비했고 그 딸이 태손까지 낳았으니, 이변이 없는 한 김약선의 사위(태자)나 외손자(태손)가 고종의 뒤를 이어 대대로 왕위를 세습할 것이었다. 김약선의 정치적 위상이 얼마나 제고되었는가는 그 처의 행동을 통해서도 알 수 있다.

태자비가 태손을 낳기 직전, 김약선의 처가 궁궐을 찾은 적이 있었다. 연등회를 핑계 댄 것이었지만 만삭이 된 딸을 위문하기 위한 방문이었다. 이때 국왕 고종은 그녀를 태자비의 어머니라 하여 융숭하게 대접했다. 뿐만 아니라 가마의 행차나 복식을 왕비와 똑같이 하고, 국왕의 친위군을 따로 떼어 호종케 했다. 이 일을 두고 당시 많은 사람들이 기롱하면서 비판했다 하니 하나의 사건이었던 모양이다. 김약선의 처에 대한 대우가 이 정도였다면 김약선에 대해서는 말할 것도 없을 것이다. 하지만 김약선은 더욱 조심스러웠다.

김약선이 조심스러워했던 것은 최이의 의중을 정확히 알 수 없었기 때문이다. 김약선이 판단할 때, 자신의 딸이 태자비가 된 것을 최이가 달갑게 생각하지 않는다는 것은 여러 가지로 감지되었다. 자신의 딸이 태자비로 간택되면서 예물을 간소하게 한 것도 그렇지만, 혼인 날 고위관료들에게 베풀 연회가 취소된 것은 의심을 갖지 않을 수 없도록 만들었다.

물론 전란이 계속되어 국가 재정이 충분치 않다는 분명한 이유가 있었고, 김약선은 왕실로부터 미리 그런 언질을 받았었다. 하지만 왕실의 가장 큰 경사에 문무관료들을 위한 잔치를 취소시킨 것은, 그런 경사가 아니라도 잔치와 연회를 즐겨 베풀었던 최이의 성향을 감안한다면, 최이의 의도가 개입되었다고 볼 수밖에 없었다. 태자비가 최이의 외손녀인데도 그랬다.

김약선의 입장에서 최이를 의혹의 눈길로 볼 수 있는 사건은 또 있었다. 태손이 태어난 그해 7월, 전중내급사(종6품)로 있던 김약선의 아들 김미金敉를 국왕이 수사공(정1품)으로 삼으려 하자, 최이가 어린 나이를 이유로 굳이 사양하여 물리쳤던 것이다. 수사공은 실권이 없는 명예직으로, 보통 왕실의 종친이나 공신들에게 내리는 벼슬이다. 나이가 어리다 해도 김미는 종실인 양양공의 딸을 이미 아내로 삼았었고, 이제 태자비의 오라비까지 되었으니 받지 못할 이유가 전혀 없었던 것이다. 최이의 처분에 의혹을 갖지 않을 수 없는 대목이다.

이렇게 김약선의 정치적 위상이 한층 강화된 것은 왕실과 혼인관계를 맺은 이후부터였다. 더구나 그는 큰 이변이 없는 한 최이의 후계자가 될 사람이었다. 최이로서는 김약선에게 너무 권력이 집중된다고 생각했을 법하다. 아니면 최이는 자신이 이루지 못한 태자비 납비나 태손 생산에 대해 김약선을 시기 질투했는지도 모를 일이다.

이렇게 김약선의 정치적 위상이 높아지는 속에서 최이의 견제 심리가 작동했다고 보인다. 이는 최이와 김약선 양인의 갈등을 예고하는 것이었다. 김약선이 실제로 최이의 권력에 도전한 흔적은 보이지 않지만, 왕실과의 혼인 자체를 최이는 자신의 권력에 대한 침해라고 생각했을 수 있기 때문이다.

김약선 제거

사위 김약선의 정치적 위상이 한껏 높아지고, 두 아들은 경상도·전라
도 일대를 휩쓸고 다닐 무렵, 최이는 후계자 문제를 심각하게 다시 고
려하고 있었다. 두 아들을 제쳐놓고 사위에게 권력을 이양한다는 것은
생각처럼 쉽지도 않았고 간단한 일이 아니었다. 두 아들의 포악한 성
향으로 보아 문제를 일으킬 것이 분명했고, 사위 역시 안심하고 믿기
에는 미묘한 면이 있었다.

이쯤 되면 김약선으로서는 최이의 의중을 조금은 파악하고 조심할 수
밖에 없었다. 주도면밀하고 권력의 흐름에 민감한 최이 밑에서 그가 운
신할 수 있는 폭은 너무나 좁았다. 보통 이런 경우 후계자들은 권력에
초연한 척할 수밖에 없었는데 이럴 때 애정행각에 빠져들기가 쉬웠다.

김약선이 실제로 그랬는데, 그는 어린 처녀들만을 골라 음탕하게 놀
기를 즐겼다. 김약선의 여성 편력에는 전문적인 중매쟁이도 끼여 있어
한몫 거들고 있었다. 최고통치자의 사위이고 태자의 장인이 되니 그럴
만도 했다. 김약선은 망월루에 목단방牧丹房이라는 밀회 장소까지 마
련해놓고 음행과 유희를 일삼았다. 물론 의도적으로 계산된 행동이었
지만, 그래서 더욱 심하게 드러났는지도 모른다.

김약선은 여자를 가까이하는 것이야 권력에 초연한 자세이니 최이
의 권력과는 무관하다고 생각하여 안심했을 법하다. 그런데 문제는 엉
뚱한 데서 불거지고 말았다. 김약선의 여성 편력이 심해지면서 그의 아
내, 곧 최이의 딸이 문제를 일으키고 만다. 그 딸이 친정 아비인 최이에

게 남편의 심한 외도를 호소하며 고자질해버린 것이다. 최고통치자의 딸을 아내로 둔 김약선은 이런 점에서도 고충이 컸으리라. 최이는 비구니가 되어버리겠다는 딸의 협박 가까운 호소를 모른 척할 수 없었다. 최이는 밀명을 내려 김약선과 관계된 여자들을 모두 섬으로 유배 보내고, 목단방을 철거해버렸다. 그런데 문제는 여기서 끝나지 않는다.

우리의 저속한 속담에 홧김에 서방질한다는 말이 있는데 김약선의 처가 그 꼴이었다. 남편의 바람끼에 복수를 하고 싶었는지 김약선의 처가 자기집 종과 간통을 저지르고 만 것이다. 그런데 안타깝게도 김약선이 이 사실을 알아채버렸으니 그의 불행한 운명은 이 대목에서 결정되고 만다.

이 경우 김약선에게는 모르는 게 약이라는 속담이 딱 들어맞았다. 김약선의 처는 자신의 간통죄를 숨기고 잘못에서 벗어나기 위해 남편을 아비 최이에게 모함했다. 그녀가 남편을 궁지로 모는 가장 쉬운 방법은, 김약선이 최이를 비난하면서 권력의 칼날을 숨기고 있는 무서운 사람이라고 몰아붙이는 것이었다. 김약선의 바람끼야 너그럽게 봐줄 수도 있는 문제였지만 최이의 권력에 맞선다는 것은 도저히 용인할 수 없는 일이었다. 최이는 주저하지 않고 자객을 시켜 김약선을 비밀리에 제거하고 말았다.

이 이야기는《고려사》〈김약선 열전〉에 나와 있는 그대로인데, 여기서 한 가지 짚고 넘어가야 할 점이 있다. 계속되는 이야기지만, 최이가 김약선을 제거한 것은 딸의 모함 때문만은 아니라는 사실이다. 그 무렵 최이는 후계자로 생각한 김약선에 대한 신뢰가 이미 무너지고 있었을 것이라는 점이다. 그리고 최이의 딸이 주장했던 모함도 괜한 모함만이 아닌 어느 정도 사실에 부합한 일이 아니었나 추측된다. 그런 와

중에 딸의 모함을 의심할 여지없이 받아들이고 즉각 죽임으로 보답했던 것이다.

김약선이 최이에게 죽임을 당한 때가 언제인지 정확히 기록되어 있지 않다. 다만 김약선의 딸이 태자비가 되고 다음해 태손이 태어난 직후라는 사실만은 틀림없다. 최이에게는 외증손자가 되는 태손이 태어난 그때 최이의 나이는, 정확히는 모르겠지만 이미 60을 넘어서고 있었다. 나이가 나이인지라 후계자 구도를 고민하다가 결단을 내렸다고 할 수 있다.

최이는 그 후 김약선에 대해 너무 가혹한 처사라고 생각했는지 장익공莊翼公으로 추서하여 명예를 회복시켜주고, 그의 처인 딸은 자기집에 발길을 못하게 만들었다. 미묘하고 사소한 감정의 흐름이 가차 없는 죽음으로 치닫게 하는 경우는, 우리 일상사에서나 역사상의 사건에서 흔한 일이다.

카리스마를 지닌 강력한 통치자일수록 후계자에 대한 지원에 소홀하고 정치적으로 견제하려고 하는 경우가 많다. 후계자를 정치적 라이벌로 생각하기 때문이다. 그래서 그런 통치자는 가장 적합한 후계자를 능력보다는 자신과 가까운 사적인 관계 속에서 찾는 수가 의외로 많다.

권력투쟁의 조짐

후계자로 생각했던 김약선이 사라졌으니 이제 다른 후계자가 등장해야 했다. 후계자가 확정되는 과정에서 빈번하게 발생하는 것이 바로 무고나 모함이다.

제일 먼저 무고를 받은 자는 다름 아닌 김약선의 아들인 김미였다.

김미는 바로 최이의 외손자였다. 1243년(고종 30) 정월 김미는 장군(정4품)의 계급에 있었는데, 어떤 자가 익명으로 김미를 참소한 것이다. 최이는 즉시 김미를 잡아들여 직접 신문했다.

"네가 무뢰배들을 끌어모아 무슨 짓을 하려고 하느냐?"

최이는 김약선을 제거한 후 그의 아들 김미가 가장 마음에 걸렸다. 그 아비를 무참하게 죽였다는 안타까움 반, 혹시 그가 무슨 일을 도모할지도 모른다는 의심 반이었다. 최이의 힐문에도 김미는 말이 없었다. 사실 김미의 주변에는 젊은 무장들과 신진관료들이 많이 있었다. 최고 통치자의 외손자이니 김약선이 제거당하기 전부터 그랬던 것인데, 그것을 의심의 눈길로 본다면 얼마든지 그럴 수 있었다. 따라서 김미에 대한 그 익명의 참소는 괜한 무고만은 아니라고 할 수도 있다.

최이는 김미와 친근한 인물들 35명을 당장 잡아들여 강물에 빠뜨려 죽였다. 위험스런 싹은 미리 제거해야 한다는 판단에서였다. 하지만 김미는 차마 죽이지는 못하고 머리를 깎게 하여 하동(경남)의 어느 사찰에 강제로 출가시켜버렸다. 거의 유배나 다름없는 조치였다.

그런데 이 일이 있고 얼마 지나지 않아 또 무고가 들어왔다. 이번에는 추밀원지주사(정3품)로 있던 김경손金慶孫을 헐뜯는 참소였다. 김경손은 최이에게 제거당한 김약선의 바로 밑 동생이다. 그는 몽골의 1차 침략 때 박서朴犀와 함께 귀주성을 사수한 명장이기도 하고, 이연년의 백제부흥운동 당시 나주에서 그 민란세력을 진압하여 최이의 신임이 두터운 사람이었다.

이번 참소는 김경손과 함께 그 아버지 김태서를 한데 얽어, 부자가 최이를 저주하면서 색다른 뜻을 품고 있다는 무고였다. 제거된 김약선과는 부자 형제관계이니 그럴 개연성은 있었지만 최이는 김경손을 믿고 싶었다. 무엇보다도 이러한 무고를 받은 대로 처벌하면 쓸데없이 이간질만 부추기고 관료집단의 갈등만 증폭시킨다는 우려가 앞섰다. 그래서 이번에는 오히려 그 무고한 자를 기어이 색출하여 강물에 수장시켜버렸다.

모함 사건이 연달아 일어난 그 무렵 김약선의 딸인 태자비가 미묘한 시점에서 갑자기 죽고 말았다. 그리고 다음해 1244년(고종 31) 2월, 종실인 신안공 전의 딸을 새로이 태자비로 맞았다. 며칠 후 대궐에서는 국왕과 고위관료들이 참석한 성대한 연회가 열렸는데, 최이가 주최한 것으로 가무까지 겸한 곡연이었다. 연등절을 빙자한 연회이기는 했지만, 김약선의 딸이 태자와 혼인할 때 연회를 정지한 것과는 너무나 대조적인 일이었다.

태자비를 새로 맞이한 그해 8월, 강안전을 대대적으로 개창했다. 최이는 황색 비단으로 후벽을 화려하게 꾸미고, 최환崔峘이라는 자를 시켜 《서경》의 〈무일편〉을 병풍에 쓰도록 하여 후벽을 다시 장식했다. 여기 최환은 임경순任景純이라는 사람의 아들이었는데 최이가 아들로 삼아 기르면서 글씨를 잘 쓴다고 하여 특별히 총애하는 자였다. 혹시 최이는 최환을 자신의 후계자 구도 속에 포함시키고 있었는지도 모를 일이었다. 최이가 죽은 직후 이 최환은 최항에 의해 유배당하고 마는데, 이 점 역시 그런 의문을 지울 수 없게 한다.

아무튼 이 무렵까지도 최이는 자신의 후계자를 분명히 내세우지 못하고 있었다. 여러 가지 가능성을 검진하면서 심사숙고하고 있었을 텐데, 권력을 쫓는 자들은 최이의 눈초리만 불안하게 지켜보고 있었다.

최이와 같은 완벽한 독재자일수록 후계자를 쉽게 결정하지 못한다. 여러 사람들을 후계자로 상정하여 타진해보지만 자신과 같은 완벽한 인물은 없다고 생각하는 탓이다. 미루고 미루다가 결국은 가장 저급한 인물이 선택되는 경우가 적지 않다.

만전의 환속, 최항

후계자가 명확히 결정되지 않는 상태에서 출가한 최이의 두 아들도 정치세력의 견제에서 예외일 수 없었다. 출가한 만종과 만전은 횡포가 너무 심했으므로, 이들 형제에 대한 고발을 꼭 정치적 견제라고만은 할 수 없겠지만 그 앞뒤 맥락은 앞의 모함들과 다를 바 없다.

1247년(고종 34) 6월 형부상서(정3품)로 있던 박훤朴暄이라는 자가 하기 힘든 얘기를 최이에게 했다. 두 아들 만종과 만전의 횡포를 최이가 스스로 근절해야 한다는 직언이었다. 이 두 아들은 여전히 경상도와 전라도 일대에서 갖가지 만행을 저지르며 백성들로부터 원망을 사고 있었다.

직언을 한 박훤은 공주(충남) 출신으로 과거에도 합격했고, 기발한 생각과 아이디어로 최이를 보좌한 약삭빠르고 민첩한 인물이었다. 최이의 가신에서 출발하여 성장한 사람인데, 한때 정방에도 참여했고 최이의 공적을 책으로 편찬하기도 하면서 아부가 극히 심한 자였다. 최이의 가까운 최측근 인물이었기 때문에 그런 직언도 가능했다고 볼 수 있지만, 두 아들에 대한 견제 심리도 분명 작용하고 있었다.

그때는 몽골이 4차 침략의 조짐을 보이고 있었다. 두 아들에게 탄압받던 백성들이 남방에서 소요를 일으키고 있었기 때문에, 이들이 몽골에 투항하거나 반역할 가능성이 많아 박훤의 직언에는 합당한 이유가 있었다. 박훤의 주장은 두 아들을 소환하고 그 문도들도 모두 잡아들여 하루 속히 백성들의 원망을 해소해야 한다는 것이었다. 최이도 두 아들의 횡포를 모르는 바 아니어서 망설이고 결단을 내리지 못했다.

그런데 그 무렵 경상도 방면을 순시하던 순문사 송국첨 역시 박훤과 같은 주장을 편지로 올렸다. 송국첨은 박훤과 함께 정방에도 한때 참여한 적이 있었으나 강직한 성품으로 아부를 싫어하여 최이와는 약간 소원한 관계에 있었다. 하지만 모든 일을 엄정하게 잘 처리하여 지방에 중요한 일이 있으면 최이는 그를 보내 다스리곤 했다. 그가 순문사로 선발된 것도 그런 능력을 인정받은 것으로 이미 4년 전의 일이었는데, 두 아들 문제 때문에 이때 특별히 다시 경상도로 내려보낸 것이었다.

최이는 결단을 내려 감찰어사 두 명을 쌍봉사와 단속사에 파견했다. 최이의 특명을 받은 이들은 두 아들이 축재한 전곡을 모두 백성들에게 나누어주고, 그 문서를 불태워버렸다. 아울러 문도들 중에서 행패가 심한 자들을 모두 잡아들여 가두었다. 경외 각지에서 쌍수를 들고 환영할 만한 신속한 조처였다.

두 아들은 하루아침에 세력을 잃고, 아비 최이를 찾아서 항의하러 강도에 올라왔다. 실로 오랜만에 세 부자가 마주한 자리에, 만종·만전 형제에게 친누이가 되는 송서宋偦의 처도 함께했다. 형제와 그 누이는 최이의 질책이 나오기도 전에 울면서 하소연하고 나섰다.

"아버지가 살아계신데도 이러한데 훗날에는 저희들이 어찌 살아 있다고 하겠습니까?"

그렇게 혈연의 정으로 호소하는 수밖에 없었을 것이다. 비록 비첩 소생이지만 자신에게는 소중한 두 아들이라는 생각이 최이에게 불현듯 스쳤다. 최이는 두 아들을 대면하고 갑자기 마음이 바뀌었다. 박훤과 송국첨이 오히려 부자간을 이간질했다는 생각이 솟구친 것이다. 이에 박훤을 잡아들여 바로 흑산도로 유배를 보내고, 송국첨은 경주의 지방관으로 좌천시켜버렸다.

그리고 즉시 동생인 만전을 환속시켜 최항崔沆으로 개명케 하고 그 문도들도 모두 풀어주고 말았다. 아울러 이순목李淳牧에게 글을 가르치게 하고, 권위權韙에게는 예의를 가르치도록 했다. 박훤과 송국첨의 직언은 최이에게 이간질로 받아들여져 오히려 후계자 낙점을 재촉한 꼴이 된 것이다.

여기 이순목은 재기발랄하고 음양술에도 뛰어나, 한때 최이의 음양술 참모였던 주연지周演之와도 함께했던 인물이다. 그는 경서를 통한 학문보다는 문장에 능한 사람이었는데, 신속한 글짓기로 당대에 이름을 날렸다. 이런 자를 최항의 사부로 삼은 것은 경서를 통한 깊은 학문보다는 단시간 내에 글재주를 가르치기 위한 일종의 속성 과외였다고 보인다.

만전에서 이름을 바꾼 뒤 며칠도 지나지 않아 최항은 좌우위상호군(정3품) 호부상서(정3품)를 겸하여 임명받았다. 그리고 최이는 하동으로 강제 출가시켰던 외손자 김미를 불러 역시 환속시키고, 그에게는 권한이 없는 명예직인 사공(정1품) 벼슬을 내렸다. 아들을 환속시키면서 비난을 피하기 위해 형평성을 맞추려 한 것인지, 아니면 후계 구도를 놓고 아직도 결정을 내리지 못했는지 조금 의아한 일이었다.

여기에는 그럴 만한 내막이 있었다. 최항을 환속시켜 벼슬을 내리자, 김미와 가까이 지내던 장군(정4품) 유정劉鼎, 야별초 지유(정5품) 기홍석奇洪碩 등 몇몇 인물들이 김미를 후계자로 정할 것을 서명하여 최이에게 편지로 보낸 적이 있었다. 이들의 집단행동은 최이 자신이 어느 정도 김미에게 마음을 두고 있었기 때문에 가능한 일이었을 것이다. 최이는 이를 불문에 붙이고 편지를 숨겨두었다.

하지만 이들의 의견을 아예 무시할 수도 없어 김미 역시 환속시킨 것이었다. 이는 김미를 추종하는 세력들의 의견을 수용했다기보다는 최이 스스로가 후계자에 대한 결심을 아직도 확고하게 정하지 않은 탓으로 보인다. 다만 김미에게 실권이 없는 명예직을 주어 실직을 내린 최항보다 아래에 둔 것은, 그래도 후계자 낙점이 최항 쪽으로 기울고 있다는 증거였다.

최항이 환속하여 마침내 관직을 받자 왕실의 여러 종실들과 재상급 관리들은 최항의 집을 찾아 축하 하례를 올리기에 바빴다. 권력의 향방에 촉각을 곤두세우고 있던 정치세력들이 벌써 최항을 후계자로 미리 예단하고 앞서간 것이었다. 다수 무리들의 권력에 대한 예민한 후각이 빗나가는 경우는 드물다.

후계자 최항

최항이 환속하여 관직을 제수받았다고 해서, 그것이 곧 아비 최이의 후계자가 된다는 뜻은 아니었다. 정작 중요한 관문이 하나 남아 있었는데 그것은 바로 군사력의 승계였다. 더구나 최항은 오랜 기간 출가해 있어서 중앙에 자신의 세력이 전무했으니 더욱 중요한 문제였다. 아비 최이의 적극적인 지원이 없으면 한 발짝도 움직일 수 없는 처지였던 것이다.

최이는 아들이 환속한 다음해인 1248년(고종 35) 3월, 아들 최항을 추밀원지주사(정3품)로 고쳐 임명하고, 드디어 자신의 가병 5백여 명을 나누어주었다. 이로써 최소한 정적들을 물리칠 수 있는 군사력을 보유하게 되었으니, 이는 다름 아닌 후계자의 확정이었다.

이때가 최이가 죽기 1년 전의 일이었으니 너무 늦게 낙점된 후계자였다. 최항의 이때 나이는 40세였다. 그리고 부자간의 인연에 마침내 굴복한 최이는 벌써 70을 훌쩍 넘고 있었다. 노년에 접어들수록, 죽음이 가까이 올수록 핏줄에 대한 집착은 떨치기 힘들었으리라.

다음해 정월 최항은 국왕 고종을 위해 궁궐에서 화려한 연회를 베풀었다. 최이의 후계자임을 공식적으로 선언한 셈이다. 최항을 바라보는 국왕의 마음은 어땠을까.

그런데 최이의 낙점을 예의 주시하고 있던 후계자 라이벌이 있었으니, 바로 제거된 김약선의 아들이요 최이의 외손자인 김미였다. 김미는 사실 최이가 자신을 환속시켜 불러들였을 때 내심 기대가 컸었다. 그러나 최항에게 가병이 주어지는 것을 보고는 낙심하면서 동시에 두려움이 몰려왔다. 아무리 우둔한 사람이라 할지라도 최항의 첫 번째 정적이 자신이라는 것쯤은 알아챌 수 있었기 때문이다.

김미는 선수를 쳤다. 어차피 살아남기 힘든 판국이라면 힘이라도 한번 써보겠다는 자포자기의 심정이었는지도 모른다. 자신을 따르는 무리가 아직 남아 있었고, 최항이 벌써 자신을 제거할 계획을 세우고 있다는 소문도 들렸기 때문이다. 하지만 힘의 열세는 너무나 분명했다. 최항의 뒤에는 최이가 아직 건재하고 있었으니 말이다.

김미는 숙부인 김경손을 끌어들일 생각으로 지원을 요청하는 편지를 보냈다. 그런데 김경손이 화가 자신에게까지 미칠 것이 두려워 그 사실을 최이에게 알리고 말았다. 한 차례 무고를 당했던 김경손으로서는 그런 조심스런 행동이 어쩌면 당연한 일이었을 것이다.

최이는 김미를 따르는 무리들을 잡아들이게 하고, 아울러 이전에 김미를 후계자로 삼아야 한다는 편지에 서명한 인물들도 모두 감옥에 가두고 국문했으며, 국문 결과 핵심 인물들은 강물에 던져 죽였다. 그 나머지는 귀양을 보내거나 관직에서 축출했는데 이런 자만도 40명이 넘었다. 다만 김미는 죽이기 어려웠던지 고란도로 유배 보내는 데 그쳤다.

이렇게 최항의 1차 정적들은 일단 제거되었다. 최항보다는 아비 최이가 앞장서 정리해준 것이다. 후계자로 한번 낙점했으니까 확실하게 결단을 내려야 했을 것이다. 이 사건이 일어난 것은 최이가 죽기 수개월 전인 1249년(고종 36) 2월이었다. 김미의 거사는 조급함과 불안함으로 스스로 함정에 빠진 꼴이었다. 다만 그가 최이 덕분에 유배에 그치고 살아남은 것은 아직도 불씨가 남아 있다는 뜻이다.

최항 정권

최이의 죽음

최이는 1249년(고종 36년) 11월, 70을 훨씬 넘은 나이로 죽었다. 그의 죽음에 대한《고려사》의 기록은,

11월 임신에 최이가 죽었다[十一月壬申崔怡死].

라는 간단한 여덟 자로 끝내고 있다. 조금 뜻밖이다. 사관의 평가가 그 뒤에 따를 만도 한데 그저 그뿐이다. 같은 관찬사서인《고려사절요》의 기록도 마찬가지다. 아버지 최충헌의 죽음을 기록한 뒤에 사관의 가혹한 평가가 있었던 것과는 조금 대조적이다.

최이는 1219년(고종 6) 최충헌의 권력을 세습한 이후, 무려 30년 동안이나 최고의 권좌에 올라 국왕 위에 군림하면서 고려를 통치한 인물이

다. 그는 통치권의 강약으로만 본다면 단순한 집권자가 아니라 왕조시대 어느 국왕과 비교해도 손색이 없는 최상급의 강력한 통치자였다.

이 점에서 그는 아버지 최충헌을 앞서고 있다. 최충헌이 명종과 희종 두 왕을 폐위시키고 신종·희종·강종·고종 등 네 왕을 옹립한 데 비해 최이는 고종 한 왕만을 상대했다. 이것은 최충헌과 최이 부자의 통치력을 극명하게 보여주는 대목이다. 폐립과 옹립을 반복한 최충헌이 국왕과 적대관계를 벗어나지 못했다면, 최이는 형식적이지만 국왕과 우호적인 관계를 끝까지 유지한 것이다. 최충헌이 힘으로만 국왕을 제압했다면 최이는 정치적으로 국왕을 통제했다.

그러나 유교사관으로 본다면, 국왕 위에 군림했다는 점에서 최이는 최씨 가의 다른 집권자들과 마찬가지로 틀림없는 반역자였다. 이는 그가 조선 초기에 편찬된《고려사》반역열전에 오름으로써 그대로 반영되었다. 그러나 이런 평가는 수백 년이 지난 오늘날에는 너무나 진부하고 의미도 없다. 왕정이 계속되던 그 시대의 평가일 뿐이다.

그런데 현재 시점에서 최이의 업적을 평가하자면 간단치 않을 듯하다. 한 가지 분명한 것은 업적 면에서도 최이가 아버지 최충헌보다는 한 단계 위의 유능한 통치자였다는 점이다. 그의 업적을 평가하는 데 있어 세세한 공과는 본문 여기저기서 이미 언급하여 생략하지만, 가장 평가하기 어려운 점은 강화 천도와 대몽항쟁 부분이다. 이 양자는 물론 서로 맞물려 있다.

최이의 강화 천도와 대몽항쟁에 대해서는 긍정적인 평가와 부정적인 평가, 양극단이 맞설 수 있다. 몽골의 침략에 맞서 고려의 민족의식을 고양시키고 자주성을 지켜냈다는 점은 긍정적인 면이고, 정권을 유지하기 위한 정권 안보에만 치우쳤다는 점은 부정적인 면이다. 두 가지 평가가 맞서 있다는 것은 판단이 어렵다는 뜻이기도 하다.

최이 정권의 강화 천도와 대몽항쟁은 긍정적인 평가를 할 수 없다고 본다. 그것은 강화 천도나 대몽항쟁이 철저하게 정권 안보를 위한 것이었지 고려의 자주성을 지키기 위한 것이 아니었기 때문이다. 대몽항쟁은 정권 안보를 위한 수단에 불과했다. 정면대응이 아닌 회피로 일관했고, 일부 항쟁마저 백성들이나 지방민들의 자발적인 참여가 더 많았다. 강도의 최이 정권은 몽골과 저항하고 싸운다는 '항쟁抗爭'의 의미보다는 그들의 침략이나 요구에 그때그때 '대응'하는 정도였다.

이것은 천도를 단행한 대의명분에도 어긋난 일이었다. 내륙에 남아 있던 백성들은 방치된 것과 다를 바 없었다. 천도 자체가 정권 안보를 위해 강압적으로 단행되었으니 어찌 보면 당연한 결과였다. 최이 정권 내면의 의식이야 항쟁의 기치를 높이 쳐들었을지 모르지만, 겉으로는 몽골에 대한 굴욕적인 자세에서 결코 벗어나지 못했다. 그래서 결과적으로 어느 정도 자주성이 지켜지기는 했으나, 그것은 이미 심히 손상된 자주성이었고, 이마저 정권유지의 부산물일 뿐이었다.

이러한 평가는 최이 정권뿐만 아니라 뒤이은 최항·최의 정권에 대해서, 그리고 무인정권이 끝날 때까지도 마찬가지로 적용될 수 있다.

최항의 권력 계승

최항은 아비 최이가 죽기 직전 군사를 거느리고 진양부 최이의 집을 찾은 적이 있었다. 동태를 파악하기 위해서였는데, 최이의 병이 위독함을 알고는 바로 자신의 집 장봉택으로 돌아와 은신했다. 예측불허의 변란에 대비해야 했을 것이다.

그런데 최이가 죽자마자 이상한 징후가 나타났다. 최이의 측근 중에서 왕정복고, 즉 정권을 국왕에게 돌리려는 자가 있었던 것이다. 그 사람은 지이부사(종3품)와 상장군(정3품)을 겸하고 있는 주숙周肅과 장군(정4품) 김효정金孝精이었다. 이들은 최이의 도방에 소속된 문객으로 도방의 군사를 움직일 수 있는 위치에 있었다.

주숙은 결단력이 부족했던 모양이다. 잠시 망설이는 사이, 이공주李公柱·최양백崔良伯·김준金俊 등을 비롯한 최이의 측근 무장 70여 명이 최항에게 귀부할 것을 선언하고 나선 것이다. 이들 3인은 최이 사저의 가노로서 입신한 자들인데, 이들의 이름을 꼭 기억해둘 필요가 있다. 미천한 신분의 무장들이 최항 지지를 먼저 선언한 것도 눈여겨볼 대목이지만, 앞으로 최항 정권의 성격과도 관계가 있기 때문이다. 후에 이들 3인방은 최항을 옹립한 공으로 모두 별장(정7품)을 제수받는데, 노비가 관직을 받는 것은 이것이 처음이었다.

대다수 무장들이 최항을 지지하게 되면, 주숙이나 김효정이 도방의 군사를 동원한다 해도 소수에 그치고 만다. 주숙 등은 할 수 없이 다수를 따를 수밖에 없었다. 최항은 이런 사실도 까마득히 모르고 있었다. 그의 가장 큰 불안감은 이렇게 최이 측근 무장들의 동향이나 성향을 정확히 모르고 있다는 점이었다. 후계자가 권력을 이양받는 과정에서 권력의 향방은 한순간에 판가름 나는 경우가 많다. 70여 명의 무장이 최항에게 귀부할 것을 선언한 것은 권력의 향방에서 중요한 분수령이었다.

최항은 아비가 죽자 얼마나 불안했던지 상복을 단 이틀 만에 벗고 장봉택의 사저에 은거했다. 최이로부터 물려받은 가병 5백 명으로 경비를 철저히 하고 사저에서 사태 추이를 관망하는 것이 상책이라고 생각했다. 지금 권력의 심장부는 대궐이 아니라 최이의 사저인 진양부였다. 그곳에는 최항의 가병보다 더 많은 군사가 있어 그 진양부를 장악해야만 했다. 그것에 성공해야 분수령을 완전히 넘는 것이다.

최항은 사저에 은거해 있으면서 아비 최이의 애첩들을 하나하나 불러들였다. 최이의 죽음을 전후한 진양부의 동태를 면밀히 탐색하기 위해서였다. 비첩들은 권력의 향방에 무심한 편이어서 의외로 진솔하고 중요한 정보를 얻을 수 있다. 쓸 만한 정보를 얻기 위해 그 여자들과 정을 통하는 것도 주저하지 않았다. 주인이 죽은 애첩들이야 애정만 받을 수 있다면 다음 권력자 최항을 거부할 이유가 없었을 것이다.

최항이 가장 예민하게 여긴 것은 최이의 측근에 있던 가신이나 무장들이 주군이 죽은 후 어떤 행동을 보였을까 하는 점이었다. 이것은 앞으로 그들의 성향이나 진로를 정확히 판별하는 데 중요한 일이었다. 아비의 애첩들과 정을 통하면서 앞서 주숙의 동태에 대한 정보를 얻은 것은 큰 소득이었다.

며칠 후 최항에게 추밀원부사와 이·병부상서, 그리고 어사대부라는 정3품의 핵심적인 관직이 겸직으로 내려졌다. 이어서 동·서북면병마사를 겸했고, 최고의 집정부인 교정도감의 장관직까지 차지하게 되었으니 군사와 정치, 인사권에 관한 핵심적인 요직들을 모두 한몸에 겸하게 되었다. 이는 물론 국왕에 의해 임명된 것이지만, 최항 스스로의 요청에 의한 것이기도 했다. 최항이 아비 최이의 뒤를 이어 권력 계승에 성공하고 있다는 확실한 증거였다.

핵심적인 요직들을 모두 차지한 최항은 추밀원의 지사와 부사로 있던 민희와 김경손, 좌승선 최환을 먼 섬으로 유배 보내고, 아비의 애첩 30여 명도 더 이상 볼 것도 없이 모두 축출해버렸다.

민희는 6년 전, 그러니까 1243년(고종 30) 경상도 방면의 순문사로 파견되었을 때 그 지역에서 횡포를 부리던 최항을 저지했던 인물이었다. 김경손은 여러 차례 언급한 대로 한때 최이의 후계자였던 김약선의 친동생이자 라이벌이었던 김미의 숙부가 되는 인물이다. 그리고 최환은 최이의 양자로 명필이었는데 후계자의 물망에 올랐는지 총애를 한몸에 받던 사람이다. 이들이 최항에게 유배를 당한 것은 그러한 관계가 작용했음이 분명했다.

마침내, 최이가 죽은 지 보름 후 국왕 고종은 최항에 대해 아주 특별한 전지傳늘를 내린다. 그 내용은, 부왕 때부터 진양공 최이가 보필을 잘하여 삼한이 부모같이 의지했는데, 이제 최이가 죽었으니 아들 최항에게 그 권한을 잇게 한다는 것이었다. 최항은 이제 국왕으로부터 최이의 계승자임을 공식적으로 인정받은 셈이다.

그런데 한 가지 재미있는 사실은, 이전에 최이가 최충헌의 권력을 세습받을 때는 그런 국왕의 공식 선언이 없었다는 점이다. 그런데도 최이는 여유 있게 권력을 승계받았고 누구도 넘볼 수 없는 통치권을 한 점 착오 없이 행사했다. 그래서 최항에 대한 그러한 국왕의 조치는 뜻밖이었다.

이것은 최항이 최이의 계승자임을 공식 인정받은 것이기는 하지만, 한편으론 최항의 권력 계승이 국왕의 지원을 필요로 했음을 의미한다. 그렇다면 아비 최이 때와는 달리 앞으로 최항 정권은 국왕에 대한 의존도가 클 것이라는 예상 또한 당연히 할 수 있다.

정권 장악, 무차별한 숙청

1250년(고종 37) 3월, 최이는 드디어 아비 최이의 사저인 진양부를 접수했다. 최항의 집 장봉택에서 견자산에 있는 진양부까지는 먼 거리가 아니었지만, 정권을 확실하게 장악하자면 마지막으로 치러야 할 중요한 일이었다. 이미 권력은 자신에게 돌아왔지만 그래도 안심할 수 없었는지 옷 속에 갑옷까지 갖추어 입고 가병을 총동원하여 따르게 했다.

최항은 정문을 통한 화려한 입성을 사양하고 동편의 작은 문을 택해 들어갔다. 불측한 변란에 대비하여 애초의 계획을 급히 변경한 것이다. 천도한 이후 진양부는 권력의 심장부로서 위세를 떨친 곳이니, 최이도 사라진 마당에 최항이 쉽게 접근할 수 있는 만만한 곳이 아니었던 모양이다. 그러나 예상밖으로 별 마찰 없이 접수하는 데 성공한다.

그리고는 앞서 왕정복고의 생각을 품었던 주숙을 즉시 잡아들였다. 주숙은 최항이 진양부로 옮기면서 자신에게 아무런 언질을 주지 않자 불안한 낌새를 이미 눈치채고 있었다. 최이와 동서간인 그는 최이의 심복으로서 악역을 마다하지 않았던 악명 높은 인물이었다. 그래서 진양부에서 핵심적인 위치에 있기도 했으니, 그 일이 없었더라도 최항으로서는 살려두기가 조심스런 자였다. 주숙이 왕정복고를 생각했다는 것은 구실에 불과하고, 실은 최항의 권력 계승에 반대한다는 뜻이었다.

주숙은 잡혀서 섬으로 유배당해 가는 도중 최항의 측근 무장에 의해 물에 빠뜨려져 죽임을 당했다. 그런데 주숙이 죽기 직전에, 일이 새나간 것을 김효정이 고자질한 때문이라 여기고 김효정을 끌고 들어갔다. 김효정 역시 붙잡혀 섬으로 유배 가는 도중 제거되고 만다. 이어서 최항은 주숙의 사위 두 명도, 단지 인척이라는 이유 하나만으로 잡아들여 가차 없이 유배에 처했다.

최항의 숙청작업은 이것으로 끝나지 않는다. 최이가 마지막으로 취했던 대집성의 딸 대씨—최항에게는 계모에 해당하는—그 여자의 작위를 빼앗고 그 재산까지 약탈했다. 그리고 그 계모 전남편의 아들인 장군 오승적吳承績이라는 자도 바다에 던져 죽였다. 오승적은 최항의 라이벌이었던 김미에게 협조했다는 의심을 산 것이다.

또한 박훤을 기억할 것이다. 최이에게 두 아들의 만행을 제지하도록 직언했던 바로 그 사람, 박훤 역시 최항의 숙청작업에서 제외될 수 없었다. 그는 앞서 언급했던 대로 최이에게 부자간을 이간질한다고 섬에 유배당해 있었다. 그 후 최이가 그의 재주를 아깝게 여겨 다시 측근으로 불러들였는데, 강도로 귀환하는 도중에 최이가 죽고 말았다. 박훤은 강도에 도착하기도 전에 최항의 자객에 의해 바다에 수장당해버렸다.

박훤과 함께 두 아들을 비판했던 송국첨은 최항이 권력을 잡자 두려워 낙향해버렸다. 그는 재주를 부린 박훤과는 달리 관리로서 모범적인 면이 있어 최항도 제거하지는 못했다. 다만 최항은 낙향한 그에게 서북면병마사를 주어 지방으로 내쫓고 다시 부르지 않았는데, 송국첨은 그 울분으로 화병이 나서 죽고 말았다.

이후에도 최항의 숙청작업은 중단 없이 계속된다. 숙청 대상은 대부분 출가해 있을 때 최항을 비난했던 사람들이었는데, 최항이 정권을 장악한 후 모두 유배당했다. 이들은 최항의 권력 세습을 처음부터 못마땅하게 생각하고 있던 사람들이기도 했다. 그런데 이들과 친분이 있는 지방관들이 애먼 죽임을 당하기도 했다. 심지어 이런 일도 있었다.

그렇게 유배에 처해진 사람들을 가끔 그 지역 지방관들이 불러 술로써 위로를 했던 모양이다. 앙심을 품고 있는 자들은 이런 기회를 놓치지 않고 밀고해버렸고, 그러면 최항은 지방관과 유배당해 있던 자 모두를, 자신의 제거를 모의했다 하여 생각할 여지도 없이 죽임으로 보답했다. 게다가 그 자리에 참석한 자들도 오직 그 이유 하나만으로 죽음에 휩싸였다.

최항이 자신에 대한 비난 중에서 가장 예민하게 받아들였던 것은 출신 신분을 거론하는 것이었다. 그 어미 서련방이 천기賤妓 출신이었기 때문이다. 자신에 대해 미천하다는 말만 들리면 그 발설자는 결코 살아남지 못했다. 원수가 된 자들은 이를 이용해 상대를 죽음으로 몰아넣기도 했다. 심지어는 사람들이 책을 읽다가도 천할 '천賤' 자만 나오면 책을 덮어버릴 정도였다.

최항이 반대세력들을 숙청하는 과정을 보면 그 할아버지 최충헌을 연상케 한다. 반대세력은 말할 것도 없고 조금만 의혹이 있어도, 그리고 그런 낌새가 보이기만 해도 철저하고 무차별적으로 제거했다. 그의 불같이 급하면서도 저돌적인 성격도 할아버지 최충헌을 그대로 빼닮은 것이었다. 어쩌면 외모도 아비 최이보다는 할아버지 최충헌을 더 닮았을 듯하다.

그러나 어미가 미천한 여자였다는 것은 최항에게 도저히 넘을 수 없는 신분제 사회의 벽이었다. 이 이유 하나만으로도 그의 통치권은 불안했다. 그것이 고려 귀족제 사회의 기풍이었다.

최항 제거 모의 사건

최항은 사람을 많이 죽여 그랬는지 하늘의 변화에도 예민한 반응을 보였다. 고려시대에는 하늘의 변화를 전문적으로 관찰하여 기록하는 사천대司天臺라는 관청이 있었다. 하늘의 특별한 변화를 군주의 부덕으로 간주하여 반성하고 근신케 하려는 것인데, 유교 정치이념의 소산이라고 할 수 있다. 군주의 행동에 대한 일종의 제어장치이기도 한 것이다.

1250년(고종 37) 12월, 달이 여러 별을 범하는 하늘의 변화가 관측되었다. 사천대의 일관日官이 아뢰기를 "이것은 국왕에게 근심이 있다는 것인데, 수상이 주살되고 난신이 일어나 신하가 왕을 대신할 징조입니다"라고 했다. 최항은 사천대에서 올린 그 글을 보고 망령스럽게 별의 변화를 아뢰었다고 하여, 사천대의 책임자와 그 휘하 관리를 파면시켜버렸다. 그리고 일관의 일상적인 보고마저 아예 폐지하고 만다.

최항의 이 조치는 일종의 언론 탄압이라고 할 수 있다. 당시 최씨 정권하에서 모든 언로가 막혀 있었지만 사천대의 보고만은 계속되고 있었다. 하늘의 변화를 명분으로 정치에 대해 비판적인 목소리를 낼 수 있는 유일한 언로였던 것인데, 최항이 이마저 폐지한 것은 어떤 비판의 소리도 용납하지 않겠다는 뜻이었다.

최항이 얼마나 무차별적으로 사람들을 죽였는가는 다음 사건 하나만을 통해서도 충분히 느낄 수 있다. 그는 반대세력을 제거하는 데 있어 최충헌을 훨씬 능가했다.

1251년(고종 38) 3월 최항은 계모 대씨에게 기어이 독약을 먹여 죽이고 말았다. 계모를 독살한 것은 사실 최항이 처음부터 생각한 일은 아니었다. 여자이므로 작위를 빼앗고 재산을 몰수하는 것으로 충분하다고 생각했던 것이다. 그런데 그녀가 죽음으로 내몰린 데는 그럴 만한 사건이 있었다.

앞서 이 계모의 아들인 오승적을 바다에 빠뜨려 죽였는데, 이 자가 용케도 살아나면서 사건이 걷잡을 수 없이 커진 것이다. 바다에 수장당한 자가 살아난 것은 우연이라고 볼 수 없다. 그 임무를 책임진 야별초 군인들의 온정이나 비호가 있지 않고서는 힘든 일이 분명했다. 그러니 사건이 확대될 수밖에 없었는지도 모른다.

바다에 수장되려다 구사일생으로 살아난 오승적은 머리를 깎고 금강산에 들어가 중이 되어 있었다. 오승적은 최항에 대한 원한과 울분을 삭이지 못해 복수를 위한 일을 꾸미기 시작했다. 그는 강도에 살고 있는 어머니 대씨에게 몰래 밀서를 보내 최항 제거를 모의했는데, 그만 이 사실이 그 집 종에 의해 밀고되고 만 것이다.

이 사실을 접한 최항은 그 불같은 성격이 폭발하고 말았다. 제일 먼저 대씨를 바로 독살하고 그 일가붙이와 노비까지 모조리 죽였으며, 오승적을 다시 찾아 강물에 수장시켜버렸다. 그리고 애초에 오승적을 바다에 빠뜨려 죽일 책임을 졌던 야별초의 지휘관 황보준창皇甫俊昌과 수행했던 군졸들까지 소임을 완수하지 못했다 하여 모두 죽이고 말았다. 말 그대로 무차별적인 제거였다.

또한 이 사건과 무관하게, 이미 각지에 유배당해 있던 사람들을 다시 소환하여 물에 빠뜨려 죽이니, 유배된 자의 태반이 그렇게 죽임을 당했다. 이 사건에 연루되어 죽거나 유배된 자가 70명이 넘었다니 그 무차별적인 살육을 알 만할 것이다.

이 사건 이후 모함과 무고가 난무했다. 사소한 사감만 있어도 난을 꾀한다고 무고했으나, 국문해보면 아무런 증거도 없었다. 다름 아닌 밀고에 의한 공포 정치였다. 이것은 최항 정권의 불안함을 말해주는 것이다. 불안할수록 무고나 모함에 귀를 기울일 수밖에 없다.

최항이 권력을 장악해가는 과정에서 많은 사람을 죽인 것은 그런 불안함 때문이었지만, 그만큼 권력 장악 과정이 힘겨웠다는 뜻도 된다.

인생의 거의 반을 출가하여 보낸 그가 최이의 후계자로 등장한 것만도 힘겨운 일이었다. 그래서 권력을 세습한 후에도 반대세력에 대한 의심은 그만큼 컸다.

장고 끝에 악수라고, 최이는 말년까지 후계자 선정을 늦추다가 가장 악수를 선택했는지도 모른다.

김경손의 죽음

앞의 오승적 사건에 연루되어 가장 안타깝게 죽은 인물이 바로 김경손이다. 결국 그에게까지 불똥이 튀고만 것이다.

김경손은 최이가 죽은 직후 최항에 의해 백령도에 유배당해 있었다. 김약선의 친동생이고, 최항의 라이벌이었던 김미에게는 숙부가 되니, 사건이 없더라도 살얼음 위를 걷는 것처럼 조심스러운 그였다. 유배당한 것도 특별한 사건이 있어서가 아니라 김약선과의 혈연관계 때문이었다.

김경손은 여러 사람들로부터 많은 신망을 얻고 있었다. 귀주성 전투의 명장이요, 백제부흥운동을 진압한 공로까지 있어 최이도 그를 매우 중히 여기고 있었다. 하지만 워낙 팔팔하고 엄정한 성품이라 최이의 깊은 총애를 받지는 못했고 권력의 핵심에도 접근하지 못했다. 이것이 김경손에게는 불만이었는지도 모른다. 최항에게는 아마 김경손의 이런 점도 마음속에 개운치 않게 남아 있었을 것이다.

그러던 차에 오승적의 밀서 사건이 터진 것인데, 불행히도 김경손은 이 오승적과도 인척관계에 있었다. 최항이 김경손을 이 사건에 연루시켜 죽인 것은 단지 그 이유였다. 하지만 곰곰이 생각해보면, 실제로 오승적이 최항을 제거하기 위한 모의에 김경손을 끌어들였을 가능성이 많다. 왜냐하면 김경손은 여러 사람의 신망을 얻고 있었고, 최항에 대해서는 유배를 당해 울분이 쌓여 있었으며, 게다가 오승적과는 인척관계까지 있었으니 그를 가만 놔두지는 않았을 것이다.

오승적이 어머니 대씨에게 보낸 밀서에는 김경손의 이름이 오르지 않았다. 그랬다면 최항이 김경손을 죽이는 데 인척관계만을 이유로 들지는 않았을 것이다. 그렇지만 최항 제거를 모의한 오승적이나, 그 사건을 접한 최항 자신은 그 중심 인물로 김경손을 제일 먼저 떠올렸을 것이다.

최항은 장군 송길유宋吉儒에게 군사를 주어 김경손이 유배당해 있던 백령도에 급파했다. 그리고 김경손을 바다에 수장시켜 죽였다. 김경손은 최씨 정권이 무너진 후에야 국가에 대한 공을 다시 인정받아 유가족들에 대한 포상이 내려지고 복권된다.

김경손은 앞서 귀주성 전투에서도 언급했지만, 여기서 다시 《고려사》〈김경손 열전〉에 언급된 그의 인품에 대한 기록을 옮겨보겠다.

그의 어머니가 꿈을 꾸었는데, 오색구름 사이에 많은 사람들이 푸른 옷을 입은 아이를 옹위하여 하늘로부터 품안으로 떨어뜨리는 것이었다. 태기가 있어 낳으매 얼굴과 자태가 아름답고, 머리 위에는 뼈가 솟아 용의 발톱과 같았다. 성품이 장중하면서 화평하여 너그러웠고, 지혜와 용맹이 출중하여 대담함과 지략을 겸비했는데, 화가 나면 수염과 머리털이 꼿꼿이 섰다. 많은 공로가 있음에도 간사한 적들에게 해를 당하니 모든 사람들이 슬퍼하고 아깝게 여겼다.

최이의 처남 정안

안타깝게 제거된 사람으로 김경손 말고도 정안鄭晏이라는 인물이 또 있다. 그는 최이의 장인인 정숙첨의 아들이고, 제거당한 김약선은 그의 조카사위였다. 그는 총명하여 어려서 과거에 급제했고, 음양·산술·의약·음률 등 정통하지 않은 것이 없을 정도로 재주가 뛰어난 인물이었다.

현존하는 최고의 의약서로 평가받는 《향약구급방》이 그의 저술로 알려지고 있다. 몽골과의 전란 중에 편찬된 이 책은 우리 산천에 자생하는 약초의 활용과 응급처치에 대한 의술을 설명하고 있다. 이것이 기초가 되어 우리나라 약초의 활용을 집대성한 《향약집성방》이 조선 초에 편찬될 수 있었다고 한다.

정안은 또한 팔만대장경 간행에도 참여했다. 그는 과거에 급제한 후 진주의 지방관으로 있다가 사직하고, 고향 하동으로 내려와 노모를 봉양하고 있었다. 최이가 그의 재주를 아깝게 여겨 서울로 불렀으나 마다하고, 남해에 퇴거하여 불교를 숭상하면서 보냈는데, 이때 대장경 사업에 간여한 것이다. 그의 열전에 의하면 그는 사재까지 희사하여 대장경의 반을 맡아 간행했다고 한다. 아마 남해에 있던 분사대장도감은 그의 주도하에 사업을 펼쳤던 것 같다.

그런 정안 역시 최항에게 제거되고 말았다. 최항이 권력을 세습한 처음에 정안은 지문하성사(종2품)를 거쳐 참지정사(종2품)로 재상급 반열에까지 올랐다. 그에 대해서 권력자에 아첨하고 사치 영화를 즐겼다는 평가도 있지만, 그의 뛰어난 재능만큼은 인정해도 좋을 것 같다. 그런 그가 제거된 것은 앞서의 김경손과 마찬가지로 김약선과의 인척관계가 크게 작용했다.

정안이 제거된 것은 사람을 너무 많이 죽였다고 최항을 비판한 때문이었다. 김경손이 제거된 직후, 정안은 자신의 제자들을 모아놓고 시정 이야기를 하다가 최항의 무모한 살상을 비판한 적이 있었다. 어느날 그 제자들이 술을 마시면서 스승인 정안의 얘기를 정말 옳은 생각이라 여겨 다시 화제로 삼았는데, 그 말을 엿들은 자가 그만 최항에게 밀고해버린 것이다.

최항은 이 밀고를 받고 정안이 문생들과 변란을 기도하고 있다고 의심하여, 당장 재산을 몰수해버리고 백령도로 귀양 보냈다가 바로 바다에 빠뜨려 죽였다. 정안을 꺼려했던 최항이 사소한 말 한 마디를 빌미삼아 제거한 것이다. 처음부터 정안은 최이의 후계자로 최항보다는 조카사위인 김약선을 밀었을 가능성이 많다. 더구나 그는 김약선이 제거된 후 그의 아들 김미를 양자로 삼아 후원자를 자임했으니, 김경손과함께 최항이 꺼려하는 대표적인 인물이었을 것이다.

그런데도 최항이 집권 초기에 그를 불러 재상급에 앉힌 것은 그에대한 일종의 회유였다고 보인다. 이것은 김약선을 밀어내고 권력을 세습한 최항 정권의 한계가 아닐까 싶다. 김경손과 정안의 제거는, 최항정권의 불안정함이 무차별적인 숙청으로 나타난 대표적인 사례가 될수 있다. 이 점에서도 최항은 아비 최이보다 한 수 아래의 저급한 통치자로 보인다. 최씨 왕조가 이제 절정기를 넘어 내리막길로 들어섰다는징후가 아닐까?

시혜정책

최항은 반대세력을 무차별적으로 숙청하면서 한편으로는 백성들을 위한 시혜정책도 나름대로 펼쳐나갔다.

1250년(고종 37) 정월, 최항은 교정별감敎定別監 자격으로 전국 각지에 통첩을 보내 여러 지방의 별공別貢을 정지시켰다. 아울러 각 도에 파견된 교정수획원敎定收獲員을 모두 소환하고 그 임무를 안찰사에게 위임했다.

교정별감은 최충헌이 정보 사찰기관으로 만든 교정도감의 책임자를 말한다. 최씨 정권의 최고집정부 역할을 했다는 기관인데 자세히 알려져 있지는 않다(교정도감과 교정별감에 대해서는 2권 참조). 최항은 언제부터인지 잘 모르겠지만 이 교정별감직을 차지하고 있었다.

별공은 지방 백성들에게 토산물을 징수하는 공납의 일종으로, 매년 정기적으로 한 차례 징수하는 상공常貢 외에 별도로 특별한 시기에 징수하는 것이다. 하지만 실제로는 필요할 때마다 수시로 징수하여 지방민을 몹시 괴롭히게 했다.

교정수획원은 그런 공납이나 조세 등을 지방에 내려가 징수하는 교정도감 소속의 특별한 관리였다. 본래 조세나 공납 징수는 지방관의 주 임무였는데 전란으로 지방행정이 마비된 곳이 많아 특별히 교정수획원을 임명하여 내려보낸 것이다. 그래서 백성들에 대한 이들의 횡포가 여간 심하지 않았다.

이와 비슷한 관리로 선지사용별감宣旨使用別監이라는 것도 있었다. 하는 일은 정확히 알 수 없는데, 아마 전란 중에 지방관을 대신하여 지방행정이나 치안을 담당한 특별한 관리가 아닌가 싶다. 그렇다면 이들도 조세 징수와 무관치 않았을 테니 역시 백성을 괴롭히는 존재였다. 최이는 전란 중의 비상체제에서 이러한 특별히 임명된 관리들을 시켜 조세나 공납을 징수했는데, 백성들의 원성이 커지자 최항이 그것을 폐지한 것이다.

최항이 정권을 잡고 맨 처음 그런 조치를 취한 것은 백성들의 어려움을 살피고 민심을 수습하기 위해서였다. 하지만 이는 집권 초기에 누구나 내세우는 상투적인 것이기도 했다. 그것을 알려주는 것이 2년 후인 1252년(고종 39) 8월에 다시 선지사용별감을 전국에 파견했다는 사실이다.

최항이 선지사용별감을 다시 파견한 것은 몽골의 5차 침략에 대비하려는 목적도 있었다. 이 무렵 몽골의 재침 징후가 드러나고 있었기 때문이다. 이렇게 보면 최항이 애초에 교정수획원이나 선지사용별감을 중단시킨 것도 전쟁이 없던 휴전기였기 때문에 가능했다고 할 수 있다.

최항은 아비로부터 물려받은 진주의 식읍에 대해서도 크게 연연해하지 않았다. 국왕이 진주의 식읍에서 올라오는 조세 공납 요역 등을 최항의 집에 납부토록 했지만 그는 사양한다. 전쟁으로 빈약해진 국고를 염려한다는 뜻도 있겠지만, 최이로부터 물려받은 재정 기반이 그만큼 탄탄했다는 얘기도 될 것이다.

최항은 작위에 대해서도 겉으로는 초연했다. 1250년(고종 37) 12월 국왕이 최항에게 문하시중(수장직)을 내리고 진양후로 책봉하려 했지만 최항은 사양했다. 다음해 12월, 국왕이 다시 최항을 진양후로 책봉하고 관부를 세우도록 했으나 역시 고사했다. 시혜정책을 베푼 것이나 연거푸 수상직과 작위 책봉을 사양한 것은, 최항 정권이 불안하게 출발하기는 했지만 점차 안정을 찾고 있다는 뜻이 아닐까.

권력강화, 중성 축조

불안하게 출발했지만 정권이 점차 안정을 찾아가자 최항은 국왕에 대한 예우도 잊지 않았다. 천도한 이후 미처 갖추지 못했던 국왕의 승여乘輿(국왕이 타는 큰 수레용 가마)를 마련하여 연輦과 기타 부속 의례장식품을 비로소 갖추었다. 1250년(고종 37) 4월의 일이다.

그리고 그해 5월 최항은 결혼식도 올렸다. 본래 그는 환속한 직후 최온崔昷의 딸에게 장가들었는데 병이 있다고 하여 과감히 버리고, 조계순趙季珣의 딸에게 다시 장가를 든 것이다. 최온은 철원 최씨로 최충헌 정권에서 재상급에까지 오른 최선의 손자이다. 조계순은 횡천 조씨로 거란과의 전투에서 유명했던 조충趙沖의 아들이다. 철원 최씨나 횡천 조씨는 모두 고려시대 제1급의 명문에 속한 가문이었다.

최씨 무인집권기 동안 최씨 정권을 뒷받침해준 문벌가문이 셋 있는데, 바로 이 두 가문과 임유·임경숙으로 이어지는 정안 임씨 가문이다. 이 세 문벌가문은 최씨 가와 혼인을 통해 정치 사회적으로 깊은 밀착관계를 형성했다. 이는 최씨 무인집권자들이 고려 문벌귀족 사회에도 잘 적응했음을 보여주는 것이다.

최항이 결혼하던 날 국왕은 자신의 친위군을 시켜 호위하게 하고, 어좌와 가마까지 내주는 호의를 베풀었다. 이날 등촉과 장식의물의 성대함이 비할 데가 없었고 국왕 이하 여러 종실과 재추(재상급 관리)들은 금은과 비단을 내어 축하했다. 국왕이나 태자의 결혼식과 다를 바 없었다고 한다.

그해 8월에는 최충헌의 진상(초상화)을 창복사에, 최이의 진상을 선원사에 옮겼다. 이렇게 되면 창복사나 선원사는 최충헌과 최이의 원찰이자 진전사원이 되는 것이다. 그것을 옮기는 과정의 의식은 역시 태조의 진영을 옮기는 것과 하나도 다름없이 했다. 그리고 바로 뒤이어 강도에 중성中城을 쌓기 시작한 것이다.

강도에는 이미 천도한 초기 내성과 외성을 축성하여 완성했었다. 내성은 궁궐을 둘러싸고 있는 성이고, 외성은 강화 연안을 따라 쌓은 성이었다. 그 중간에 다시 중성을 착공한 것이다. 이는 물론 몽골의 침략에 대비하려는 것이었다.

하지만 그 정치적 목적도 간과할 수 없다. 몽골에 대한 복속을 계속 거부하고 항쟁을 계속하겠다는 선언이나 다름없었던 것이다. 아울러 혹시 일어날지 모르는 복속에 대한 여론을 미연에 잠재우고, 강도에서 계속 자신의 권력을 지켜나가겠다는 의도이기도 했다. 쉽게 말해서 몽골의 침략에 대한 방어성이면서 대내적으로는 권력유지의 아성이기도 한 것이다.

본래 왕도의 성은 내성과 외성 양성으로 축성되는 것이 보통이다. 개경이 그랬다. 내성이 국왕을 비롯한 왕실을 보호하기 위한 성이라면 외성은 왕도에 거주하는 지배층과 백성을 보호하기 위한 것이다. 그런데 최항은 여기에 중성을 다시 쌓았으니, 이는 바로 최항 정권을 보호하기 위한 성이었던 것이다.

최항이 최이에게 물려받은 사저 진양부는 지금의 견자산(강화군청 뒷산) 동쪽 기슭에 있었다고 생각되는데, 중성은 이 최항의 진양부를 안으로 감싸는 성이었을 것이다. 이제 진양부는 내성과 외성 사이가 아니라 내성과 중성 사이에 위치하여 두 겹의 방어성을 갖추게 되었다.

중성을 착공한 그해 12월 국왕이 문하시중을 내리고 진양후로 책봉하려 했지만 최항은 사양했다. 국왕의 그러한 배려는 최항이 주도한 중성 착공이 정치적으로 성공했음을 말해준다. 아버지 최이가 천도를 단행하고 그것을 성공시킴으로써 권력 기반을 더욱 공고히 했다면, 아들 최항은 중성 축조를 통해 권력강화를 도모한 것이다.

중성의 축조에 대해 사서에는, "고종 37년 비로소 강도의 중성을 쌓았는데, 둘레는 2,960여 칸이고 대소문이 모두 17개였다"라고 하여 간략히 서술되어 있다. 하지만 이 간단한 언급 속에는 수많은 인력이 동원되어 최소한 수년 동안 공역에 종사했다는 사실이 숨겨져 있다. 여기에 동원된 이들이 몽골에 대한 결사항쟁 정신으로 불타고 있었는지, 아니면 최항의 강제 노역에 분노하고 있었는지는 잘 모르겠지만.

다음해 12월 국왕은 다시 최항을 책봉하려 했지만 역시 사양한다. 이런 거듭된 사양은 조금 뜻밖인데, 중성의 완공을 기다리겠다는 의도도 있겠지만 이제 그런 작위나 국가 관직이 그의 권력강화에 큰 의미가 없다는 뜻으로도 읽힌다.

마침내 1253년(고종 40) 2월, 최항은 문하시중·판이부사·판어사대사에 겸직으로 임명되었다. 최항은 이때 대궐에 나아가지도 않고 자신의 사저에서 제수받았다. 관직에 큰 의미를 두지 않은 탓도 있었지만, 자신의 정치적 위상을 제고하고자 하는 의도가 분명했다. 아버지 최이가 관료질서 밖에 초월적으로 존재했듯이, 그 역시 국왕으로부터 관직을 제수받는 그런 사람으로 인식되는 것을 꺼려했을 것이다.

그리고 같은 해 6월 최항에 대한 책봉조서가 반포되었다. 최항의 공로를 참작하여 진양후로 책봉하고 그 관부를 세운다는 '봉후입부封侯立

府 조치였다. 아울러 죽은 아비 최이에 대한 작호爵號와 어미 서련방에 대한 봉작封爵도 추증되었다. 또한 대대적인 사면령도 반포되어 마치 새로운 국왕이 즉위한 것 같았다.

이제 최항은 아버지 최이가 올랐던 위치에 거의 다다른 것이다. 뒤이은 몽골의 침략 위협도 최항 정권을 공고하게 하는 데 일조한다. 전쟁은 대외적으로 위기이기도 하지만 대내적으로는 정권에 대한 불만을 밖으로 돌릴 호기일 수도 있는 것이다.

외교협상 재개

몽골의 3대 황제 정종이 즉위한 지 2년이 못 되어 1248년(고종 35) 3월 갑자기 죽었다. 황제의 죽음은 이듬해 정월 북계병마사에 의해 바로 고려 조정에도 보고되었다. 이 무렵 고려에서 몽골의 내정을 주의 깊게 관찰하고 있었음을 알 수 있는 대목이다.

정종이 죽은 후 몽골은 다시 황제가 없는 공위시대가 약 3년 정도 지속된다. 그동안 몽골의 침략이나 외교적 압박이 크지 않았던 것은, 이런 몽골의 내정불안이 작용한 탓이 컸다. 이 동안 몽골에서는 대규모 군사를 동원한 정복전쟁에 전념할 수 없었던 것이다.

대신 양국의 외교적 교섭은 재개되어 활발하게 사신 교환이 이루어졌다. 늘 그래왔던 것처럼 몽골에서는 친조와 출륙이라는 그들의 요구사항을 관철하기 위한 회유와 압박이었고, 고려에서는 그것을 회피하는 것이었다. 특히 최항이 최이의 권력을 세습한 이후에 고려 측의 사신 파견이 빈번해졌다. 최항이 권력을 잡으면서 몽골의 반응을 탐색하려는 시도였을 것이다.

이때 몽골에서는 친조보다는 출륙, 곧 개경으로 환도하라는 것이 더 중요한 요구사항이었다. 친조 문제는 앞서 영녕공 준을 국왕의 아들이라 속여 인질로 보내면서 몽골의 요구를 어느 정도 만족시킨 결과로 보인다. 그런데 출륙은 친조보다 더욱 난처한 문제가 아닐 수 없었다. 최항 정권이 여기에 대처하는 방법은 강화도의 바로 맞은편 대안인 승천부(경기 개풍군)에 새로이 궁궐을 짓는 것이었다. 이 궁궐은 1250년(고종 37) 정월에 완성되었는데, 출륙 준비를 가장하기 위한 임시 궁궐에 지나지 않았다.

그해 6월 몽골에서는 출륙 상황을 점검하기 위해 62명이나 되는 대규모 사절단이 왔다. 이들은 승천부에 머물러 있으면서 국왕이 직접 나와 맞으라고 요구했지만, 국왕은 거절하고 대신 신안공 전을 보내어 강도로 맞아들였다. 그런데 그해 12월 몽골에서는 또 사신단을 보내어 역시 승천부에 머물면서 국왕이 나와서 맞을 때까지 기다리겠다고 고집을 부렸다. 이때 국왕은 신료들을 거느리고 마지못해 제포궁梯浦宮까지 나가 맞았다.

제포궁은 제포관梯浦館이라고도 불렸는데, 승천부의 강화도 쪽 대안에 있었다. 승천부는 육지에서 강화도로 건너오는 관문이고, 제포관은 반대로 강화도에서 육지로 나가는 관문과 같은 곳이었다. 그 제포관을 언제 건축했는지는 잘 모르겠지만, 천도한 이후 몽골 사신을 맞기 위해 지은 것만은 분명하다.

국왕이 궁궐 밖으로 나아가 직접 몽골 사신을 맞이한 것은 몽골의 침략 이후 처음 있는 일이었다. 그 무렵 달이 여러 별을 범하는 이상스런 변화가 일어나, 하늘을 관측하는 사천대에서는 그런 천변을 이유로 국왕의 근신을 요구하면서 궁궐 밖 행차를 반대하고 나섰다. 그러나 최항은 사천대의 책임자와 해당 관리를 파면시켜 더 이상 입을 못 열게 만들어버렸다.

이것은 국왕이 궁궐 밖으로 나아가 몽골 사신을 맞이하는 문제를 놓고 조정에서 의견이 엇갈리고 있었음을 말해준다. 처음 있는 일이었으니 국왕 신변에 불측한 변이 일어날까 염려하여 긴장도 할 만했다. 그래서 대부분의 신료들은 조심스런 입장이었지만 최항의 강압으로 마지못해 이루어진 것이었다. 최항은 친조나 출륙을 회피하려면 이 정도의 요구는 수용해야 한다고 생각했던 모양이다. 이후부터 몽골에서 사신이 오면 국왕을 제포궁에 보내 맞이하는 것이 상례화된다.

이때 들어온 몽골의 사신단은 제포궁에서 환영연을 받고, 출륙이 어렵다는 고려의 입장을 의외로 순순히 이해하는 태도를 보인다. 다만 이 무렵 착공한 중성 쌓는 일에 대해서만 문제를 제기하자, 고려에서는 송나라 해적선에 대한 방비라고 대답하여 겨우 넘긴다. 이들 사신단은 보름 만에 별 문제 없이 돌아갔다. 몽골의 요구가 강경하지 않았던 것은, 황제가 없는 상태에서 고려에 대한 명확한 대책이 아직 서 있지 않은 탓이었다. 그러나 이것이 오래갈 수 없다는 것은 명백한 일이다.

몽골의 압박

1251년(고종 38) 10월, 이번에는 좀 특별한 몽골의 사신단이 온다. 이해 7월 몽골에서는 정종이 죽은 후 3년 만에 새로운 황제로 몽케蒙哥가 선출되었다. 4대 황제 헌종憲宗이다.

이번 사신단은 새로운 황제의 즉위를 고려에 알리면서 다시 국왕의 친조와 개경 환도를 강력하게 요구하기 위해 파견되었다. 황제의 친서까지 지닌 이들의 요구는 요구가 아니라 명령이었고, 황제의 조서에 대한 답서도 보내야 했다. 이전의 요구와는 사뭇 그 강도가 다를 수밖에 없었다. 관철되지 않을 경우 몽골의 재침략은 누구나 예견할 수 있는 일이었다.

국왕은 재상급 관리를 비롯하여 문무 4품 이상의 모든 관리들에게 그 대응방법을 논의하도록 했다. 여기서 세 가지 방법이 제시되었다.

하나, 국왕 대신 태자를 보낸다.
둘, 다시 요구할 때까지 기다렸다가 그때 태자를 보낸다.
셋, 국왕의 연로함을 들어 거절한다.

첫 번째 방법은 몽골의 요구와 고려의 현실을 감안한 적절한 중재안으로 보인다. 몽골 측에서는 국왕의 친조에서 한걸음 양보하고, 대신 고려는 태자의 친조를 즉시 실천한다는 것이다. 이 방법의 약점은 몽골에서 태자의 친조를 받고도 끝까지 국왕의 친조를 다시 요구해오면 문제라는 점이다.

그래서 나온 것이 두 번째 방안이다. 이것은 몽골의 요구를 최대한 회피하다가 마지막으로 국왕이 아닌 태자를 보낸다는 것이다. 이것의 약점은 친조를 실행하지 않았다는 구실로 몽골이 침략해올 경우 피할 수 없다는 점이다.

세번째 방법은, 태자를 국왕 대신 보내는 문제는 아예 거론하지 말고 국왕의 친조만을 회피하자는 것이다. 몽골의 요구는 국왕의 친조이지 태자의 친조가 아니라는 점을 상기한 것이다. 역시 두 번째와 같은 문제점을 지니고 있었고, 결국은 두 번째 방안으로 귀결될 수 있는 방안이었다.

세 가지 방안 모두 공통점은 국왕의 친조만은 결코 수용할 수 없다는 것이었다. 그리고 보다 중요한 사실은 모두 최항의 의도에서 크게 벗어나지 않았다는 점이다. 국왕의 친조만큼은 끝까지 거부해야 한다는 점에서 말이다. 따라서 어느 쪽으로 결정되어도 당장 큰 차이가 나는 것은 아니었지만, 고려에서 택한 것은 세 번째 방법이었다.

이듬해, 그러니까 1252년(고종 39) 정월, 추밀원부사(정3품) 이현李峴을 단장으로 하는 사신단을 몽골에 파견했다. 예전에 비해 고위급 사신이었다. 최항은 이현에게 황제가 출륙 문제를 묻거든 금년 6월이면 출륙할 것이라는 답변까지 지시했다. 아울러 국왕의 친조 문제는 국왕이 연로하여 실행하기 힘들다는 것도 일렀다. 이때 고종의 나이는 61세였다.

그리고 여기에 장일張鎰을 서장관으로 삼아 특수 임무를 맡겨 딸려보냈다. 이 무렵 몽골의 압박이 거세지자 최항은 몽골에 파견되는 사신도 믿을 수가 없었다. 그들이 몽골 조정에 들어가 무슨 말을 어떻게 할지 안심이 되지 않았던 것이다. 아울러 그동안 몽골에 파견된 사신들이 억류되어 돌아오지 못한 경우가 많았고, 때로는 그들 중에서 몽골에 붙는 자도 더러 생겨났다. 장일은 그러한 정보도 입수하기 위해 최항의 은밀한 지시를 받은 것이다.

사신을 파견한 그해 5월 최항은 임시 궁궐이 있는 승천부에 성곽과 부속 건물을 지었다. 역시 출륙 준비를 가장하기 위한 조치였다. 그리고 그해 7월 몽골에서는 출륙 실정을 살피려는 사신단이 다시 왔다. 이때 정월에 파견되었던 고려 측 사신단도 함께 왔고, 최항의 특명을 받은 장일도 여기에 끼여 있었다. 반면 최항의 지시대로 황제께 대답했던 이현은 그 사실 여부를 확인한 후 귀환시키겠다고 하여 억류되어 있었다.

　이번 사신단 역시 승천부에 머물면서 국왕이 직접 육지로 나와 맞으라고 요구했다. 국왕은 어찌할 바를 모르고 최항에게 그 대책을 물었다. 최항은 경솔하게 국왕이 직접 육지까지 나가는 것은 위험하다고 반대했다. 최항의 뜻을 거스른 자가 아무도 없었음은 물론이다.

　결국 예전처럼 신안공 전을 승천부로 보내 몽골 사신단을 제포관으로 맞아들였다. 국왕은 그제야 사신단을 접견하고 연회를 베풀었다. 그러나 몽골 사신단은 국왕이 직접 육지로 나오지 않았다고 하여, 연회가 끝나기도 전에 다시 승천부로 돌아가버렸다.

　몽골 사신단을 따라왔던 장일의 보고에 의하면, 고려 측 사신단이 몽골에 도착하기도 전에 요양에 주둔한 아무칸과 홍복원이 고려 정복을 요청하자 황제가 이미 허락했다고 했다. 그러니까 몽골의 침략은 벌써 시작되었다는 것이었다. 또한 이번 몽골 사신단은 요구가 관철되지 않으면 즉시 귀환할 것이고, 이들이 귀환하는 즉시 몽골 군대가 고려를 향해 출동한다는 것도 알려주었다.

　다시 전쟁은 피할 수 없게 되었다. 대부분의 사람들은 겉으로는 드러내지 못했지만 최항의 대응방식을 비난했다. 천박한 잔꾀를 부리다가 마침내 침략을 부르게 되었다고 말이다.

전쟁에 대한 대비

고려에서는 몽골의 새 황제가 즉위하기 전부터 이미 전쟁 준비를 해오고 있었다. 몽골에 완전 복속하기 전까지는 전쟁을 피할 수 없다는 사실을 누구나 알고 있었기 때문이다. 다만 그것이 대규모 군대를 동원하는 정면대응이 아니라는 점은 이전과 큰 차이가 없었다. 역시 소극적인 방어 태세에 지나지 않았던 것이다.

그중 가장 중요한 대비책은 앞서 언급한 중성의 축조였다. 이에 대해서는 더 이상 언급하지 않겠다. 다만 최항이 중성의 축조를 착공했다는 사실에서 몽골의 요구대로 출륙이나 친조를 순순히 들어주지 않겠다는 의지는 분명히 드러난 것이다.

1250년(고종 37) 3월에 북계의 여러 군현을 아예 통째로 남쪽으로 이주시키기도 했는데, 이 역시 몽골의 침략에 대한 대비책이었다. 주민만 옮기는 것이 아니라 군현의 행정체계까지 남쪽의 다른 군현에 이속시킨 것이다. 주로 침략의 길목에 있는 북계(평안남북도) 지역 군현이 대상이었는데, 이는 그 지역 주민들의 요구사항이기도 했다.

창주(평북 창성)와 함주(함북 함흥)가 맨 처음 옮겼다. 창주는 서해도(황해도)의 안악현에 이속시키고, 함주는 역시 서해도의 은율현으로 이속시켰다. 이후 북계 주민들은 대부분 서해도나 서경(평양)으로 옮겨왔다. 연안 도서로 들어간 주민들도 많았으니 이제 북계는 텅 빈 것이나 다름없었다.

전쟁에 대한 좀 더 긴급한 준비는 1252년(고종 39) 7월 몽골 사신이 불만을 갖고 귀환한 직후에 이루어졌다. 전국 각지의 모든 산성에 방호별감을 파견한 것이 그것이다. 방호별감은 앞서 설명한 바 있지만, 쉽게 말해 전시하에서 치안과 전투를 책임지는 지방의 계엄사령관과 같은 존재이다. 그래서 당연히 방호별감은 문관이 아닌 무관이 맡았고, 그 지역 지방관은 방호별감의 통제하에 놓이게 된다.

방호별감에 이어 각지에 선지사용별감도 다시 파견했다. 지방민들의 원성이 높아 최항이 정권을 잡은 직후 폐지했었는데 이때 다시 부활시킨 것이다. 이 선지사용별감은 몇 개 군현을 아울러서 지방관들을 지휘 감독하거나, 지방관이 없는 곳은 그것을 대신하는 특수 행정관쯤으로 보인다. 방호별감이 군사적 업무를 맡았다면 이들은 주로 행정 업무를 담당했을 것이다.

그리고 군대도 보충했다. 특별한 직분이 없는 농민층을 동원하여 중앙의 각 부대에 소속시켰다. 이것은 전쟁이 일어나도 최항 자신의 사병만은 온존시켜 보호하기 위한 것이기도 했다. 정권을 호위해야 할 사병들을 전쟁터에 보낼 수는 없었기 때문이다. 게다가 고려의 상비군은 유명무실한 상태였다. 상비군이 존재하지 않아서가 아니라 이미 최씨 집권자의 사병으로 전락한 탓이었다.

이러한 물리적인 준비보다 더욱 중요한 일은 사실 관료집단을 회유하는 것이었다. 몽골과의 외교교섭이 재개되고 그들의 친조나 출륙 요구가 높아지면서, 그것을 수용하자는 여론이 일어날 수 있었다. 몽골의 요구를 거부하면 전쟁은 불가피해질 텐데, 전쟁을 좋아할 사람은 없을 것이기 때문이다.

사실 이 무렵 대부분의 관료들은 몽골의 요구를 수용하여 전쟁을 끝내야 한다는 생각을 갖고 있었다. 다만 최항의 눈치를 보느라 그런 생각을 겉으로 드러내지 않았을 뿐이다. 최항도 관료들의 그런 속마음을 모를 리 없었다. 몽골의 요구를 수용하여 전쟁을 끝내야 한다는 생각은 결국 몽골에 대한 복속을 의미하는 것이다. 이는 최항에게 매우 위험스런 일이 아닐 수 없었다. 자칫 잘못하면 정권의 붕괴로 이어질 수 있었기 때문이다.

그래서 그런 관료들을 달래는 일도 대단히 중요했다. 그 방법으로 동원된 것이 연회와 잔치였다. 이런 연회는 친조와 출륙을 요구하는 몽골의 외교적 압박이 커지면서 더욱 빈번해졌다. 국왕이나 왕실의 종친을 위한 것도 있었고, 문무관리 4품 이상을 대상으로 한 것도 있었다. 장소도 대궐 내에서 하는 경우도 있었고, 최항의 사저에서 하는 경우도 있었다. 하지만 한 가지 공통점은 모두 최항이 주최했다는 것이다.

이는 아비 최이가 잔치와 연회를 자주 베풀었던 배경과 하나도 다를 게 없다. 전쟁의 위협이 높아질수록, 그리고 전쟁을 오래 끌수록 관료집단에 대한 회유의 필요성은 더욱 커졌다.

관료들에 대한 회유는 이것뿐이 아니었다. 1253년(고종 40) 6월, 이때는 몽골 군대가 이미 움직이기 시작했다는 보고가 들어오기 두 달 전이고 압록강을 넘기 한 달 전인데, 중요한 조치가 내려졌다. 문무양반에서 남반(궁중 관리), 잡류(관청의 말단 서리)에 이르기까지 관직을 지닌 모든 사람에게 현직보다 한 등급 위의 동정직(실직이 아닌 허직)을 추가한 것이다.

비록 동정직으로 실직은 아니었지만 토지 급여나 녹봉에서 우대를 받는 한 등급 승진을 의미했다. 이러한 무차별적인 시혜를 국가의 모든 관리들에게 마음껏 베푼 것이다. 역시 전쟁을 앞두고 관료집단에 대한 회유책으로 볼 수밖에 없는 조치였다. 하지만 언제까지 이런 방법으로 전쟁 종식을 바라는 관료집단의 여론을 달랠 수 있을런지는 의문이다.

배반의 사신

전쟁의 위험이 고조되는 가운데 앞서 몽골에 인질로 갔던 영녕공 준이 최항에게 특별한 편지를 보내왔다. 몽골에 들어간 지 10여 년 만의 소식이었다. 그런데 그 편지 내용이 최항에게 여간 불쾌한 것이 아니었다. 그 전문을 요약해보면 이렇다.

> 지난해 가을 국왕이 직접 나와서 사신을 맞이하지 않았다고 황제께서 노하여 군대를 출동시켰는데 나는 이를 저지하고자 많은 노력을 했소. 황제께서는 나를 환국시켜 출륙할 수 있도록 주선하라고도 했소. 지금이라도 만일 국왕이 육지로 나와서 몽골의 군대를 맞는다면 곧 군사를 철수시키겠다고 합니다. 만일 국왕이 직접 나오지 못하겠거든 태자나 안경공 창(태자의 동생)을 내보내도 군사를 되돌리겠다고 합니다. 이것만 하게 되면 사직이 연장되고 만민이 안도할 것이며 공(최항)도 또한 부귀영화를 오래도록 누릴 것이오. 그것이 가장 좋은 상책입니다. 그렇게 하고서도 몽골의 군대가 철수하지 않으면 우리 가문을 멸족시켜도 좋소(《고려사절요》 17, 고종 40년 7월).

이 편지에서 가장 중요한 사실은 영녕공 준이 몽골의 입장에 섰다는 점이다. 그는 몽골 황제의 부탁을 받고 고려를 항복시키려고 설득을 한 것이다. 영녕공 준은 처음에 인질로 들어갔지만, 이 무렵 몽골 황실의 여자와 혼인까지 하여 몽골 내에서도 정치적 위상이 대단했고, 고려에서도 무시 못 할 정도가 되어 있었다.

어쩌면 영녕공 준은 진정으로 고려를 생각하여 그렇게 설득한 것인지도 모른다. 긴 전란 동안 도탄에 빠져 있는 백성들을 그도 외면할 수 없었기 때문이다. 최항만이 그것을 배반으로 여겼을 뿐이다. 영녕공 준의 제안을 받아들인다는 것은 몽골에 복속되는 것이고, 이는 정권의 붕괴를 의미했기 때문이다.

또 하나, 몽골에서 국왕 대신 태자나 그 동생인 안경공 창을 내보내도 군대를 철수시키겠다고 한 점도 중요한 대목이다. 몽골이 한발 물러선 것으로 볼 수 있기 때문이다.

그런데 영녕공 준의 편지를 받은 직후에, 앞서 사신으로 갔던 이현이라는 사람이 몽골의 군대를 따라와서는 인편으로 최항에게 또 편지를 보내왔다. 그것도 요약해서 제시해보겠다.

> 내가 두 해 동안 몽골에 머물면서 이 사람들이 행동하는 것을 보니 듣던 것과 같이 사람 죽이기를 좋아하지 않는다는 것을 알았습니다. 몽골 황제의 요구가 그렇게 어려운 것이 아닌데 어째서 실천하지 않고 있습니까. 국가의 기업을 연장하고 싶거든 한두 사람을 보내어 항복하게 하고, 태자나 안경공을 내보내 몽골의 군대를 맞이하도록 하십시오. 그리고 사정을 자세히 말하고 빌면 군대를 돌릴 것이니 공(최항)께서는 잘 도모하십시오(《고려사절요》 17, 고종 40년 7월).

이 편지는 앞의 영녕공 준의 글보다 한 술 더 뜬 것이다. 침략하는 몽골의 군대를 따라온 것부터가 거의 배반이나 다름없는 짓이었다. 길잡이 역할도 더불어 하지 않을 수 없었을 테니까 말이다. 그런 그의 말을 신뢰할 최항이 아니었다.

이 두 편지는 모두 공개되어 공식적으로 논의되었다. 대부분의 의견은 몽골의 요구대로 최소한 태자나 안경공을 내보내 몽골의 군대를 맞이하자는 것이었다. 이에 최항은 다음과 같은 말로 묵살했다.

"매년 조공하는 것을 멈추지 않았고 이전에 사신으로 갔던 자들이 3백 명이나 억류되어 돌아오지 못하고 있는 형편이다. 만약 태자나 안경공을 잡아서 도성 밖에 이르러 항복을 요구하면 어찌할 것인가.”

이 말에 모든 사람들은 최항의 의견이 옳다고 하여 더 이상 입을 열지 못했다. 하지만 갈수록 여론이 최항에게 불리하게 돌아간다는 것은 최항 스스로도 느낄 수 있었다. 게다가 사신으로 파견된 자가 몽골의 앞잡이가 되어 돌아온 점은 최항에게 뜻밖의 위기가 아닐 수 없었다.

몽골의 5차 침략

침략 후의 최후통첩

1253년(고종 40) 4월 북계병마사가 오랑캐 군사 30여 명이 침입했다는 보고를 해왔다. 이어서 7월 8일 몽골 군대가 압록강을 건넜다는 북계병마사의 보고가 다시 들어왔다. 앞의 보고는 몽골의 선발대가 들어온 것을 말하고, 뒤의 보고는 그 본대의 움직임을 말하는 것이었다. 몽골의 5차 침략이 시작된 것이다.

이번 침략의 사령관은 야굴也窟이라는 자였다. 그는 4차 침략의 사령관이었던 아무칸과 고려에서 난을 일으키고 도망쳤던 홍복원을 역시 대동하고 있었다. 야굴이 4차 침략의 사령관이었던 아무칸을 대동했다는 것은, 이번 몽골의 침략이 4차 때보다 규모도 크고 보다 고위급 사령관이 담당했음을 말해준다. 침략의 강도가 더 거셀 것이라는 예상도 쉽게 할 수 있다.

그것이 아니라도 이번 몽골의 침략은 그 개시 전부터 지금까지의 어느 침략 때보다도 고려를 한층 더 긴장시키고 있었다. 몽골 군대가 움직이기 시작했다는 정보는 그들이 압록강을 건너기 3개월 전에 이미 접수되었다. 몽골에 포로로 잡혀갔다가 도망쳐온 한 주민이 그 정보를 알려주었는데, 그에 의하면 몽골은 북계와 동계 두 방향으로 쳐들어올 것이라고 했다. 황제의 동생인 송주宋柱란 자가 1만의 병력을 거느리고 동진국을 거쳐 동계 지방으로 쳐들어오고, 아무칸과 홍복원은 야굴의 지휘 아래 북계 지방으로 쳐들어온다는 것이었다.

북계병마사의 보고를 접한 후 최항 정권이 제일 먼저 한 일은, 전국에 계엄령을 내리고 5도 안찰사와 3도 순문사에게 명하여 각 지방민을 독촉해 산성이나 섬으로 들어가게 하는 것이었다. 앞서 언급했던 산성입보와 해도입보라는 늘 해오던 전술이었다.

몽골 군대의 압록강 도강 보고를 받은 지 일주일 후에 몽골 군대는 벌써 대동강에 이르렀고, 곧 대동강 상류를 건너 화주(함남 영흥)로 향했다. 그리고 그해 8월 초에는 몽골 군대와 개경 바로 북방의 금교 홍안(경기 금천) 사이에서 최초로 접전이 이루어지기도 했다. 이들은 모두 몽골의 선발대로 보인다. 도망민의 보고처럼 몽골의 군대는 북계와 동계 두 갈래로 남진하고 있었다. 압록강을 넘은 지 한 달 만에 몽골의 군대는 개경 북방까지 접근했던 것이다. 이 무렵 갑곶강(강화 해협)에서는 수전을 연습하기도 했다. 수전에 약한 몽골의 군대라지만 강도라고 안전할 수 없다는 것을 예상하고 있었던 모양이다. 강도의 최항 정권은 이전의 어느 침략 때보다 긴장하고 있음이 분명했다.

몽골의 사령관 야굴은 토산(평남 상원)에서 잠시 남진을 멈추고 황제의 조서를 강도에 전해왔다. 조서의 내용은 이런 것이었다.

짐은 해가 뜨는 곳에서 해가 지는 곳에 이르기까지 모든 백성들을 안락하게 하고자 한다. 너희들이 짐의 명령을 거역하므로 황숙皇叔 야굴에게 명하여 군사를 거느리고 가서 치게 하였다. 조서의 명을 받들면 군대를 철수하겠지만 만약 거역하면 용서하지 않을 것이다 (《고려사》 24, 고종 40년 8월 무오).

이 조서를 통해서 야굴이 황제의 숙부가 된다는 사실도 알 수 있다. 여기서 이번 침략이 황제의 각별한 관심 속에 이루어졌으며, 침략이 간단히 끝나지 않으리라는 것도 예상할 수 있다. 이것은 최후통첩이기도 했다. 이미 침략을 개시하여 개경 북방까지 쳐들어와서 최후통첩을 보낸 것이었다. 이제는 무력한 외교적 압박보다는 군사적 압박이 더 효과적이라는 것을 그들은 알아챘던 것이다.

몽골의 여섯 가지 요구

이번 최후통첩에는 처음으로 몽골의 여섯 가지 요구사항이 열거되어 있었다. 이름하여 6사六事라는 것이다. 6사는 이후에도 계속 고려에 대한 몽골의 요구에서 핵심을 이루는 것으로, 그 내용은 다음과 같다.

　① 인질을 보내라.
　② 국왕이 입조하라.
　③ 호구를 조사하여 보고하라.
　④ 역참을 설치하라.
　⑤ 군대와 군량을 지원하라.

⑥ 다루가치를 설치하라.

이 여섯 가지 사항은 고려뿐 아니라 몽골이 정복한 지역에서는, 약간의 차이는 있었지만 대동소이하게 나타나고 있다. 이를 통해 몽골은 그들이 정복한 지역을 어떻게 통제하고 지배해갔는가를 알 수 있는 중요한 사항이다.

①항은 이미 종실인 영녕공 준을 보낸 바 있어 실행했다고 볼 수 있지만, 나머지는 모두 아직 실행에 옮겨지지 않고 있었다.

②항 국왕의 친조 문제는 앞서 언급했던 대로 최씨 정권의 안위와 관련되어 있어 실행하기 곤란한 것이었다. 최씨 정권이 무너지지 않는 한 어쩌면 끝까지 관철될 수 없는 것인지도 모른다.

③항 호구조사는 유목민족 특유의 인구 중심 조세제도와 관계가 있다. 이 호구조사는 이전에 보고한 적이 있었지만 매우 부실한 것이라고 하여 오히려 견책만 받아 실행에 옮겨졌다고 볼 수 없다. 몽골에서 호구조사를 요구한 것은 공물 징수의 근거를 마련하려는 것으로 보인다.

④항 역참驛站 설치는 몽골의 독특한 지배방식을 엿볼 수 있게 하는 요구이다. 이는 고려뿐만 아니라 유라시아에 걸친 광대한 정복 지역을 원활하게 통제하기 위한 교통과 통신의 수단이었다. 이런 역참제도는 활발한 동서 교통의 발달을 가져왔는데, 마르코 폴로의 저술에서도 잘 나타나 있다.

⑤항 군대와 군량미의 지원은 피정복 지역을 다시 정복전쟁에 동원하기 위한 몽골의 상투적인 정복전략이었다. 거란의 침입 때 고려에서 군대와 군량을 지원한 바 있지만, 그것은 몽골과 관계를 맺기 전의 일이었으니 이번의 6사와는 무관한 일시적인 일이었다.

⑥항 다루가치達魯花赤는 몽골에서 파견된 행정감독관을 말하는데, 몽골의 1차 침략 후 강화를 맺으면서 고려 북방에 일시적으로 주둔한 적이 있었다. 그러나 고려의 저항과 계속된 전쟁으로 그 이후 사라지고 아직 주재하지 않고 있었다.

이상 여섯 가지 사항을 고려가 빈틈없이 실행하게 되면, 그것은 바로 완벽한 복속을 의미한다. 몽골은 개경 북방에까지 군대를 진군시켜 놓고 이렇게 6사를 들어 고려의 완전한 항복을 요구해왔다. 지금까지의 몽골 침략 중에서 가장 큰 위기였다.

긴박한 사신 왕래

야굴의 통첩을 받은 바로 다음날, 고려에서는 낭장(정6품) 최동식崔東植에게 답신을 주어 야굴의 주둔지인 토산(평남 상원)에 파견했다. 절박한 만큼 신속한 반응이었다. 하지만 그 답신은 특별할 내용이 없는 구태의연한 것이었다. 즉, 고려는 변함없이 상국의 신하로 복종을 다해왔으니 정성을 받아들이고 불쌍히 여겨달라는 막연한 호소에 지나지 않았다. 야굴은 즉석에서 답신을 들고 온 최동식에게 이렇게 지시했다.

"우리 황제께서는 국왕이 연로하고 병들었다는 이유로 친조를 회피하는 것으로 생각하는데, 그것이 참인지 거짓인지를 내가 직접 시험하려고 하니, 6일 이내로 국왕을 이곳으로 모셔오라."

앞서 1252년(고종 39) 8월 이현에게 보냈던 고려 측 답서를 의심하여 문제 삼은 것이다. 그 답서에서 국왕의 연로함을 들어 친조를 회피한 바 있었다.

"양국의 군사가 이렇게 교전 중에 있는데 우리 국왕께서 어떻게 올

수 있겠소."

"그럼 그대는 이곳에 어떻게 왔는가."

최동식과 야굴의 주고받는 대화가 재미있다. 고려 측의 일관된 회피 태도와 몽골 측의 결연한 태도를 그대로 읽을 수 있다. 최동식은 별수 없이 그대로 야굴의 뜻을 지니고 다시 강도로 돌아왔다.

그 10여 일 후, 그러니까 1253년(고종 40) 8월 하순경, 최동식으로부터 야굴의 굳은 결심을 전해들은 강도에서는 비상 재추(재상)회의가 긴급히 소집되었다. 국왕이 출륙하여 야굴의 군영에 들어간다는 것은 도저히 실행할 수 없었다. 최항의 의지도 그랬지만 국왕 스스로도 겁을 먹고 있었다. 재상들은 그 대안으로 태자나 그 동생인 안경공 창을 내보내는 문제를 논의했는데, 이 역시 조심스런 문제가 아닐 수 없었다. 다시 회피하는 쪽으로 결론이 났다.

그해 9월 초, 대장군(종3품) 고열高悅을 다시 야굴의 군영으로 파견했다. 앞서 파견되었다가 돌아온 최동식도 야굴의 요구에 따라 함께 가야했다. 고열이 가지고 간 답서의 내용은 이런 것이었다.

소방에서는 황제의 뜻을 어기지 못하여 승천부 백마산 아래에 성곽과 궁궐을 짓고 출륙하려 했으나 몽골의 군대가 두려워 나오지 못하고 있소. 대군이 국경을 넘어오니 나라 사람들이 두려워 어찌할 바를 모르오. 군대를 돌이켜 안도하게 하면 명년에는 국왕이 몸소 신하를 거느리고 나가서 황제의 명을 받을 것이오. 그리고 국왕의 노약함은 한두 명의 사신만 보내어 살펴도 충분히 알 것입니다(《고려사》 24, 고종 40년 9월 무인).

고려 측 답변의 핵심은, 항상 그렇듯이 몽골 군대가 먼저 철수해야 요구를 수용할 수 있다는 것이었다. 반면 몽골 측에서는 자신들의 요구를 실행하면 군대를 바로 철수하겠다고 했다. 논리적으로 양측 주장 모두 팽팽히 맞서 있지만, 지금까지 반복된 과정에서는 고려 측의 주장이 먼저 수용된 셈이었다. 이후로도 이것이 관철될 지는 두고 볼 일이다.

이때 야굴과 아무칸 등 몽골의 여러 장수들에게는 금은 그릇과 비단, 수달가죽 등 선물도 주어졌다. 회유를 위해 뇌물도 필요했을 것이다. 그러나 사신으로 갔던 고열과 최동식은 몽골 군영에 억류되고 말았다. 야굴의 주장이 관철되지 않은 탓이었다.

그리고 야굴은 고열을 따라왔던 다른 고려인을 시켜, 모든 성이 항복한다는 글을 받아오라고 다시 강도에 보냈다. 긴박한 사신 왕래 속에서도 각 지방에서는 소규모 유격전으로 몽골 군대에 적지 않은 피해를 주고 있었기 때문이다.

이 무렵, 1253년(고종 40) 8월 중순경에는 몽골 군대 3천 명이 고주와 화주(함경남도 영흥) 일대에 주둔했고, 그 선발대 3백 명은 벌써 광주(경기)에까지 내려와 있었다. 야굴은 고려 국왕의 출륙과 항복을 요구하면서 남진을 멈추지 않고 있었던 것이다.

8월 말에는 역시 선발대로 보이는 몽병 3백 명이 전주(전북)의 반석역에서 이주李柱가 지휘하는 별초군에게 패배하기도 했다. 그리고 9월 초에는 충주에서 그 지역 향리였던 최수崔守가 협곡에 매복하고 있다가 몽병을 격파하여, 포로로 잡혀 있던 남녀 2백 명을 되찾기로 했다.

이런 유격전에 의한 승리는 결코 작은 것이 아니었다. 선발대로 내려오는 몽병을 막아내는 데 매우 효과적인 수단이었다. 야굴이 모든 성의 항복을 받아오라고 했던 것은 그런 피해를 미리 막기 위해서였다고 보인다.

그런데 이러한 유격전에 의한 승리는 예전과 다름없이 그 지역 지방민에 의한 자발적인 항전의 결과라는 점이 중요하다. 반면에 중앙에서 파견된 지휘관들은 패전을 거듭하고 항복하는 경우도 많았다. 다음의 방호별감이 그랬다.

방호별감의 패전과 항복

몽골의 5차 침략에서는 전국에 방호별감이 파견되어 지방민들을 산성에 몰아넣고 몽골 군대에 저항했다. 그런데 그 방호별감들은 지방민에게 횡포를 부리거나 전투 준비에 태만하여 작전에 실패하는 경우가 있었고, 아예 자진해서 항복한 경우도 많았다. 성안에 입보하여 저항했던 군민들이 성이 함락되면서 몽골 군대에 몰살당하는 비참한 일도 있었다.

1253년(고종 40) 8월 초, 몽골 군대가 서해도의 양산성(황해도 안악)을 함락했을 때의 일이다. 양산성은 사면이 절벽으로 둘러싸여 있었고, 겨우 한 가닥 길이 성안으로 통할 수 있었다. 천연의 요새로 어떤 공격에도 끄떡없을 것 같았다.

당시 양산성의 방호별감으로 온 권세후權世候라는 자는 그런 자연 지세를 믿고 자만하여 술이나 마시면서 방비에 태만했다. 그런 무방비한 상태에서 들이닥친 몽골 군대가 대포를 쏘아 성문을 부수고 불화살을 비 오듯이 쏟아부었다. 성안의 초막이나 건물이 모두 불에 타고 아수라장이 되어 대응할 수도 없었다. 이 틈에 몽골 군사들이 성 밖에 사다리를 놓고 기어올라와 함락해버린 것이다.

권세후는 성이 함락되자 목매어 자결했고, 성안에서 죽은 자가 무려 4,700여 명이나 되었다. 살아남은 자들 중 10세 이상의 남자는 모두 처참하게 도륙당하고, 부녀자와 어린아이는 몽골 군사들에게 분배되었다.

권세후가 작전에 태만하여 성안의 백성을 몰살당하게 만들었다면, 다음의 백돈명白敦明은 성안의 백성들에게 횡포를 자행하다가 민심을 잃고 실패한 경우다. 같은 해 8월 말에 있었던 일이다.

백돈명은 몽골의 5차 침략이 개시되자 동주(강원 철원)산성의 방호별감이 되어 부임했다. 그는 인근 군현의 백성들을 산성에 몰아넣고 출입을 철저히 금했다. 그때는 들판의 벼가 무르익어 추수가 한창 시작될 무렵이었지만 성안에 갇힌 백성들은 움직일 수가 없었다. 그 지역 계엄 사령관인 방호별감의 명을 어길 수 없었던 것이다. 이에 고을 아전 하나가 백돈명에게, 적병이 오기 전에 교대로 성 밖으로 나가 추수하게 해달라고 조심스럽게 요청했다. 하지만 백돈명은 그 자리에서 그 아전을 즉결처분해버리고 말았다. 백성들의 원성이 쌓였음은 설명할 필요가 없을 것이다.

몽골 군대가 들이닥치자 백돈명은 정예병 6백 명을 선발하여 맞아 싸우도록 했지만 군사들은 모두 달아나버렸다. 금화의 감무(임시 수령) 하나는 성이 함락될 줄 미리 알고 고을 아전들을 거느리고 벌써 도망쳐버렸다. 백돈명은 성안의 군대를 지휘 통솔할 수도 없게 된 것이다. 이후 몽골 군대는 성문을 부수고 쉽게 성을 함락하고 만다. 백돈명 이하 그 지역 관리들은 제대로 싸워보지도 못하고 몽골 군대에 죽임을 당하고, 살아남은 부녀자와 아이들은 모두 몽골 군대의 포로가 되고 말았다.

그런가 하면 아예 싸우지도 않고 항복한 방호별감도 있었다. 같은 해 10월 초의 일인데, 양근성(경기 양평)의 방호별감으로 있던 윤춘尹椿이 그런 인물이었다. 심지어 윤춘은 몽골 군대를 돕는 일까지도 서슴지 않았다. 몽골 지휘관이 윤춘에게 몽골 군사 6백 명을 주고 성에 머무르게 하면서 벼를 베어 군량을 준비케 했던 것이다. 여기서 그치지 않고 윤춘은 원주(강원도)의 방호별감으로 있던 정지린鄭至麟에게 서신을 보내 항복하라고 권유하기도 한다. 완전히 몽골의 앞잡이가 되어버린 것이다. 다행히 원주의 방호별감 정지린은 항복하지 않고 원주성을 끝까지 지켜낸다.

항복한 방호별감은 윤춘 말고도 또 있다. 몽골 군대가 천룡산성(충북 중원군)을 공격하자, 성안에 들어와 있던 황려(경기 여주)현령 정신단鄭臣旦과 방호별감 조방언趙邦彦이라는 자도 싸워보지도 않고 함께 항복해버린 것이다.

방호별감으로 있던 윤춘이나 조방언이 항복한 데에는, 몽골에 사신으로 파견되었다가 오히려 몽골에 붙어 그 군대의 길잡이 노릇을 했던 이현이라는 자의 역할이 컸다. 이현은 야굴의 군대를 따라다니며 이르는 성마다 항복하지 않으면 모두 도륙당한다며 항복을 권유하고 있었다. 싸울 의지가 부족하고 수성에 자신이 없는 방호별감들은 귀가 솔깃해 여기에 넘어갈 수밖에 없었던 것이다.

지방민의 자발적인 항전은 소규모이지만 승리를 거둔 데 반해, 중앙에서 파견된 방호별감들이 항복을 많이 했다는 사실을 대하면 흥미롭다. 지방민의 승전에는 익숙한 자연지리를 이용한 유격전이라든지, 자발적이고 높은 항전의식 등 여러 가지 이유가 있었을 것이다. 그리고 방호별감이 항복한 데에는 이현의 항복 권유가 중요한 계기로 작용했을 것이다. 하지만 가장 큰 원인은 중앙의 최씨 정권이 갖고 있던 대몽항쟁 자세의 이중성과 관계가 깊다.

강도로 천도한 이후부터 대몽항쟁의 기조는 전면전을 통한 적극적인 정면승부가 전혀 아니었다. 몽골 군대를 물리치기 위한 중심전략은 군대만 철수시키면 그들의 요구사항을 수용하겠다는 외교협상에 두고 있었다. 하지만 막상 몽골의 군대가 물러나면 유야무야되기 일쑤였다.

따라서 몽골 군대가 쳐들어왔을 때는 적극적인 공격이 아닌 소극적인 방어가 우선이었다. 해도입보나 산성입보는 그런 전략과 전술 속에서 나온 것이다. 그래서 중앙에서 명령을 받고 부임한 방호별감은 적극적인 공격을 하지 않았고, 때로는 부득이하게 항복도 능사로 할 수밖에 없었던 것이다.

그래서 좀 다른 측면에서 보면 항복한 방호별감들을 비난만 할 일이 아닌지도 모른다. 항복한 덕분에 성안 백성들의 생명은 안전하게 보전했으니 말이다. 최씨 정권은 전쟁과 무관하게 강도에 편하게 안주하고 있는데, 대몽항쟁에 동원된 지방의 백성들만 전장에 내몰아 죽게 한다는 것도 마음이 편치 않은 것이다.

정권 안보를 위한 대몽항쟁은 그 출발부터 거국적이고 전 민족적인 결사항쟁으로 일치단결할 수 없었다. 이 대열에서 가장 먼저 이탈한 자들은 정권에 몸담았던 자들로서, 앞서 사신으로 파견되었다가 몽골의 앞잡이가 된 이현이라든지, 몽골 군대에 항복한 방호별감들이었다. 이들의 행동을 칭찬할 수는 결코 없겠지만 간단히 단죄하는 것도 쉽지 않은 일이다. 강도의 최씨 정권이 정권 안보에만 골몰했기 때문이다.

몽골 군대에 끝까지 저항하다가 성 전체가 한 사람도 남김없이 도륙당한 다음의 춘주성을 보면 더욱 그렇다.

도륙당한 춘주성

몽골의 5차 침략에서 가장 처절한 전투가 춘주(강원 춘천)에서 벌어졌다. 춘주성을 공격한 것은 야굴이 지휘하는 몽골의 주력부대였다. 몽골 군대를 따라왔던 이현이 여기 춘주성에 대해서도 항복을 권유했지만 거부당했다.

몽골 군대는 춘주성을 여러 겹으로 포위하고서 여기에 목책을 두 겹으로 둘러쳤다. 그리고 그 바깥쪽에는 참호까지 파서 이중삼중의 포위망을 설치했다. 성안의 모든 사람들을 도륙하기 위한 사전의 물샐틈없는 철저한 계획이었다. 춘주성을 표적으로 삼아, 저항하는 경우 예외 없이 모두 도륙하겠다는 본때를 보이기 위한 것이었다. 이런 공성 작업에는 몽골의 전쟁방식에서 항상 그랬듯이 포로로 잡은 고려인들을 동원했다.

성안에는 전란을 피해 들어온 춘주민들과 안찰사 박천기朴天器, 그리고 그 휘하의 속료들과 약간의 군사가 있을 뿐이었다. 보름 이상 몽골의 군대가 포위를 풀지 않고 공격하면서 성안의 우물이 마르고 마실 물마저 고갈되어갔다. 소나 말을 잡아 그 피를 마시면서 버티었지만 시간이 흐를수록 너무나 힘겨운 방어였다.

성안에 들어와 있던 춘주의 유생 조효립曺孝立은 성을 끝까지 지켜내기가 어렵다는 것을 알고, 아내와 함께 불속에 뛰어들어 자결하고 말았다. 군민을 지휘하고 있던 안찰사 박천기는 최후의 일전을 위하여 성안의 곡식과 재물을 모두 불태우고 결사대를 조직했다. 결사대를 이끌고 성 밖으로 나온 박천기는 목책을 부수고 포위망을 일단 뚫었으나 바깥의 참호를 만나 더 이상 나아갈 수가 없었다. 진퇴양난의 어려움 속에서 결국 한 사람도 빠져나오지 못하고 성안의 사람들은 모두 비참하게 도륙당하고 말았다. 1253년(고종 40) 9월 20일의 일이다.

춘주성에서 도륙당한 사람이 정확히 얼마인지는 기록에 없다. 그런데 춘주성이 함락된 후, 박항朴恒이라는 인물이 이곳을 찾았다는 기록이 있어 참고할 수 있다. 춘주가 고향인 박항은 그곳 향리 출신이었다. 그는 춘주성 전투 당시 26세의 나이로 강도에 살고 있었다. 아마 과거에 급제한 직후였거나 과거 준비를 위해 강도에 거주했을 것이다.

박항은 고향에 있던 부모의 생사를 알 길이 없어, 전투가 끝난 후 춘주성을 찾아간 것이다. 그가 춘주성에 이르렀을 때 성 아래에는 죽은 시체가 산처럼 쌓여 있었다고 한다. 얼굴을 알아볼 수가 없어 박항은 부모와 비슷한 모습의 사람을 찾아 모두 묻어주었는데, 그 수가 3백여 명이나 되었다는 기록이 사서에 전한다. 춘주성에서 처참하게 도륙당한 사람들이 어느 정도였는지 이런 기록을 통해 짐작해볼 뿐이다.

박항은 후에 자신의 어머니가 포로가 되어 연경(북경)에 거주한다는 풍문을 듣고 두 번이나 갔으나 끝내 찾지 못했다. 그는 충렬왕 때 와서 정부의 요직을 맡고 대몽교섭에서도 중요한 역할을 맡는 인물이 된다.

춘주성은 현재 춘천 시내에 소재한 봉의산성(봉산성)이다. 지금도 봉의산 정상에는 산성의 석축이 남아 있다고 한다. 깊은 산중의 산성이 아니라서 당시 춘주민들이 전란을 피해 들어오기는 쉬웠을 것이지만, 식량보다 우물이 먼저 고갈되었다는 것으로 보아 장기간 수성하는 데 최적의 산성은 아니었던 모양이다.

춘주성의 처절한 항쟁에서 목숨을 내걸고 결사항전하다가 죽은 사람들을 생각하면 안타깝고 처연한 생각을 금할 수 없다. 강도에 안주하고 있는 최항 정권을 생각하면 더욱 그렇다. 앞서 몽골 군대에 항복한 방호별감들을 쉽게 단죄하지 못하는 것처럼, 이민족의 침략에 맞서 결사항전하다가 처절하게 죽은 사람들을 탓할 수는 도저히 없겠지만, 찬미하는 것도 얼른 내키지 않는 일이다.

목숨을 바쳐 싸운다면 이민족의 침략에 맞선 저항정신이야 높이 빛나겠지만, 처참한 도륙을 피할 길이 없고, 더구나 그것은 강도에 안주하고 있는 최항 정권만을 더욱 보호해주는 꼴이었다. 그렇다고 싸우지 않고 항복을 하면 애잔한 백성들의 목숨들이야 보호되겠지만, 이민족의 침략에 대응하는 기본자세가 아니다.

결사항전에 따른 처참한 희생과, 항복의 결과로 얻은 목숨 보존, 양자 중 어느 한 쪽만을 찬미하거나 폄하하기가 괴로운 것이다. 대몽항쟁을 평가하는 데 이렇게 혼란을 일으키는 것은, 결국 그것이 정권 안보만을 위한 항쟁이었던 탓이 크다.

충주성의 빛나는 승리

몽골의 5차 침략에서 최대 격전지는 충주성의 전투였다. 충주에서 처음으로 몽골 군대와 접전한 것은 1253년(고종 40) 9월 초였다. 앞서 언급했지만 충주의 향리였던 최수라는 인물이 금당협곡에서 매복하고 있다가 몽병을 격파했던 일이 그것이다. 그런데 이때 몽골 군대는 주력부대가 아니라 선발대였고 그 규모도 작았다.

야굴이 이끄는 몽골의 주력부대가 충주에 밀어닥친 것은 그해 10월 중순에 접어든 무렵이었다. 이들 본대는 앞서 언급했던 동주성(철원)·

춘주성(춘천)·양근성(양평)·천룡성(충북 중원) 등의 지역을 이미 함락하고 이제 충주로 내려온 것이다. 이들은 충주에 이르기 전에 벌써 충주의 북방 지역을 모두 장악하고 있었다.

야굴의 본대에는 아무칸과 홍복원 등이 부장으로 대동하고 있었고, 함락한 성에서 포로로 잡아둔 수많은 고려인도 공성에 이용하기 위해 동원되어 있었다. 고려를 배반한 이현도 물론 따르고 있었다. 몽골 군대는 당연히 이 충주성에 대해서도 이현을 시켜 항복을 권유했지만 거부당했다.

몽골의 공격으로부터 충주성을 지켜낸다는 것은 처음부터 매우 불리한 상황이었다. 그런데 충주성 안에서 군민들을 지휘하고 있던 사람은, 다름 아닌 몽골의 2차 침략 때(1232) 처인성(경기 용인) 전투를 승리로 이끈 명장 김윤후였다. 김윤후는 이때 낭장(정6품) 계급으로 충주성의 방호별감을 맡고 있었다.

몽골 군대는 충주성 주변의 모든 지역을 미리 장악한 후, 그해 10월 하순경부터 충주성을 포위하고 공격을 개시했다. 충주성보다 훨씬 남방에 있는 경산부(경북 성주)에서도 충주성을 포위하고 있던 몽골 군대에까지 와서 투항하는 고려인이 있을 정도였다. 그러니 인근 지역에서는 충주성 함락을 시간문제로 여겼을 테고, 이후 전개될 몽골 군대의 남진에 대한 공포가 상상외로 넓은 지역에 퍼져 있었던 것이다.

하지만 충주성은 만만치 않았다. 몽골 군대는 화살과 돌멩이를 수없이 쏟아부었고, 화공법을 비롯한 온갖 공성법을 모두 동원했지만 끝내 함락시키는 데 실패한다. 몽골 군대의 실패에는 사령관 야굴이 공격 도중 갑자기 병이 나 북으로 귀환하고 아무칸과 홍복원이 남아 공격을 대신한 탓도 없지 않았다.

하지만 여기에는 무엇보다도 김윤후라는 탁월한 지휘관의 힘이 컸다. 막바지에는 식량마저 떨어졌지만 김윤후는 군사들을 일치단결시켜 항전에 나서게 했는데, 여기에는 그만의 독특한 요령이 있었다. 그는 군사들에게 사력을 다해 싸운다면 귀천을 가리지 않고 관직을 내리겠다고 약속했다. 그런 약속을 증명하기 위해 관노비들의 노비문서를 가져다가 사람들이 보는 앞에서 모두 불태워버렸고, 전투 중 노획한 재물은 모두 즉석에서 공평하게 분배해주기도 했다. 성안의 모든 사람들이 신분의 귀천을 가리지 않고 필사적으로 항전했음은 물론이다.

마침내 그해 12월 18일 몽골 군대는 포위를 풀고 철수하고 만다. 그렇게 무려 70일 동안의 공격을 버텨내고 성을 지키는 데 성공한 것이다. 김윤후의 이러한 지휘 능력과 독특한 전술 요령은 처인성 전투에서 얻은 경험의 결과였다. 처인성 전투는 주로 부곡민이라는 천민집단을 동원하여 승리한 전투였다. 그는 그때 이미 천민들의 잠재된 에너지를 직접 확인했었고, 그 에너지를 점화하여 폭발시키는 방법도 잘 알고 있었던 것이다. 게다가 충주성은 1231년(고종 18) 몽골의 1차 침략 시 노비나 잡류(관청의 말단 서리) 등 소외계층이 중심이 된 대몽항쟁을 이미 경험한 곳이었다. 충주성의 승첩은 이렇게 뛰어난 명장에다가 신분과 지역의 특수성이 결합하여 일구어낸 멋진 결과였다.

충주성의 승첩은 몽골 군대의 남진을 좌절시켰고, 이로써 경상도 지역으로 더 이상 전란이 확대되는 것을 막을 수 있었다. 아울러 몽골의 군대로 하여금 화친을 명분 삼아 철수하게 되는 계기도 만들어주었으니, 그 의미 또한 결코 가벼이 볼 수 없는 것이었다.

몽골 군대가 철수한 후, 충주성 승첩에 공이 있는 관노·백정·군졸 등에게는 관작이나 포상금이 주어졌다. 아울러 김윤후는 섭상장군(정

3품)에 특진되어 무관의 최고계급에 올랐다. 그리고 충주는 국원경國原京으로 승격되었다.

김윤후가 지켜낸 충주성은 충주 시내에서 동남쪽으로 4킬로미터, 해발 6백 미터의 남산 정상에 구축된 석성으로 알려져 있다. 주변에 여러 성문터와 건물지, 우물터 등의 유적이 지금도 여기저기 산재해 있다고 한다.

동해안 침략

한편 몽골 군대는 야굴이 이끄는 주력부대 외에 황제皇弟 송주가 이끄는 군대가 동해안을 따라 남진하고 있었다. 이들 부대는 9월에 등주(함경남도 안변)를 포위하여 공격했지만 함락하지 못한다. 등주는 안변도호부로서 동계 지방의 군사 거점인 동북면 병마사의 본영이 있는 곳이다.

등주에서 물러난 몽골 군대는 10월에 금양성(강원도 통천)을 거쳐 남하했고, 그 달 21일에는 양주(양양)를 함락했다. 낙산사가 공격을 받자 사찰의 보물을 설악산의 권금성으로 옮겼다는 《삼국유사》의 기록도 전한다. 이때 양주지방의 주민과 관리들도 설악산의 권금성으로 입보했을 것으로 생각되는데, 이 권금성도 몽골 군대에 함락되고 만다. 이후 몽골 군대는 삼척 인근까지 남진한 것으로 보인다.

삼척에서는 지방 수령과 주민들이 전란을 피하여 요전산성에 들어가 집결해 있었지만 몽골 군대와 접전은 없었다. 이런 사실은, 이 전년인 1252년(고종 39) 과거에 급제한 이승휴李承休가 삼척에 내려왔다가 몽골 군대의 내침으로 상경 길이 막혀 요전산성에 입보하게 되었다는, 그의 문집 기록을 통해 알 수 있다.

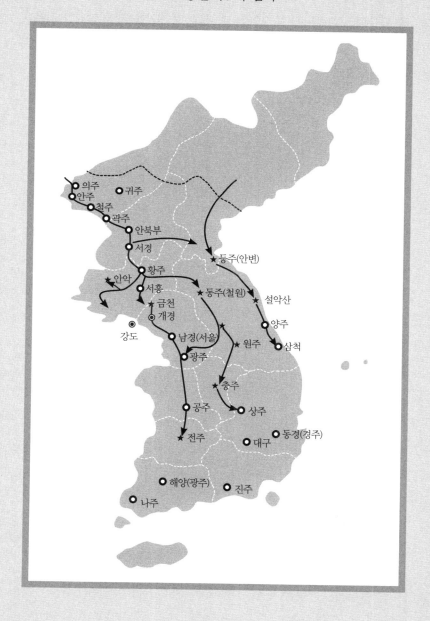

몽골의 이번 5차 침략은 이전의 침략과 달리 광범위하게 여러 지역을 휩쓸고 남하했다는 특징이 있다. 특히 동해안을 따라 남침한 것은 처음 있는 일이었다. 게다가 철원·춘천·원주·충주 등 중부 내륙 지방을 집중적으로 도륙하면서 강타했다.

무엇보다도 중요한 사실은, 사신으로 갔던 이현이 몽골의 앞잡이가 되어 그 군대의 향도 역할을 했다는 점이다. 그 때문에 많은 방호별감들이 싸워보지도 않고 항복하기는 했지만, 그 덕분에 처참한 도륙은 면했다고 애써 위안을 삼을 수도 있지 않을까 싶다.

이현의 배신이나 방호별감들의 자진항복은 바야흐로 최항 정권의 대몽항쟁에 균열이 생기고 있음을 알려주는 것이었다.

뒤로 물러서는 최항

몽골 군대는 1253년(고종 40) 9월 말경에 강화도의 맞은편 대안에도 나타나 약탈을 자행하고 군사 시위를 벌였다. 강화도를 직접 침략하려는 것은 아니었지만 강도의 최항 정권을 압박하기 위한 무력 시위가 분명했다.

몽골 군대는 5차 침략에서도 강도를 직접 정복하려는 의지는 보이지 않는데, 역시 궁금한 문제가 아닐 수 없다. 그 정도의 좁은 해협을 넘기는 어렵지 않았을 텐데, 강도를 정복할 생각을 왜 하지 않았을까? 미리 수전에 대한 준비를 하지 못한 때문이겠지만 왜 그랬을까 궁금하다.

솔직히 말하면 이에 대한 명쾌한 답을 아직 찾지 못하고 있다. 앞서 최이 정권에서 언급했던 것과 같이 고려의 노련하고 끈질긴 줄다리기 외교전술 외에는 달리 설명할 길이 없어 조금 답답하다. 침략해오면 화친을 자청하고 물러나면 또 복속을 거부하는 방법 말이다.

그런데 이런 방법이 한두 번도 아니고 여러 차례 통할 수 있었던 데에는 분명 다른 원인도 있었다고 생각된다. 이번 5차 침략에서 몽골의 군대가 철수하는 과정을 좀 면밀히 살펴보면 그 해답의 실마리를 찾을 수 있을지 모르겠다. 혹시 찾지 못하더라도 이 의문은 버리지 않을 것이다.

각지의 방호별감들이 몽골 군대에 연달아 항복하고 동해안에서는 양주(양양)가 함락된 직후, 그러니까 그해 10월 말경 강도에서는 심각한 중신회의가 열렸다. 예전과 같지 않은 몽골 군대의 기세에 강도의 최항 정권은 심각한 압박을 받고 있었다는 뜻이다.

이번 회의는 문무 4품 이상의 모든 관리가 참여했고, 재상급으로 퇴직한 관리까지 참여한 확대회의였다. 회의 주제는 물론 몽골 군대를 물리칠 방안을 찾자는 것이었다. 재미있는 것은 이 회의 자리에 최항은 참석하지 않았다는 점이다. 또한 국왕도 자리를 피하고 있었다.

최항이나 국왕이 회의에 참여치 않은 것은 각자 다른 이유가 분명히 있었다. 국왕이 회의에 함께하지 않은 것은, 회의 내용이 국왕의 신변 문제와 관련을 갖지 않을 수 없었기 때문이다. 몽골 군대를 철수시키는 방법은 딱 한 가지, 국왕이나 태자가 출륙하여 항복하는 것뿐이었으니까. 국왕이 임석한 자리에서 그런 이야기를 자유롭게 거론하기는 곤란했을 것이다. 국왕이 이런 회의에 불참한 데에는 물론 최항의 의지가 개입되어 있었다.

그리고 최항이 회의에 참석치 않은 것은 몽골과의 외교협상에서 자신은 결코 전면에 나서지 않겠다는 의도였다. 최항이 참석하지 않더라도 그의 의지에 반하는 결론은 나올 수 없었다. 그렇다면 배후 조종자로 남는 것이 최항에게 유리했을 것이다. 게다가 일이 잘못되었을 경우에는 책임 회피도 용이했다.

예상한 대로 회의에서 나온 결론은 몽골 군대를 물리치기 위해 태자가 출륙하여 항복해야 한다는 것이었다. 국왕의 출륙은 최항의 의지에 반하는 것이어서 아예 거론도 하지 않았다. 태자의 출륙도 애초에는 최항이 반대한 일이었다. 하지만 상황이 급박하다 보니 최항도 이제 그 정도는 감수해야 한다고 생각한 것이다.

국왕은 승선(국왕 비서관) 이세재李世材로부터 회의 결론을 전해듣고 노여움을 드러내고 말았다.

"태자를 내보내면 후환이 없으리란 것을 어떻게 보장한단 말인가. 이 의논이 누구 입에서 나왔는가?"

국왕의 질책에 측근의 환관 한 명이 최항도 그것에 찬성했다고 하자 국왕은 아무 말도 못했다. 그렇지만 불만이 없을 수 없었다. 다시 이세재를 회의장에 보내 재상들에게 다시 생각해보라고 주문했지만 이미 최항의 결단이 내려진 사안을 뒤집을 수는 없는 노릇이었다.

결국 국왕은 마음을 접고 이세재를 최항에게 보내 사신 대표를 누구로 삼을 것인가를 물었다. 사신 대표라도 믿을 만한 든든한 자로 선택하겠다는 마음이었겠지만, 최항밖에 매달릴 곳이 없는 곤궁한 입지를 보여주는 것이다. 최항의 대답은 냉담하기 그지없었다.

"이것은 신이 결정할 일이 아니고 오직 주상께서 처결할 일입니다."

최항은 끝까지 이 문제에 책임을 지지 않고 국왕에게 모든 일을 미루겠다는 태도가 분명했다. 국왕은 최항의 그런 태도를 보며 더욱 불안해했다.

이 무렵 김윤후는 앞서 언급했던 충주성에서 몽골 군대와 치열한 공방전을 시작하고 있었다.

국왕, 드디어 출륙하다

태자를 출륙시켜 몽골 군영으로 보내는 것은 국왕 고종으로서는 정말 내키지 않은 일이었다. 더구나 몽골과의 교섭에서 모든 것을 자신에게 미루는 최항의 태도는 국왕을 더욱 불안하게 만들었다. 국왕에게는 최항의 그런 태도가 태자를 희생시켜서라도 몽골 군대를 철수시키겠다는 뜻으로 비쳐졌기 때문이다. 그래서 할 수만 있다면 태자의 출륙을 회피하고 싶었다.

국왕은 우선 태자의 출륙은 뒤로 미뤄놓고 충주에 있는 야굴의 군영으로 먼저 사신을 보냈다. 김윤후가 충주성에서 몽골 군대와 공방전을 계속하고 있던 1253년(고종 40) 11월 초의 일이다. 몽골 사령관인 야굴이나 아무칸 그리고 홍복원에게 줄 선물까지 준비했다. 어느 때부터인가 몽골 군영에 사신을 파견할 때는 뇌물도 반드시 준비해야 했다.

그리고 인질로 잡혀가 있는 영녕공 준에게 몽골 군대의 철수를 요청하는 간곡한 글도 사신 편에 함께 부쳤다. 왕실의 안녕과 도탄에 허덕이는 백성들을 위해 충과 효를 바쳐 정성을 다해달라는 국왕의 간절한 뜻이 담긴 글이었다. 수단과 방법을 가릴 수 없는 절박한 일이었던 것이다.

그런데 야굴은 이들 사신이 충주에 도착하기도 전에 전장에서 갑자기 병을 얻어 북쪽으로 회귀하고 있었다. 충주성의 전투는 아무칸과 홍복원에게 맡긴 채였다. 비록 충주성 전투가 계속되고 있었지만 야굴의 철수는 고려에 뜻밖의 행운을 예고하는 것일 수도 있었다. 사신단은 철수하는 야굴을 따라 다시 북상하여 개경의 보정문 밖에서 겨우 만날 수 있었다. 여기서 야굴에게 선물을 전하고 군대 철수를 간곡히 요청한다.

야굴은 국왕이 직접 출륙하여 자신들을 맞이하기만 한다면 철수하겠다는 뜻을 다시 천명했다. 그리고 야굴은 몽고대라는 부장에게 군사를 주어 강화도의 대안인 승천부에서 국왕의 출륙을 지켜보도록 하고 자신은 북상을 계속했다. 야굴의 병이 그토록 다급했는지 아니면 몽골 군영에 또 다른 문제가 있었는지 모를 일이다.

사신들로부터 그 뜻을 전해들은 국왕은 조금도 주저하지 않고 결단을 내렸다. 자신이 직접 출륙하여 몽골 군대를 맞겠다는 것이었다. 최항이 이번 일을 자신에게 일임했으니 결단은 오히려 쉬웠다. 국왕 고종은 이때 환갑을 훌쩍 넘은 나이였으므로 왕위를 계승할 태자를 보내기보다는 자신이 직접 가는 것이 더 낫겠다고 판단했다. 신속히 문제를 해결하기 위해서도 그렇지만, 태자를 보호하기 위한 부정도 컸을 것이다.

그해 11월 중순경 국왕은 드디어 승천부로 행차했다. 몽골 군대를 철수시키기 위해 정면으로 그들의 요구를 수용한 것이다. 강도로 천도한 이후 처음 있는 국왕의 출륙이라 긴장도 되었다. 어떤 예측할 수 없는 일이 벌어질지 누구도 장담할 수 없는 행차였다. 국왕의 행차이니 우선 신변 호위를 철저히 하지 않을 수 없었다. 야별초 중에서 정예병 80명을 선발하여 옷 속에 갑옷을 입히고 따르게 했다. 강을 건너 승천부의 임시 궁궐에 입궐하니 몽고대가 이미 와서 국왕을 기다리고 있었다. 몽고대는 의외로 적은 군사를 거느리고 있어 적이 안심도 되었다.

몽고대라는 자는 야굴의 말이 곧 황제의 뜻이고, 자신의 말이 곧 야굴의 뜻임을 강조하고 매우 만족해했다. 진즉 출륙했다면 그렇게 많은 희생은 없었을 것이라는 안타까움도 표시했다. 그리고는 취하도록 마시고 돌아갔고, 국왕도 다시 무사히 강도로 돌아왔다. 바짝 긴장했던 것에 비하면 뜻밖에 별 어려움이 없는 출륙 행차였다.

내분에 의한 철수

몽골이 요구한 출륙 문제는 그렇게 어렵지 않게 끝났다. 그런데 일이 너무 쉽게 해결되어 그랬는지 북상하던 야굴의 군영에서 또 다른 요구가 사신을 통해 강도에 전달되었다. 국왕이 승천부에 나갔다가 돌아온 지 1주일도 지나지 않은 때였다.

야굴의 새로운 요구는 강도의 성을 헐어버릴 것과 다루가치를 주재시키라는 것이었다. 너무나 뜻밖의 일이었다. 야굴의 서신을 받은 바로 다음날 그 답서를 보냈다. 내용은, 국왕이 출륙했는데 군대를 철수시키지 않고 오히려 또 다른 요구를 해온 것은 부당하다는 것이었다.

그런데 강도 정부의 행운이었는지, 야굴의 요구를 받은 지 한 달이 못 되어, 그러니까 그해 12월 18일, 충주에서 공방전을 벌이며 버티고 있던 몽골의 주력부대가 포위를 풀고 철수를 시작했다. 정말 예상치 못한 일이었다. 야굴의 새로운 요구에 어떻게 대처할지 난감하던 차에 다행스런 일이 아닐 수 없었다.

몽골 군대의 이런 예상치 못한 갑작스런 철수는 그 이유가 매우 궁금해진다. 앞서 충주에서 야굴이 병을 얻어 귀환 길에 올랐다는 것도 사실은 납득하기 어려운 일이었다. 야굴의 그런 귀환과 그 뒤를 이은 몽골 군대의 철수는 결코 무관한 일이 아니었다고 보인다.

이런 의문에 대한 답은 몽골 측 사서인 《신원사》의 기사를 통해 알 수 있다. 이 기록에 의하면, 야굴이 황족으로서 역시 몽골 군대를 함께 지휘하고 있던 탑찰아塔察兒라는 자와 알력이 있었음을 알려주고 있다. 야굴이 탑찰아의 군영을 습격했다는 기록은 양자 사이에 내분이 있었음을 말해주고, 탑찰아는 이 과정에서 희생된 것으로 보인다.

그러니까 야굴의 귀환은 질병 때문이 아니라 내분에 대한 책임을 물어 몽골 황제가 소환한 것이었다. 그리고 그러한 내분 상태에서 고려에 대한 공격도 원활하지 않다고 판단한 황제가 주력부대마저 뒤이어 곧 소환을 명령한 것이었다. 아무튼 고려로서는 다행스런 일이 아닐 수 없었다.

왕자 안경공, 몽골로 향하다

몽골 군대가 철수한 지 10일 후 고려에서는 태자(후의 원종)의 친동생인 안경공安慶公 창淐을 태자 대신 몽골 조정에 보낸다. 몽골 군대가 이미 철수한 마당에 고려 측에서 이런 조치를 취한 것은, 그들이 반드시 다시 침략해오리라는 것을 의심할 수 없었기 때문이다. 어쩌면 야굴은 귀환하면서 그 점을 확실하게 고려에 천명했을 것이다.

국왕은 그렇게 끝내 태자를 보내라는 요구를 거부하고 그 동생을 보냈다. 이는 물론 태자를 보호하기 위한 것이었지만, 한편으로는 최항이 국왕의 굳은 의지에 한걸음 양보했다는 의미도 있다. 국왕은 태자뿐만 아니라 그 동생을 보내는 것도 사실은 못마땅해 했다. 하지만 이 것마저 거부할 수는 없었다. 그러니까 태자 대신 안경공 창을 보낸 것은 최항과 국왕 사이의 타협의 산물이었다고 할 수 있다.

그리고 사신단의 대표는 최인으로 정했다. 대부분의 문무관리들은 김보정을 추천했지만 국왕은 최인으로 대신했다. 김보정이나 최인 모두 몽골 진영에 자주 왕래하여 외교협상에 경험이 많은 인물이었지만, 국왕이 최인을 사신단 대표로 삼은 데에는 그럴 만한 이유가 있었다. 국왕이 처음에 안경공을 보내는 것에 대해 난색을 드러내자, 그런 국왕을 설득한 인물이 바로 최인이었다. 최인은 국왕에게 이런 말로 설득했다.

"자식을 사랑하는 마음은 귀천이 없습니다. 지금 전쟁으로 사별하는 자가 많은데 어찌 한 자식만을 아끼리요. 살아남은 백성은 열에 두셋 정도입니다. 몽골 군대가 물러서지 않으면 백성들은 농사지을 수가 없고, 모두 저들에게 투항할 것이니 강화도 한 곳을 지킨다 한들 무엇으로 한 국가라고 하겠습니까."

허수아비와 같이 무력한 국왕이 무슨 죄가 있으랴마는, 자기 한 자식만을 아끼려는 국왕이 얄미웠던 모양이다. 국왕보다는 오히려 최항에게 해야 할 말이 아닌가 싶다. 그러니까 국왕이 최인을 선택한 것은 안경공 창이 몽골에 들어갔다가 안전하게 귀환하도록 책임지라는 의미였을 것이다.

태자 대신 그 동생을 보낸 것이나, 김보정 대신 최인을 보낸 것은 모두 최항보다는 국왕의 의지가 더 반영된 것이었다. 최항이 어려운 대몽교섭의 전면에 나서기를 꺼려한 탓이었지만, 그 덕분에 국왕의 입지가 조금 넓어진 측면도 무시할 수 없다. 수용하기 어려운 조건을 놓고 과감하게 수용할수록 국왕의 입지는 조금씩 넓어질 것이다.

아울러 전쟁을 막으려면 몽골의 요구를 최소한으로라도 수용해야 한다는 여론이 점차 고개를 들고 있음도 느낄 수 있다. 위의 최인이 한 말 중에, 강화도를 지킨다 해도 소용없다는 것은 의미심장한 말이다. 이제는 출륙이나 친조 등 몽골의 요구를 정면으로 수용하는 것도 고려해야 한다는 뜻으로 읽히기 때문이다.

마침내 1253년(고종 40) 12월 안경공 창이 몽골로 향하고, 이듬해 정월 계엄령이 해제되면서 고려는 다시 안정을 찾게 된다.

최항의 전후 보복조치

몽골 군대가 물러난 후 최항은 이번 침략을 통해서 사후조치가 필요함을 절실히 느꼈다. 사신으로 갔다가 몽골에 붙어 그 앞잡이 역할을 한 이현이나, 그의 항복 권유에 호응한 방호별감들을 그대로 방치할 수는 없었다. 그들을 방치했다가는 다음 몽골 침략 때 어떤 사태를 불러올지 예측할 수 없었기 때문이다.

제일 먼저 이현을 잡아들이고 저잣거리에서 참수하여 모든 사람들에게 보였다. 그리고 그의 아들 다섯은 모두 바다에 던져 수장시켜버리고, 나머지 친족들도 빠짐없이 먼 섬으로 유배를 보냈다. 배신에 대한 최항의 철저한 보복이었고, 앞으로 있을지 모를 또 다른 배신자에 대한 노골적인 경고이기도 했다.

그런데 이현은 철수하는 몽골 군대를 따라 북상했다면 죽지 않았을 텐데, 왜 고려에 남았을까? 이현은 몽골과 화친이 이루어져 자신에 대한 처벌이 거론되지 않을 것으로 여겼을지 모른다. 혹은 몽골에서 자신을 비호해줄 것이라고 믿었는지도 모른다. 여기에 재물에 대한 이현의 남다른 욕심도 고려에 남는 길을 택하게 했다. 이현은 몽골 군대를 따라다니며 수많은 재물과 금은보화를 노획하여 사적인 부를 축적해두고 있었다. 이런 재물에 대한 애착 때문에 가족들이 고스란히 남아 있는 고려를 떠날 수 없었을 것이다.

이현을 참수한 데 이어, 몽골의 침략에 결사항전하지 않은 양주(강원 양양)나 동주(강원 철원)의 군현을 강등하여 그 지역민에게 확실하게 불이익을 선사했다. 양주는 자세한 전투 상황을 알 수 없지만, 동주는 방호별감 백돈명의 횡포에 반발하여 지역민들이 도망쳐버린 것에 대한 응징이었다. 그리고 항복한 방호별감들도 모두 소환하여 섬으로 유배 보내 일벌백계의 본보기로 삼았다.

최항의 이런 조치는 몽골 군대가 다시 쳐들어올지라도 끝까지 저항하겠다는 대내적인 선언이나 다름없었다. 몽골에 복속된다는 것은 그에게 생각할 수도 없는 일이었던 것이다. 그것은 바로 정권의 붕괴를 의미했으니까.

사라지지 않는 전운

몽골 군대가 철수하고 계엄령도 해제되었지만 쉽게 평온을 찾지 못했다. 여전히 전운이 감돌고 있었던 것이다. 이를 감추기 위해 최항은 다시 빈번하게 잔치를 벌였다. 그 대상도 왕실의 종친이나 재상급 관리 혹은 문무 4품 이상 관리 등으로 다양했다. 초청 대상의 수가 많을 때는 날짜를 나누어 잔치를 베풀었다.

특히 1254년(고종 41) 3월과 6월 두 차례 열린 잔치는, 그해 7월부터 다시 시작되는 몽골의 6차 침략 직전의 일이었다. 예전과 다름없이 최항이 자신의 사저에서 주최하는 연회였다. 전쟁이 길어질수록 그러한 연회는 필요했는데, 역시 평화를 가장하고 관리들을 회유하기 위한 것이었다.

3월의 잔치에서는 오랜만에 격구까지 등장했다. 요란스럽고 화려한 말 장식도 다시 시작되었다. 강화로 천도한 이후 격구 행사는 거의 없었는데 새삼스럽게 이때 다시 등장한 것이다. 상투적인 가무나 창화에 싫증난 관료들의 눈길을 끌기 위한 것이 분명했다.

이어서 열린 6월의 연회는 과거급제자를 축하하는 자리였다. 과거급제자를 축하하는 연회는 본래 국왕이 주최하는 것이었지만, 최씨 정권이 시작되면서부터 국왕은 그 자리에 초청받는 손님에 불과했다. 최항은 권력을 세습한 이후 이런 연회를 처음 열어보는 것이었다. 아마 그는 이 연회를 통해 왕이 된 듯한 기분을 느꼈을지도 모른다.

그런 감미로운 생각에 젖어볼 틈도 없이, 몽골에서 국왕의 출륙을 확인하기 위한 사신이 온다는 보고가 올라왔다. 국왕은 부리나케 승천부의 새 대궐로 거처를 옮겨야 했다. 최항에게 그런 국왕은 정말 요긴한 존재였을 것이다.

그런데 며칠 후 승천부에 도착한 몽골의 사신은 최항을 당혹케 했다. 그 사신은 국왕의 출륙을 확인한 후, 느닷없이 최항이 출륙하지 않았음을 거론하여, 이것은 항복으로 볼 수 없다는 말을 슬며시 흘린 것이다.

최항의 출륙을 거론한 것은 처음 있는 일이었다. 지금까지는 국왕의 출륙만을 요구했지 최항의 출륙을 요구한 적이 없었다. 최이 집권 때에도 없는 일이었으니 최항에게는 당혹스런 일이 아닐 수 없었다. 그나마 다행인 것은 이것이 몽골 황제의 공식적인 요구가 아니라 일개 사신의 개인적인 의견이라는 점이었다. 그래도 최항에게는 불길한 조짐이었다. 자신을 에워싸고 뭔가 조여오는 느낌을 지울 수 없었다.

4 고립

孤立

최항 정권은 8년 정도 지속된다.
그러나 시간이 흐를수록 그의 정권은 고립을 면치 못했다.
이것은 그의 정권이나 통치력이 미약해서가 아니라
몽골의 침략이 갈수록 격렬해지고있었기 때문이다.
특히 몽골의 6차 침략은 강도의 재정을 압박하는 고립작전으로,
강도에 대한 경제봉쇄로 나타났다. 최씨 왕조가 붕괴한 가장 큰 배경은 여기에 있었다.
최항의 뒤를 이은 최의는 이미 무너져가는 최씨 왕조를 1년 정도 연장시켰을 뿐이다.

몽골의 6차 침략

기나긴 전쟁

몽골의 6차 침략을 언급하기 전에, 지금까지 있었던 몽골의 다섯 차례
침략을 대강 정리해보면 이렇다.

- 1차 침략: 1231년 8월~1232년 1월(고종 18~19)
- 2차 침략: 1232년 8월~12월(고종 19)
- 3차 침략: 1235년~1239년(고종 22~26)
- 3차 침략: ⑴차: 1235년 7월~12월(고종 22)
- 3차 침략: ⑵차: 1236년 6월~1237년 1월(고종 23~24)
- 3차 침략: ⑶차: 1238년 8월~1239년 4월(고종 25~26)
- 4차 침략: 1247년 7월~1248년 3월(고종 34~35)
- 5차 침략: 1253년 7월~1254년 1월(고종 40~41)

2차와 3차 침략 사이의 3년과, 3차 세 번째 침략과 4차 침략 사이의 8년, 그리고 4차와 5차 침략 사이의 5년 정도 기간에는 전쟁이 없었다. 이렇게 보면 이때까지 23년 동안 실제 전쟁이 있었던 기간은 뜻밖에 길지 않았음을 알 수 있다. 전쟁이 있었던 기간은 햇수로도 7년 정도밖에 되지 않았고, 개월 수까지 정확하게 계산하면 수년에 불과할 듯하다.

이것은 지금까지 몽골의 침략이 의외로 뜸한 편이었고 매우 소극적이었음을 말해준다. 여기에는 중원이나 남송의 정벌에 매진해야 할 몽골 내부 사정이 작용했을 것이다. 이를 고려 측 입장에서 말하면 지금까지는 몽골의 침략이 크게 위협적이지 않았다는 뜻이기도 하다. 2차와 3차 침략 사이의 그 짧은 기간에 무리하게 천도를 단행했다는 사실이 오히려 이상하게 느껴진다.

이 동안 천도한 강화도는 침략이 있든 없든 대체로 평온을 유지하면서 전쟁의 참상을 얼마든지 피할 수 있었다. 정권 차원으로 말하면 최씨 정권이 지속되고 유지되는 데 아무런 방해도 받지 않았던 것이다. 하지만 내륙은 천도한 이후 침략의 있고 없음에 관계없이 안심할 수 없었고 전쟁의 참상으로부터 벗어날 수도 없었다.

그래서 내륙의 백성들에게는 천도한 강화도와는 다르게 정말 지루하고 기나긴 전쟁이었을 것이다. 실제 전쟁 기간이 짧았다고는 하지만 20여 년 동안 전쟁이 단속적으로 계속되었다는 데 고통과 참상이 컸다. 백성들에게는 휴전 기간에도 오히려 전쟁으로 인한 고통이나 피난살이가 더 친숙한 일상으로 자리 잡지 않았을까 싶다.

그런데 여기서 한 가지 의문이 생겨난다. 왜 이렇게 전쟁이 단속적이지만 오랫동안 계속되었을까 하는 점이다. 여몽 간에 힘의 우열은 이미 전쟁 초기에 더 지켜볼 것도 없이 명백히 드러났으며, 굴복 의사도 명백히 표현했는데 말이다.

그것은 물론 강화 천도 때문이었다. 이것을 달리 말하면, 최씨 정권의 강화 천도가 정권유지 차원에서만 본다면 효과적이었다는 뜻이고, 몽골 측의 입장으로 말한다면 침략의 성과가 없었다는 뜻이다. 물론 몽골 측에서 내부 사정 때문에 고려의 정복에 전력을 다할 수 없었던 탓이 컸지만.

몽골의 계속된 요구는 두 가지, 곧 개경으로 다시 환도하라는 '출륙'과 국왕이 몸소 몽골 조정에 들어와 항복하라는 '친조'였다. 그러나 전쟁이 시작되어 20여 년이 흐른 지금까지도 이 요구는 관철되지 않았고, 다음의 6차 침략을 받고서도 출륙만은 쉽사리 성사되지 않는다.

그래서 몽골의 6차 침략을 이야기하기에 앞서, '몽골 측에서는 왜 강도를 직접 정복하려고 하지 않았을까' 하는 의문을 다시 상기해볼 필요가 있다.

몽골의 대고려 전략

고려에서 최고통치자는 국왕이 아니라 최항이고 그가 대몽항쟁을 주도하고 있다는 사실은 삼척동자도 다 아는 사실이었다. 그래서 앞서 영녕공 준이나 이현이, 국왕이 아닌 최항에게 편지를 보내 항복을 권유한 것은 너무나 당연한 일이었다.

그런데 몽골 측에서는 출륙을 요구할 때나 조서를 보낼 때 항상 고려 국왕만을 상대로 했다. 몽골 측에서는 왜 최항을 상대하지 않고 허수아비와 같은 고려 국왕만을 상대하려 했을까. 그 쪽에서도 최항이 최고통치자임을 모를 리 없었을 텐데 말이다.

몽골 측에서 최씨 집권자들을 전혀 상대하지 않은 것은 아니었다. 최이가 집권하고 있을 때 몽골의 어느 사령관이 최이에게 서신을 보낸 적이 있었다. 몽골의 1차 침략이 있은 직후 최이를 '영공'이라 칭하면서 보낸 편지가 그것이다. 하지만 이는 몽골의 공식적인 문서가 아니라, 몽골 사령관이 최이에게 개인적으로 보내는 사적인 서신이었다. 몽골 측에서는 사적으로 최씨 정권을 접촉하긴 했어도 황제가 보내는 공식적인 외교문서는 반드시 고려 국왕만을 상대로 했다. 여기에는 최씨 정권을 결코 인정하지 않겠다는 몽골 측의 의도가 분명하게 드러나 있다.

그러면 고려에서 실질적인 통치권을 행사하고 있는 최씨 정권을 몽골 측에서 인정하지 않으려 했던 이유는 뭘까. 그것은 최씨 정권의 몽골에 대한 저항 때문이었는데, 여기에는 최이의 강화 천도가 중요한 계기로 작용했다. 최이를 영공이라고 칭하여 사적인 서신을 보냈던 것도 천도하기 전의 일이었다. 강화 천도는 몽골에 대한 저항의 기치를 정면으로 드러낸 것이었다. 몽골에서는 그런 최이 정권을 결코 인정할 수 없었던 것이고, 이는 그 후 최씨 정권 내내 지속된다.

반면에 고려 국왕이나 왕실은 최씨 정권에 비해 상대적으로 몽골에 대한 반감이나 저항의식이 적다고 판단했을 것이다. 그것은 최이의 강압에 의해 단행된 강화 천도를 통해 이미 몽골 측에서 간파한 일이었다. 국왕 이하 대부분의 문무관료들이 천도를 반대했기 때문이다. 천도는 최씨 정권이 고립을 자초한 일로 보았을지도 모른다. 몽골 측에서 고려 국왕만을 상대했던 것은 그런 배경이 작용하고 있었다.

강화 천도 후 전란이 계속되는 중에도, 몽골 측에서는 고려 국왕의 권위를 대외적으로 인정해주고 가능하다면 회유하고도 싶었을 것이다. 최씨 정권과 고려 국왕 사이의 틈을 벌려놓을 필요가 있었다는 뜻이다. 이는 곧 몽골에게 항복하고자 하는 여론을 일으키려는 것과도 통하는 문제이다.

최씨 정권이 여기에 대처하는 방법은 국왕과의 유대관계를 돈독히 하는 것이었다. 앞서 언급했듯이 최이나 최항이 성대한 연회를 자주 벌인 것도 그 때문이었다. 국왕을 우대하고 그 권위를 살려주는 것도 몽골의 그러한 술책에 대처하는 중요한 일이었음은 물론이다.

최씨 정권의 그런 대책이 성공해서 그랬는지, 아니면 국왕이 워낙 최씨 정권에 억압당해 있어 그랬는지, 고려 국왕은 전혀 몽골의 의도대로 움직여주지 않았다. 최씨 정권을 무시하고 고려 국왕만을 상대했던 몽골의 대고려 정책이 착오였다는 뜻이다. 최씨 정권의 통치력을 너무나 얕잡아본 것도 실수였다.

고려 국왕은 완전히 최씨 정권에 사로잡혀 있었다. 국왕이 몽골에 복속되는 것을 원했는지는 정확히 알 수 없지만, 분명한 것은 자신 위에 군림하는 최씨 집권자를 달갑게 여기지는 않았으리라는 점이다. 이는 더 이상의 설명이 필요 없는 분명한 일이다. 국왕의 통치권을 회복할 수만 있다면, 다시 말해 최씨 정권을 무너뜨리고 왕정복고만 할 수 있다면, 국왕은 몽골에 복속되는 것도 마다하지 않았으리라는 것도 충분히 예상할 수 있는 일이다.

몽골 측에서는 그러한 고려 국왕만을 상대하면서 최씨 정권을 붕괴시킬 수만 있다면 문제는 간단히 해결된다. 즉, 강화도를 직접 정복하여 고려 왕조는 살려두고 최씨 왕조만 타도한다면 전쟁할 필요 없이 고려는 복속되는 것이다. 하지만 그것은 결코 생각처럼 쉬운 일이 아니었다.

강화도를 직접 공격하여 정복하면 고려 왕조의 운명도 장담할 수 없었다. 고려 국왕은 최씨 정권에 사로잡혀 있었기 때문이다. 그래서 몽골 군대가 강화도를 직접 정복하지 않은 것은 고려 국왕이나 왕실에 대한 배려였다는 생각마저 든다. 쉽게 단순화시켜 말하면 몽골 측에서는 고려 국왕이 최씨 정권에 인질로 잡혀 있다고 판단했다는 뜻이다. 실제로 최씨 정권은 몽골과의 전쟁이나 교섭에서 고려 국왕을 그런 식으로 이용한 측면이 많다.

게다가 침략만 하면 복속을 자청하는 것도 몽골로 하여금 쉽게 강도 정복에 대한 결단을 못 내리게 하는 원인이었다. 이는 최씨 정권의 대몽항쟁이나 교섭이 정권 안보 차원에서만 보면 매우 성공적이었다는 뜻이고, 몽골의 입장에서는 실패했다는 얘기이다. 적어도 지금까지는 그랬다.

몽골 측에서 만약 허수아비와 같은 고려 국왕을 무시하고 최씨 정권을 정면으로 상대하여 교섭을 벌였다면 어떻게 되었을까. 그렇게 되면 최씨 정권은 대외적으로 정권의 정통성을 승인받는 것이고, 대내적으로도 정당성을 확보하게 된다. 그것도 세계제국으로 도약하고 있는 몽골 제국으로부터 승인받는 것이다. 몽골 측에서는 그것이 싫었던 것이다.

하지만 그것은 애초부터 불가능한 일이기도 했다. 최씨 정권은 강화 천도를 계기로 반몽골의 기치를 분명히 내걸었기 때문이다. 강화 천도는 그것에 쐐기를 박는 돌이킬 수 없는 사건이었던 것이다.

6차 침략의 개요

그래서 전쟁은 여기서 끝나지 않는다. 5차 침략에 바로 뒤이어 6차 침략이 계속된 것이다. '출륙'과 '친조'라는 몽골의 근본적인 요구가 관철되지 않았으니 당연한 일이다. 6차 침략은 파상적으로 네 차례에 걸쳐 이루어졌다. 네 차례 모두 몽골의 총사령관은 차라대車羅大라는 새로운 인물이 맡고 있었다.

  6차 침략: 1254년~1259년(고종 41~46)

  (1)차: 1254년 7월~1255년 2월(고종 41~42)

  (2)차: 1255년 8월~1256년 10월(고종 42~43)

  (3)차: 1257년 5월~9월(고종 44)

  (4)차: 1258년 6월~1259년 3월(고종 45~46)

  6차 침략은 6년 동안이나 계속되었다. 5차 침략의 연속이었으니, 이를 포함시키면 7년 동안 한 해도 거르지 않고 매년 전쟁이 있었던 셈이다. 그 피해나 참상도 이루 말로 다 표현할 수 없었다. 지금까지의 전쟁은 이에 비하면 전쟁도 아니었다.

  이번 6차 침략은 지금까지의 전쟁과는 그 양상부터 사뭇 달랐다. 침략의 강도나 고려 측의 피해 정도, 그리고 무엇보다도 몽골 측이 어느 때보다도 전력을 쏟았다는 점이 크게 달랐다. 특히 연안 도서 지방에 대한 공략이 집중된 것이 6차 침략의 가장 큰 특징이었다. 이는 몽골의 전략과 전술에 중요한 변화가 있음을 보여주는 것으로, 다음에 상세히 언급하겠지만 고려를 확실하게 굴복시키겠다는 의지를 분명하게 드러낸 것이었다.

강도의 최씨 정권도 어느 때보다 더욱 긴장했고 큰 위협을 받았다. 하지만 그 대응책은 이전의 침략 때와 크게 다를 게 없었다. 침략이 거세지면 굴복을 자청하며 화해를 요청했고, 물러나면 몽골의 요구를 유야무야 뒤로 미뤘다. 그래서 철수한 몽골 군대가 다시 침략하고, 또 침략하면 굴복을 자청하는 일이 반복되었다. 이전과 마찬가지로, 백성들에 대해서도 산성입보나 해도입보를 통해 피난시키는 것이 대응책의 전부였다. 대규모 상비군(야별초)을 동원한 정면대응은 애써 회피했다. 최이가 중앙의 상비군으로 조직했던 야별초는 대몽전쟁에 동원되기보다는 최씨 정권의 사병으로 전락한 지 오래였다. 따라서 전투는 전면전이 아닌, 각 지방에서 소규모 지역 단위로 수행되는 수성전과 방어전이 핵심이었다. 중앙에서 야별초와 같은 상비군이 파견되어 유격전이 벌어진 경우도 더러 있었지만, 소규모 지역 단위 방어체제라는 점에서는 이전과 다름없었다.

한 가지 주목할 점은 이전에 비해 중앙에서 상비군을 조금 빈번하게 파견했다는 사실이다. 이것은 대몽항쟁 전술에서 어떤 변화가 있어서가 아니라, 이번 몽골의 6차 침략이 어느 때보다도 위협적이고 파괴적이었던 탓이 컸다. 특히 연안 도서 지방에 대한 침략에 대응하기 위해 중앙의 상비군이 자주 파견되었다. 강도의 최씨 정권에 대한 위협이 그만큼 커서 이전처럼 방관할 수 없었던 것이다.

그러면서도 대부분의 전투는 이전과 마찬가지로 그 지역민의 자발적인 참여에 의해 수행되었다. 전투의 지휘관이 지방관이든 중앙에서 직접 파견된 특별 무관이든 지방민의 자발적인 항전은 어느 지역에서나 빠지지 않았고, 역시 가장 큰 비중을 차지했다.

그런데 이러한 자발적인 항전의 경우 그 기록이 미비한 경우가 많다. 지휘관이 지방관이거나 중앙에서 파견된 관리인 경우는 그래도 사정이 좀 나은 편으로 최소한의 기록은 사서에 남겨져 있다. 하지만 순수한 지방민만의 항전인 경우에는 제대로 알려지지 않아, 아예 역사 기록 자체에서 누락된 경우가 많았다. 이런 소규모 전투는 허다했을 것으로 보이는데, 자세한 전황을 알 길이 없어 안타까움을 더해준다.

대규모 군대를 동원한 몽골의 침략은 6차 침략으로 대단원의 막을 내리는데, 이것으로도 몽골의 요구는 온전히 관철되지 않는다. 몽골의 요구였던 강도 정부의 출륙은 6차 침략이 끝나고도 10년을 더 기다린 1270년(원종 11)에야 가능했다.

예정된 침략

1254년(고종 41) 7월 22일 차라대가 군사 5천을 거느리고 압록강을 건넜다는 서북면병마사의 보고가 올라왔다. 차라대라는 새로운 인물이 동국 정벌을 주관하게 되었고 곧이어 쳐들어올 것이라는 사실은 고려 측에서 이보다 며칠 전에 이미 알고 있었다. 1253년 12월 태자(후의 원종)의 친동생인 안경공 창이 몽골로 들어갈 때 따라갔던 부속관원 한 명이, 몽골의 사신단과 함께 7월 17일 귀국하여 그 내용을 이미 보고했던 것이다. 그 부속관원은 중요한 정보를 더불어 알려주었다. 몽골의 황제(헌종)가 다음의 세 가지 사항을 이미 알고 있다는 것이었다.

하나, 영녕공 준은 국왕의 친아들이 아니다.

둘, 이현은 고려를 배반하여 그 가족과 함께 몰살당했다.

셋, 5차 침략에서 항복한 성주들도 그 대가로 모두 죽임을 당했다.

이런 사실들은 몽골에 붙은 고려인에 의해 폭로되었다고 했다. 첫째, 영녕공 준은 1241년(고종 28) 태자를 대신하여 국왕의 친자라고 속이고 몽골에 인질로 보낸 인물인데, 몽골 측에서 그 사실을 알아챘다는 것은 중요한 사안이었다. 만약 고려 측에서 그러한 사정을 모르고 이후 외교교섭을 전개한다면 어떤 일로 비화될지 예측할 수 없는 문제였기 때문이다.

이현은 1252년(고종 39) 몽골에 사신으로 파견되었다가 고려를 배반하고 몽골 군대의 안내역을 맡았던 자였다. 그는 1254년(고종 41) 참수당하고 다섯 아들은 바다에 수장당했으며, 그의 친족들은 모두 유배에 처해졌었다. 셋째, 항복한 성주들은 몽골의 5차 침략 때 항복한 방호별감들을 말하는데, 이들은 죽임을 당하지는 않았고 유배에 그쳤었다.

안경공의 부속관원과 함께 고려에 들어온 몽골의 사신단은 이런 사실을 직접 확인하기 위해 파견된 것으로 보인다. 위의 세 가지 사항은 고려의 진정한 항복 여부를 판별하는 기준이었기 때문이다. 특히 둘째, 셋째 항이 사실이라면 진정한 항복으로 볼 수 없었다.

이들 사신단이 들어온다는 사실이 알려지자 국왕은 승천부에 마련된 새 대궐로 이어하여 기다리고 있었다. 5차 침략 때부터 국왕은 몽골의 사신단이 오면 출륙했다는 표시로 승천부의 대궐로 옮겨야만 했다. 승천부의 대궐은 이를 위해 마련된 국왕의 임시 거처일 뿐이었다. 사신단은 승천부에 도착하자마자, 비록 국왕은 나왔지만 최항이 나오지 않았음을 들어 진정한 항복이 아니라고 힐책했다. 아울러 몽골과의 전투에서 항복한 방호별감들을 죽였다는 사실 여부를 확인하고자 했다. 국왕은 유배 중인 방호별감들을 급히 불러들여 죽이지 않았음을 보여주어야 했다.

하지만 최항이 승천부로 나오지 않은 것에 대해서는 국왕도 아무런 대꾸를 할 수 없었다. 최항의 거취 문제는 국왕도 어찌 할 수 없었겠지만, 침략에 대한 또 다른 빌미를 제공했다는 불안을 떨칠 수 없었다. 그러나 몽골의 6차 침략이 이 문제 때문에 시작된 것은 아니었다.

이들 몽골 사신단이 승천부를 출발하여 다시 귀국길에 오른 것은 7월 23일이었다. 서북면병마사에 의해 차라대의 5천 군사가 압록강을 넘었다는 보고가 들어온 바로 다음날이었다. 그러니까 몽골에서는 고려의 진정한 항복 여부를 판단하기 위해 사신단을 출발시켜놓고, 그 결과를 알기도 전에 침략 군대를 곧이어 파병했음을 알 수 있다.

몽골의 6차 침략은 고려의 항복 여부를 판별하지도 않고 그렇게 예정대로 다시 시작되었다. 이는 몽골 측에서도 고려가 쉽사리 출륙과 친조를 수용할 것이라고 보지 않았다는 뜻이다.

안경공 창의 환국

한편 몽골에 들어갔던 안경공 창은 6차 침략이 시작된 직후인 1254년 (고종 41) 8월 중순에 몽골 사신의 호위를 받으며 무사히 돌아왔다. 그때는 차라대의 침략군이 벌써 경기도에까지 밀고 내려온 무렵임을 감안하면 그 군대와 함께 들어온 것으로 보인다. 안경공의 입조도 침략을 종식시키는 데 아무런 영향을 미치지 못했던 것이다. 여기서도 6차 침략은 고려의 태도와 관계없이 몽골의 의도대로 예정된 것이었음을 확인할 수 있다.

그런데 몽골에서 안경공을 무사히 귀국시킨 것은 조금 뜻밖이다. 게다가 몽골 사신 10명을 붙여 신변 호위를 해주면서까지 몽골 측에서 그의 안전에 신경을 썼다는 것은 짚어볼 대목이다. 그는 태자는 아니었지만 국왕의 친아들이라는 점에서 몽골 측에 인질로 억류될 가능성이 많았는데 말이다. 국왕 고종이 특히 염려한 것도 그 때문이었다.

여기에는 몽골의 고려 왕실에 대한 회유책이 도사리고 있었다. 고려 국왕이나 왕자들이 입조하면 결코 억압하지 않고 친절히 배려하겠다는 선의를 보인 것이다. 이런 배려를 통해 국왕이나 태자의 친조를 거부감 없이 자연스럽게 이끌어내기 위한 유인책이기도 했다.

이런 몽골의 의도는 안경공의 몽골에서의 생활을 통해서도 짐작할 수 있다. 안경공은 귀국하면서 강화도 대안에 도착하여, 부왕에게 하룻밤을 밖에서 묵고 대궐로 들어가겠다는 뜻밖의 간청을 한다. 몽골에서 몸에 밴 누리고 비린 냄새를 씻어내고 들어가겠다는 뜻이었다. 국왕은 이를 거절하면서, 몽골 복장을 벗어 불태우고 새 옷으로만 갈아입고 바로 들어오라고 했다.

이 대목에서 안경공의 몽골 체류생활을 조금 엿볼 수 있다. 안경공이 몸에 밴 몽골의 냄새를 씻어내겠다는 것은 그가 몽골인의 생활에 깊게 빠져들었음을 암시한다. 또한 몽골의 복장을 하고 돌아온 것도, 자의에 의한 것은 아니겠지만, 그런 생활을 짐작케 하는 것이다. 그런 체류 기간을 보냈으니 몽골인의 냄새가 몸에 밸 수밖에 없지 않겠는가. 아울러 잘은 모르겠지만, 그가 몽골 조정에서 상당히 환대받았다는 것도 어렴풋이 느낄 수 있다.

또 하나, 고려 왕실에 유목민족에 대한 특유의 거부감이 깊게 자리 잡고 있음도 알 수 있다. 입궐 과정에서 안경공이 보인 행동이나 국왕의 반응에서 그 점을 간파할 수 있다. 어쩌면 안경공은 환국하는 과정에서 몽골 조정에서의 생활을 자책했는지도 모른다. 과민한 행동은 그래서 나왔을 것이다.

지금까지 수차례 침략과 약탈을 받았음에도 마음속으로 진정 항복하지 않는 고려가 몽골 측에서는 정말로 까다로운 상대였음이 분명하다. 그런 중에 사상 처음으로 몽골 조정에 들어온 고려 왕자를 인질로 억류시킬 수는 없는 노릇이었다. 게다가 이미 예정대로 침략을 개시한 마당에, 그랬다가는 소탐대실의 우를 범하기 딱 좋았기 때문이다.

충주 지역 전투

1254년(고종 41) 7월 말경에 몽골 군대는 벌써 서해도에 주둔했고, 8월 초에는 광주(경기도)에 이르렀다. 그리고 9월 초에는 충주까지 내려와 있었다.

충주는 한반도의 요충지이다. 조선 초에 정인지鄭麟趾가 충주를 남도의 목구멍이라고 표현하여 그 지정학적 중요성을 강조한 바 있다. 서울에서 영남으로 향할 때 조령과 죽령으로 갈리는 분기점이자, 남도에서 서울로 올라올 때도 두 길이 합류하는 지점이었다.

그래서 몽골의 1차 침략 때부터 격전지였고, 5차 침략 때는 충주산성에서 김윤후가 70여 일간이나 버티어 수성에 성공한 곳으로도 너무나 유명하다. 이번 6차 침략에서도 네 차례의 파상적인 공격 때마다 충주에서는 전투가 빠지지 않았다.

맨 먼저 1254년(고종 41) 9월 초, 6차 첫 번째 침략 때 다인철소민의 항전을 들 수 있다. 다인철소多仁鐵所는 향·소·부곡의 소所로서, 철광과 철제품 생산을 주로 하는 특수 행정구역이었다. 그래서 전략적으로도 중요한 곳이었다. 다인철소는 현재 충주시 이류면 일대에 해당한다.

조선시대에 편찬된《신증동국여지승람》에 의하면 이곳 중원(충주)의 철로 크고 작은 화살촉이나 창·갑옷·칼 등의 무기류부터 호미나 괭이 등의 농기구까지 생산했다고 한다. 침략한 몽골 군대도 이러한 무기류의 조달과 확보에 관심이 많았을 것이다. 게다가 기병 위주의 몽골 군대에게는 철제 말발굽 편자의 공급도 중요한 문제였다고 하니, 다인철소의 전략적인 중요성을 짐작할 수 있다.

그런데 이 다인철소민의 항전에 대해서는 자세한 기록이 남아 있지 않다. 다만 전투가 있은 이듬해 다인철소를 익안현으로 승격시켰다는 기록으로 보아 승전에 대한 포상이었음을 분명히 알 수 있다. 철을 생산하여 전략적으로도 중요한 곳이었으니 그 승리에 대한 의미 역시 컸을 것이다.

두 번째 충주 지역 전투는 1255년(고종 42) 10월 초, 몽골의 6차 두 번째 침략 때 있었던 대원령 전투이다. 대원령은 현재 충주시 상모면 미륵리와 문경시 관음리를 잇는 하늘재[寒暄嶺]로 추정하고 있다.

이 대원령 전투에 대해서는《고려사》에, "몽골의 군사가 대원령을 넘어서니 충주에서는 정예병을 파견하여 몽병 1천여 명을 격살하였다"라는 기록이 있다. 매우 소략한 기록이지만, 대원령을 넘어 영남 지방으로 남하하는 몽골 군대를 기습 공격하여 대승첩을 거두었음을 암시하고 있다. 소백산맥의 산악지형을 이용한 유격전의 승리였을 것이다.

대원령에서 큰 피해를 입은 몽골 군대는 다시 충주에 대한 집중 공략을 시도한다. 영남 지방으로 남하하려면 반드시 거쳐야 할 곳이니 당연한 노릇이었다. 대원령 전투 이듬해인 1256년(고종 43) 4월, 역시 6차 두 번째 침략군이 아직 철수하지 않은 상태에서 재차 공격을 감행했다. 이것이 세 번째 충주 지역 전투이다.

이때 충주의 관리들과 주민들은 충주성을 나와 대부분 인근의 월악산으로 들어와 입보하고 있었다. 이에 주성인 충주성은 방어에 조금 소홀했던 듯하다. 《고려사》에는 "몽골의 군대가 충주성에 들어와 주성을 도륙하였다"고 하여 간단한 기록만 남기고 있다. 방비가 소홀한 충주성에 대해 몽골 군대가 마음껏 살육을 자행했다고 보인다.

충주의 주성을 함락한 몽골 군대는 뒤이어 인근에 있는 월악산의 산성으로 쳐들어왔다. 월악산의 산성은 지금의 덕주산성이라고 하는데, 충주의 관민들이 들어와 입보해 있던 곳이다. 이때 몽골 군사의 공격이 얼마나 위협적이었는지 성안의 관민들은 방어에 손도 쓰지 못하고 월악신사로 올라가 피신할 수밖에 없었다. 몽골 군대는 지금까지의 연패를 보복이라도 하려는 듯 마음먹고 공격했던 모양이다.

월악신사는 월악산의 정상 부근에 있는 사당으로 생각되는데, 관민들이 피신하자 구름과 안개가 자욱한 속에서 비바람과 함께 천둥 번개가 몰아쳤다. 이런 악천후를 무릅쓰고 정상을 향해 공격해 올라가는 것은 위험하다고 판단했는지, 몽골 군대는 천만다행으로 공격을 중지하고 철수하고 만다. 월악산의 산신령이 보호했는지도 모를 일이다.

이후에도 몽골 군대는 철수와 출병을 되풀이하면서 충주 지역에 대한 공격을 멈추지 않았다. 1258년(고종 45) 10월, 6차 네 번째 출병 때 다시 들이닥쳤다. 이때는 충주 북쪽의 박달재에서 전투가 벌어지는데, 이것이 네 번째 충주 지역 전투이다.

충주의 별초로 구성된 방어군은 몽병의 출병 소식을 듣고 박달재에 잠복하고 있었다. 별초는 무너진 상비군 체제를 대신하여 각 지역 단위로 구성된 지방군인들이다. 이러한 별초가 특별히 구성된 것은 전략상 요충지인 충주 지역을 방어하겠다는 강도 정부의 굳은 의지가 반영된 것으로 보인다.

　몽골 군사들이 박달재를 넘어오자 충주의 별초들은 기습공격을 감행했다. 익숙한 지리적 조건을 잘 이용한 유격전이었다. 여기서 몽병들은 급습을 당하여 패주했고, 포로로 잡혀 있는 사람들과 우마·병장기 등도 다수 빼앗을 수 있었다.

상주산성 전투

상주산성(경북 상주) 전투는 1254년(고종 41) 10월 중순경, 6차 첫 번째 침략 때 있었다. 같은 해 9월 중순경 차라대의 1차 침략군이 충주산성을 공격했다가 거센 반격을 받아 포기하고 남하하면서 벌어진 전투였다.

　남하하던 차라대의 군사가 상주산성을 공격하자 황령사의 승려 홍지洪之라는 인물이 지휘에 나섰다. 성안 주민들은 홍지의 지휘로 혼연일체가 되어 수성에 성공한다. 또한 이 과정에서 차라대의 부관 한 명을 사살하고 적의 군졸도 반 이상을 죽이는 전과를 올렸다. 차라대의 군사는 결국 포위를 풀고 물러나는데, 최소한 보름 이상 버텨낸 듯하다.

　황령사는 현재 상주시 은척면에 위치하고 있는데, 이곳은 경상도로 들어오는 입구에 해당한다. 차라대의 군사가 남하해오자 황령사의 승려들도 인근의 지역민들과 함께 남쪽으로 피신하여 상주산성에 입보해 있었다고 생각된다.

　상주산성은 현재 상주시 모동면에 위치한 백화산성으로 추정된다. 전체 길이가 20킬로미터나 되는 큰 성지로 지금도 석문·건물지·창고터 등이 남아 있으며, 현재 백화산 기슭에 있는 '저승골'이라는 곳에는 몽골 군대가 유격전으로 협공을 받아 몰살당했다는 전설이 남아 있다고 한다.

상주산성 전투에서 가장 주목해야 할 점은, 승려 홍지라는 인물이 지휘했다는 사실이다. 이것으로 보아 상주산성 전투에는 지방관이나 중앙에서 파견된 무관이 전혀 참여하지 않았음을 알 수 있다. 이 전투는 순수 지역민에 의한 자발적인 항전이 분명하고, 그래서 더욱 빛나는 승리였다.

상주산성 전투는 1232년(고종 19) 2차 침략 때 있었던 처인성(경기 용인) 승첩과 비슷한 점이 많다. 그때도 승려 출신 김윤후가 지휘했고, 순수 지역민들로만 구성된 자발적인 항전이었다는 점에서 그렇다.

간절한 철병 요구

침략 중에도 교섭은 이루어졌다. 다만 어느 때보다도 다급하고 빈번하게 이루어졌다는 점이 눈에 띄는 대목이다. 그만큼 강도 정부에 대한 몽골의 위협이 심각했다는 뜻일 것이다. 그때마다 몽골의 계속된 요구는 국왕이 직접 출륙하여 몽골의 군대를 맞이하라는 것이었다.

차라대의 침략군에 대한 최초의 교섭은 1254년(고종 41) 8월 하순 이루어졌다. 대장군 이장李長이라는 자를 차라대의 군영에 보낸 것이다. 그때 차라대의 군대는 개경의 동쪽 교외에 있는 보현원에 주력부대를 주둔시키고 있었는데, 강도 정부에서 이를 직접적인 위협으로 판단했는지 즉시 사신을 파견한 것이다.

차라대의 군진에는 사령관 차라대를 비롯하여 부장 2명과, 인질로 몽골에 들어갔다가 배반한 앞서의 영녕공 준, 그리고 서경에서 반란을 일으키고 몽골로 도망친 홍복원 등도 동반하고 있었다. 사신은 이들에게 줄 은으로 된 술잔과 모피·비단 등 후한 선물까지 준비했지만 돌아온 반응은 너무나 차가웠다.

차라대의 요구는 강도에 있는 국왕과 신하 그리고 백성들 모두가 나와서 몽골식으로 삭발하여 변발하라는 것이었다. 그렇지 않으면 철수는 기약 없는 일이라고 협박했다. 국왕이 출륙하는 것만도 수용하기 힘든 일일진대, 신하들까지 모두 나와 삭발까지 하라는 것은 무리한 요구였다. 아마 침략의 첫 단계라 일단 강경 일변도로 나온 것이 아닌가 싶다.

보름쯤 후에, 강도 정부는 다시 사신을 차라대 군영에 보내 술과 음식, 폐백을 전달한다. 이때 차라대는 충주에서 전투를 벌이고 있었는데 이런 선물 정도로 군대 철수가 이루어질 리 만무했다. 국왕이 출륙하라는 그들의 요구를 받아들이기 힘든 상황에서 절박한 사정을 그대로 드러낸 것이었다.

같은 해 10월 초, 다시 차라대의 둔소에 참지정사(종2품) 최인을 파견하여 군대 철수를 요청한다. 이 무렵 차라대는 상주산성에서 승려 홍지가 이끄는 성의 주민과 공방전을 시작하고 있었다. 관료들은 전쟁 중이라 적의 군진에 사신으로 파견되는 것을 대부분 꺼리고 있었다. 가봐야 성과도 없이 수모만 당하기 십상이었기 때문이다. 최인은 몽골과의 교섭에서 여러 차례 핵심적인 역할을 한 인물인데, 자진해서 파견을 요청했고 이 공으로 문하평장사(정2품)로 승진한다.

최인은 상주에서 남하하는 차라대의 군대를 뒤쫓아 다니다가 합주(경남 합천)에서 겨우 만나 그해 12월 말에야 돌아왔다. 하지만 돌아온 최인 역시 별 성과 없이 차라대의 요구만 그대로 전달할 뿐이었다. 최항이 국왕을 받들어 육지로 나오면 곧 철병한다는 내용이었다.

이때 차라대의 철병 조건은 앞서 첫 번째 사신 때보다 조금 완화된 느낌이다. 충주나 상주 등 내륙의 전투에서 뜻하지 않게 완강한 저항을 받자 강경한 의지가 조금 수그러들지 않았나 싶다. 하지만 수용하기 힘든 차라대의 요구가 줄기차게 계속되고 있다는 점에서, 사신 파견에 의한 철병 요구는 기약 없는 무망한 일이 아닐 수 없었다.

마침내 이듬해 정월 최인은 몽골 조정을 향해 출발한다. 몽골의 황제를 상대로 직접 교섭을 하겠다는 의도로, 철병을 간절히 요청하는 표문까지 가지고 갔다. 최인은 그해 9월 환국하는데, 이미 몽골의 6차 두 번째 공격이 시작된 때였다. 그러니 역시 가망 없는 외교였던 것이다. 최인이 몽골에 가서 황제를 직접 대면했는지는 알 수 없는 일이다. 그런 경우 보통 사서에 언급되기 마련인데, 그런 흔적이 보이지 않는 것으로 보아 중간관리에게 표문만 전달하고 돌아온 듯하다.

그런데 최인이 몽골에 들어갈 그 무렵, 차라대의 군대는 남진을 멈추고 북상하는 길을 밟는다. 몽골 진영에 포로로 잡혀 있다가 도망쳐 온 한 주민의 진술에 따르면, 몽골의 황제가 귀환 명령을 내렸다는 것이었다. 그것을 증명이라도 하듯 북방에 주둔하고 있던 몽골 군대는 이미 철수를 시작했다는 말도 했다. 그 이유는 잘 알 수 없으나 몽골 내부에 어떤 사정이 있었을 것이다.

철수하는 차라대의 군대는 바로 북진하지 않고, 귀환 도중 강화도 맞은편 대안에 머물면서 강도에 대한 위협도 빠뜨리지 않았다. 그리고 몽골 군사가 반도에서 완전히 철수하지도 않았다. 일부는 고려의 북방에 주둔하고 있으면서 새로운 명령을 기다리고 있었다. 6차 침략에서 네 차례의 파상적인 공격이 모두 그렇게 북방에 주둔하면서 이루어졌다.

그해 1255년(고종 42) 2월 말에는 강도의 계엄이 해제되어 몽골의 6

차 첫 번째 침략은 일단 휴전 상태에 들어간다. 그 후 가장 길었던 6차 두 번째 침략은 그해 8월 하순 다시 재개된다.

김수강의 대장정 외교

6차 첫 번째 침략 이후에도 몽골의 공격이 있을 때마다 철병을 요구하는 사신 교섭은 계속되었다. 몽골의 공격이 격렬할수록 철병 요구 또한 간절하고 빈번했다. 직접 몽골 조정을 상대로 교섭을 벌이기도 하고, 내침한 차라대의 군영으로 가서 철병을 요구하기도 한다. 그런 철병 요구를 위한 교섭 중에서 뜻밖의 외교적 성과를 거둔 것이 하나 있다.

1255년(고종 42) 6월 8일, 그러니까 6차 첫 번째 침략군이 철수한 뒤, 고려에서는 시어사(종5품) 김수강金守剛과 낭장(정6품) 유자필庾資弼을 몽골 조정에 파견했다. 이들 사신단은 그 관품으로 보아 큰 성과를 기대하지 않은 사행으로 보인다. 단순히 정기적인 공물을 바치기 위한 사행이었을 것이다. 몽골의 침략군이 철수한 뒤 파견했다는 점에서도 비중 있는 사신은 아니었음을 짐작할 수 있다.

이들 사신은 몽골의 화림성(캐라코룸)까지 가서 황제(헌종)를 만나게 된다. 이 무렵 몽골제국의 수도였던 화림성은 지금의 몽골 수도인 울란바토르 바로 남서부에 위치한 곳으로 고비사막 바로 북쪽이다. 그러니 고려에서 왕복하는 거리만도 수만 리요, 소요 시간만도 1년 가까이 걸리는 기나긴 여정이었다.

당시는 동북아시아가 전쟁에 휩싸인 때였으니 왕복하는 여정이 편안했을 리 없고, 기후 변화나 풍토 차이로 고통의 연속이었을 것이다. 또 한겨울의 추위는 얼마나 힘들었겠는가. 더구나 몽골의 황제는 직접 군대를 통솔하고 원정길에 나서는 경우가 많아, 어디에 머무르고 있을지 모를 그를 찾아간다는 것도 결코 만만한 일이 아니었다. 기록에 의하면 김수강 등 사신 일행은 황제를 따라 화림성까지 들어가 만날 수 있었다고 하니, 당시 황제는 원정 중에 수도로 귀환하다가 고려 사신 일행과 조우한 듯하다. 추측컨대 미관말직의 고려 사신을 황제가 선뜻 만나주려고 하지 않았을 텐데, 김수강이 시간을 허비하면서까지 기다려 기어코 대면한 것이 아닌가 싶다.

이들이 돌아온 것은 이듬해 9월이었으니 왕복 15개월이나 걸린 셈이다. 앞서 안경공 창이나 최인이 몽골에 들어갔다 오는 기간이 9개월 정도였음을 참고하면 매우 긴 여정이었음을 알 수 있다. 그만큼 고난의 대장정이었던 것이다. 조금 벗어난 얘기지만, 이들 사신 일행이 대장정의 여정을 담은 기행문이라도 한 편쯤 남겼다면 얼마나 좋을까 하는 아쉬움이 남는다.

김수강 등은 황제를 대면하고 철병을 간절히 요구했지만, 황제는 고려의 출륙이 이루어지지 않았음을 들어 거절했다. 김수강은 여기서 물러서지 않고, 다음과 같은 멋진 비유로 철병을 끈질기게 요청한다.

"사냥꾼이 짐승을 쫓아 굴에 들어섰는데, 활과 화살을 차고 굴 앞을 지키고 섰으면 곤경에 처한 짐승이 어디로 나오겠습니까? 또한 얼음과 눈으로 대지가 차갑게 얼어붙어 있는데 초목이 어떻게 나오겠습니까?"

좀 서글픈 비유이기는 하지만 너무나 적절한 묘사가 아닌가. 냉혹하게 말하자면 당시 강도 정부와 몽골제국의 관계를 이보다 더 극명하게 드러낼 수는 없을 듯하다. 고난의 대장정 동안 김수강은 철병 문제를 진정으로 고심했음이 분명했다.

황제는 "그대는 진정한 사신이로다. 마땅히 두 나라의 화친을 맺으리라" 하면서 설득당하고 만다. 곧이어 황제는 군대 철수를 명령하는데, 김수강의 고단한 대장정에 대한 보답이었으리라.

1256년(고종 43) 10월경, 6차 두 번째 침략군이 철수한 것은 그의 공이 컸다. 이듬해 5월, 몽골의 6차 세 번째 침략이 개시되자 그는 다시 철병을 요청하는 사신으로 임명받아 또 몽골 조정을 향한다. 이때도 그는 남송을 정벌하러 원정 길에 오른 황제를 군영까지 가서 직접 대면하고 철병을 관철시킨다. 외교관 한 사람의 수완이 수천 수만 군사보다 못하지 않으며, 한 국가의 진로를 좌우할 수도 있음을 그가 보여준 것이다. 강도에만 안주하고 있는 최씨 정권이 얄밉기만 하지만.

말 한마디로 몽골 군대를 철수시킨 김수강은 본관도 알 수 없는 인물로 뛰어난 명문 출신이 아니었다. 하지만 박학다식하고 지조가 굳기로 유명했다. 과거에 급제한 후 그런 성품에 맞게 사관직과 대간직을 주로 거쳤다. 그러나 벼슬은 크게 현달하지 못하여 중서사인(종4품)에 그치고 만다. 지조 굳은 인물이 크게 현달하는 경우는 드문 모양이다.

상원 전투

철병과 출륙이라는 양측 주장을 놓고 교섭을 계속하면서도 한편에서는 전쟁도 여전히 계속되었다.

상원(평남) 전투는 1258년(고종 45) 8월 말경, 6차 세 번째 침략 때 있었다. 《고려사》에 "몽골 군사가 서해도의 가수굴과 양파혈을 치니 모두 항복하였다"라는 기록이 그 사실을 전하고 있다.

가수굴은 토산현(평남 상원군), 지금의 평양 남쪽 중화군의 관음산에 위치한 석회암 동굴이고, 양파혈 역시 인근에 있는 천연동굴로 생각된다. 이러한 천연동굴들은 섬이나 산성으로 미처 피하지 못한 백성들이 피난처로 이용하기 좋은 곳이었다.

몽골의 6차 네 번째 침략이 있자, 두 동굴에는 인근의 백성들과 함께, 수안(황해도)현령 박임종朴林宗, 방호별감 주윤周尹, 가수혈별감 노극창盧克昌 등이 들어와 있었다. 지방 관리와 중앙에서 직접 파견된 별감들까지 피신한 것으로 보아, 천연동굴의 이용은 정부의 적극적인 주선에 의한 것이었음을 알 수 있다. 천연적인 지형을 이용한 효과적인 입보책이었던 것 같다.

몽병은 산 정상에서 밧줄을 타고 굴의 입구로 내려왔으나 입구가 너무 좁아 병장기를 들고는 도저히 들어갈 수가 없었다. 이에 몽병은 굴 속의 오소리를 잡듯이 풀을 태워 굴 속으로 투입하는 방법을 썼다. 당장 독 안에 든 쥐꼴이 되고 말았다. 결국 수안현령 박임종은 자결해버리고, 방호별감 주윤은 나가 싸웠으나 화살세례를 받아 죽었으며, 가수혈별감 노극창은 사로잡히고 말았다. 백성들과 별초군인들은 도망치다가 죽거나 살상당하여 모두 궤멸해버리고 말았다.

이 전투에서 천연동굴이 정부의 공식적인 방호시설로 이용되었다는 것은, 그 유용성을 증명하기보다는 이 무렵 산성 등 일반적인 방어시설이 쓸모없게 되었음을 말해주는 것이다. 몽골의 계속된 침략으로 기존의 방어시설들이 모두 훼손되고 복구작업도 쉽지 않았던 탓이다.

그래서 상원 전투는 전쟁이 막바지에 접어들면서 국가시설의 극심한 피폐상과 전쟁의 처연함을 동시에 느끼게 한다. 자연동굴을 이용할 수밖에 없는 항쟁의 곤궁함을 그대로 드러낸 것이었다. 이를 보고 대몽항쟁도 막다른 골목에 이르게 되었다고 판단하면 너무 심한 억측일까.

전쟁의 참상

6차 침략은 그 피해나 참상 또한 지금까지와는 비교할 수 없을 정도로 컸다. 첫 번째 침략 때 벌써 포로로 붙잡힌 자가 20만 명이 넘었다니 우리의 상상을 초월한다. 살육된 사람도 이루 다 헤아릴 수가 없었다고 한다. 침략군이 지나가는 길에는 남아나는 것 없이 모두 잿더미가 되었다고 하니 그 참상을 어떻게 설명해야 할지 모르겠다.

침략군의 이러한 무차별적인 체포·살육·방화·파괴는 강도 정부의 항복을 신속히 받아내기 위한 수단이었다. 그러니 강도의 최항 정권이 몽골의 요구를 거절하면 할수록 그들의 폭력성은 도를 더해갔고, 시간이 지체되면 될수록 백성들의 참상과 피해는 늘어갔다.

붙잡힌 포로들은 끌려다니면서 전쟁의 노역을 강요당하기도 하고, 비참하게 죽임을 당하기도 했으며, 아예 북으로 끌려가기도 했다. 포로로 잡혔다가 도망쳐온 자들도 많았고, 풀려나 방환된 자들도 있었다. 이들은 굶주림으로 대부분이 아사 직전이었는데, 관청에서 식량을 내어 구휼하기도 했지만 구제받지 못한 자들은 시간이 지나면서 대부분 죽어나갔다. 해골이 들판을 덮었다는 사서의 기록이 그 참담한 실상을 그대로 전해주고 있다.

침략이 없는 잠시의 휴전기에도 비참한 모습은 계속되었다. 침략군이 물러나고 계엄이 해제되면 산성이나 섬에 들어간 사람들을 모두 나오게 했다. 다시 농사짓도록 하기 위해서였는데, 이때 더욱 적나라하게 참상이 드러났다. 침략이 있는 동안 산성이나 섬에 갇혀 있던 사람들이 제대로 먹지 못해 아사자가 속출했던 것이다. 먹고 살 만한 터전이 갖춰진 곳은 사정이 좀 나았지만, 그런 산성이나 섬은 극히 드물었다.

침략군이 물러나면 고향으로 돌아가야 했는데, 귀향하는 동안 또 굶어죽는 경우가 허다했다. 특히 먼 길을 가야 하는 사람들 중에서 노약자들이 대부분 죽어나가, 구덩이마다 시체가 가득했다고 한다. 심지어는 배고파 우는 아이를 나무에 매어두고 울부짖으며 도망치듯 가는 사람까지 있었다고 하니, 살아 있음이 오히려 고통이었을 것이다.

다행히 삶의 터전인 고향에 살아서 돌아온 사람들에게도 고통은 끝나지 않았다. 농사를 지어도 극심한 조세 착취가 살아남은 사람들을 또 괴롭힌 것이다. 전쟁이 뜸한 틈을 이용해 강도의 최씨 정권은 조세 징수를 위한 선지사용별감이라는 특별 행정관을 다시 각 지방에 파견하고 있었다. 이들이 고향에 돌아온 농민들을 괴롭힌 것이다.

침략이 뜸한 휴전기에는 민생안전을 위해 특별히 파견된 관리들이 백성을 괴롭혔다. 소복별감蘇復別監이라는 관리가 그러했다. 그 이름으로 보아 각 지방에 파견되어 전후 복구사업을 지휘하는 관리로 보이는데, 이들이 또한 백성을 착취하여 사리를 취하는 경우가 많았다. 백성들은 전쟁이 시작되면 침략군에게 살상당하고, 휴전이 되면 관리들에게 또 착취당했던 것이다.

그래서 6차 침략 동안에는 민심의 이반도 컸다. 전쟁 중에 자진해서 포로가 되거나, 침략군의 앞잡이가 되는 사람도 많았다. 때로는 한 행정구역 전체를 들어 몽골에 바치고 귀부하는 지방 관리도 있었고, 섬에 입보한 이들 중 경비하는 군인들을 죽이고 몽골에 항복하는 지방의 세력가도 있었다.

전쟁의 참상을 알려주는 기록은 이밖에도 수없이 많지만 여기서 그치련다. 다만 그런 참상에 더욱 짙은 그림자를 안겨준 악명 높은 인물이 있었으니 그 사람만큼은 언급을 회피할 수 없다.

최항 정권의 주구, 송길유

백성들을 참담한 처지로 몰아넣는 데는, 몽골의 침략군보다도 강도 최씨 정권의 관리들이 더했으면 더했지 조금도 덜하지 않았다. 이들 관리들의 행패는 주로 전쟁이 뜸한 휴전기에 나타났는데, 특히 섬으로 백성들을 피신시키는 과정에서 그대로 드러났다. 침략이 예고되면 또다시 반복되는 피난이 백성들을 고통 속으로 몰아넣었던 것이다.

백성들을 섬으로 입보시킬 책임을 지고 파견된 송길유라는 악명 높은 자가 있었다. 여기 송길유는 앞서 한 번 거론된 인물이다. 바로 대몽항쟁의 명장 김경손을 바다에 수장시켰던 장본인인데, 그는 이후에도 최항의 최측근으로 명령을 한 점 착오 없이 무자비하게 수행했던 군인이다.

송길유의 무자비한 근성은 초급장교 시절부터 유감없이 발휘된다. 말단 군졸로 군인생활을 시작한 그는 최항에게 아첨을 잘해 야별초 지유가 되었다. '지유'는 2백 명 정도의 소규모 야별초 부대를 지휘하는 지휘관을 가리키는데, 낭장(정6품)이나 별장(정7품)이 맡았다. 지금의 군인계급으로 말하면 소령이나 중령쯤에 해당된다.

송길유가 야별초 지휘관으로 있을 때 악랄하게 죄수를 심문했던 일화가 하나 전한다. 죄수를 두 손의 엄지손가락을 묶어 대들보에 매달고, 다시 두 발의 엄지발가락을 묶어 큰 돌을 매달아, 그 밑에 숯불을 피워놓는다. 그런 다음 두 사람을 양 옆에 세우고 매를 치게 하는 것이다. 이런 고문을 당하면 누구나 거짓으로 자백하지 않을 수 없었다고 한다.

야별초의 지휘관이 죄수 심문까지 맡은 것으로 보아, 국가상비군으로 설치된 야별초가 최씨 정권의 사병 노릇을 했음이 여기서도 분명해진다. 송길유는 최항 정권의 충실한 사냥개였던 것이다. 그의 악랄한 근성은 전시에 더욱 빛났다.

몽골의 6차 두 번째 침략군이 전남 내륙 지방을 휩쓸고 북상하던 1256년(고종 43) 8월, 송길유는 장군(정4품)계급으로 백성들을 섬으로 입보시키는 책임을 지고 청주 지방에 파견되어 있었다. 청주는 내륙의 한가운데 자리잡고 있어, 서해의 연안 섬까지 가는 데만도 짧은 거리가 아니었으므로 그 자체로 고통이었다. 게다가 생활 근거지를 버리고 가야 했으니 백성들은 당연히 반겨할 리 없었다. 이럴 때 송길유는 백성들의 가재도구를 모두 불태워버리고 옮기기를 강요했다. 심지어 명령을 좇지 않는 자에 대해서는 곡식까지 불태워버리니 남아 있는 자들은 태반이 굶어 죽고 말았다.

송길유의 잔혹한 행패는 이것만이 아니었다. 그 후 대장군(종3품)으로 승진하여 경상도 수로방호별감으로 파견되었을 때의 일이다. 이 직책은 지금으로 말하면 경상도 지방의 계엄사령관 정도에 해당된다. 야별초를 거느리고 여러 주현을 순시하면서 백성들을 섬으로 피신시키는 임무를 맡았던 그는, 명령을 듣지 않는 자가 있으면 목을 굴비 엮듯이 밧줄로 엮은 다음 군졸들을 시켜 물속에 집어넣었다가 거의 죽게 되면 끌어내고, 조금 깨어나면 다시 집어넣기를 반복했다. 때로는 말을 듣지 않는 자를 그 자리에서 때려죽이는 일도 예사로 저질렀다.

아, 이를 어쩌란 말인가. 상상만 해도 치가 떨리는 일이 아닌가. 몽골의 침략군에게 당했다면 차라리 운명이라고 생각하고 감수했을 텐데 말이다. 이러고도 정권이 유지되었으니 최씨 정권은 강화도로 천도한 덕을 톡톡히 보았음에 틀림없다. 하지만 이런 최씨 정권도 이제 마지막을 향해 치닫고 있다는 것을 보여줄 뿐이다. 공교롭게도 송길유는 최항의 뒤를 이은 최의에 의해 유배되면서, 자신이 의도한 것은 아니었지만 최씨 정권을 붕괴시키는 데 일조를 한다.

송길유의 패악은 최항 정권의 해도입보책이 얼마나 강제된 것이었고, 백성들에게는 또 얼마나 극심한 고통을 안겨주었는가를 잘 보여준다. 나아가서는 강화도로 천도한 최씨 정권의 대몽항쟁이 얼마나 내륙 백성들과는 동떨어진 것이었는가를 보여주는 가장 극명한 사례이다.

강화도로 밀려드는 전쟁포로, 신의군

몽골의 6차 첫 번째 침략 때 포로로 잡힌 사람이 20만 명이 넘었다는 이야기를 했었다. 사서에 기록된 정확한 숫자는 20만 6천 8백여 명이다. 이들 포로들 속에는 남녀노소 여러 계층의 사람들이 포함되어 있었다. 몽골 군대가 이렇게 많은 포로를 잡은 이유는 강도 정부를 압박하여 빨리 항복을 받아내기 위해서였다.

이들 포로들 중 대부분은 6차 첫 번째 침략군이 철수한 직후인 1255년 (고종42) 4월 돌아온다. 그러니까 모두 북으로 끌려간 것이 아니고, 침략 기간 동안 잠시 억류된 상태였다고 보인다. 모조리 끌고가기도 어려웠을 테니 대부분 방치된 상태에서 도망치거나 방환된 것이었다.

그런데 도망치거나 방환된 포로들은 일부는 고향으로 돌아가기도 했지만, 일부는 강도로 밀어닥쳤다. 전쟁으로 황폐화된 고향으로 돌아가봐야 생업도 유지할 수 없고, 다시 침략이 시작되면 목숨도 부지하기 어려웠기 때문이다. 안전한 곳은 강화도밖에 없었으니 고향보다는 강화도를 더 많이 선택했을 것이다. 사서에는 포로로 잡혔다가 도망하여 강도로 밀려드는 백성들이 줄을 이었다고 전하고 있다.

그러나 강도에 들어온 이들이 아무 연고도 삶의 터전도 없는 곳에서 뿌리내리고 살기가 쉬운 일은 아니었다. 대부분 국가에서 지급하는 구휼미로 하루하루 연명했지만, 노약자 중에는 굶주려 죽는 자도 수없이 많았다. 시간이 흐르면서 점차 여기저기 흩어져 생계를 유지해나갔을 것이다.

그런데 이들 귀환자 중 건장한 장정들이 문제였다. 이들 중에는 전직 군인들도 많았는데, 그대로 방치했다가는 사회불안을 일으킬 소지가 다분했다. 뿌리내리고 살 만한 근거가 없는 이들이 할 수 있는 일이라곤 그것밖에 없었다. 게다가 이들은 강화도에만 안주하고 있는 강도정부나 최항 정권에 대해 그다지 감정이 좋지도 않았다. 전쟁의 참상이나 고통을 누구보다도 생생하게 체험했을 이들이, 별천지 같은 강도의 평온을 보고 당연히 품을 수 있는 감정이었다.

할 수만 있다면 이들을 국가의 제도권 안에 수용하는 것이 가장 좋은 방법이었다. 신의군神義軍은 바로 이들 포로 귀환자 중에서 건장한 장정들로 구성된 부대였다. 사회불안도 미연에 방지하고 국가상비군에 소속시켜 전력도 증강하는 일석이조의 효과가 있었다. 그들 스스로도 반겼했음은 물론이다. 이즈음 조금씩 고개를 들고 있는 몽골에 대한 항복 여론을 잠재우고, 항몽 의지를 다시 일으켜 세우는 것도 덤으로 얻을 수 있는 효과였다.

그런데 이처럼 국가상비군으로 창설된 신의군이 결국에는 최항 정권을 지탱해주는 사병적 기능을 하게 된다. 이전에 최이에 의해 조직된 상비군인 야별초가 그랬듯이 똑같은 전철을 밟아 최씨 정권의 전위부대로 전락한 것이다. 다만 신의군은 이전의 야별초보다는 정권과의 유착이 덜했을 것으로 보인다. 이 신의군을 포함하여 이미 사병화된 야별초가 후에 좌별초와 우별초로 나뉘는데, 이 세 부대를 삼별초라고 부른다.

삼별초는 대몽항쟁의 주역이 전혀 아니다. 이들은 대부분 강화도에 머물면서 강도만을 지키는 정권수호 역할에 더 충실했다. 가끔 이들이 내륙으로 출전하여 전투를 벌이기도 했지만, 그런 경우는 극히 드물었다. 게다가 내륙으로 파견된 야별초마저도 전투보다는 지방민들의 이반이나 반란을 막는 데 더 많이 동원되었다.

대몽항쟁의 참 주역은 각 지방의 군인(지방 별초)들과 해당 지역의 백성들이었다. 삼별초는, 특히 야별초는 오히려 백성들을 산성이나 섬으로 몰아넣는 데 동원되어 억압과 탄압의 기능을 더 많이 수행했다. 앞서 야별초의 지휘관이었던 송길유의 패악스런 사례 하나만으로도 이런 설명은 충분하다.

강도에 대한 경제봉쇄

몽골의 전술 변화

몽골의 6차 침략에서 드러난 가장 큰 특징은 연안 도서 지방에 대한 공격이 집중되었다는 점이다. 여기에는 그럴 만한 중요한 배경이 있었다.

앞서 몽골에 사신으로 파견되었다가 배반하고 침략군의 앞잡이가 된 이현이라는 인물을 언급했었다. 그는 배반의 대가로 최항에 의해 가족 모두 몰살당했는데, 여기에는 몽골에 붙었다는 이유 외에도, 강도 정부에 대한 중대한 정보를 유출했다는 간첩행위가 덧붙여졌다. 이현은 몽골의 5차 침략 때 사령관이었던 야굴에게 이런 말을 한 적이 있었다.

"우리나라의 도성은 섬 속에 갇혀 있고, 조세는 모두 내륙의 주현에서 거두어들이고 있소. 군대가 가을 전에 쳐들어간다면 강도 사람들은 당장 궁색하게 될 것이오."

최씨 정권이 내륙에서의 조세수취를 통해 재정을 확보하고 있다는, 그래서 가을에 수확을 하기 전에 쳐들어가야 한다는, 어찌 보면 평범한 진술이다. 하지만 이 진술은 차라대의 6차 침략에 중요하게 작용하여 전술의 변화를 가져오는 계기가 된다.

이러한 정보 때문이었는지 1253년(고종 40) 야굴의 5차 침략은 7월, 곧 가을 수확 직전에 개시되었다. 하지만 이것은 5차 침략 때의 일만은 결코 아니었다. 지금까지 고려에 대한 몽골의 침략은 거의 대부분 공통적으로 하절기에 시작하여 동절기에 끝났다.

어쩌면 지금까지 있었던 몽골의 하절기 침략은 그 자체로 충분히 강도의 재정을 악화시킬 수 있었다. 전쟁으로 인해 농민들이 살상당하거나 강제로 피란을 하면서 파종이나 가을 수확을 비롯한 농업경영이 어려울 뿐만 아니라, 조세수취도 원활하게 할 수 없었기 때문이다. 그런데도 강도의 고려 정부는 큰 어려움 없이 지금까지 수십 년을 버티어왔다.

여기에는 그럴 만한 이유가 있었다. 앞서 살펴보았듯이, 5차 침략까지는 의외로 그 침략의 빈도가 많지 않았다는 사실을 상기할 필요가 있다. 침략이 있었던 해보다는 없었던 해가 더 많았으며, 침략이 있을 때에도 반도 내륙이 광범위하게 점령당한 것은 아니었고, 침입로 연변의 일부 지역만이 피해를 입었다.

또한 그 침략군의 규모도 그리 크지 않았다. 몽골의 침략이 개시될 때 그 군사 수를 정확히 기록하고 있지 않아 분명하게 알 수 없지만, 대부분 수천 안팎의 군대였다고 보인다. 가장 많은 군사가 쳐들어온 것이 6차 첫 번째 침략 때로 5천이었다. 이때만 특별히 군사 수를 정확히 언급한 것은 이전에 비해 특히 대규모였기 때문이다.

게다가 몽골 군대가 내륙에 주둔한 기간도 하절기부터 동절기 사이로 오랜 기간이 아니었다. 순식간에 쳐들어왔다가 다시 철수하는, 치고 빠지는 파상적인 공격을 구사했던 것이다. 이 동안 춘절기에는 얼마든지 농작물을 파종하고 경작할 수 있었다. 몽골 군대는 대부분 하절기에 들어와 동절기에 철수했으니까, 전란이 있었던 해에도 춘절기에 파종하거나 경작하는 데는 크게 방해받지 않았다고 생각된다.

또한 수확물에 대한 조세수취에도 큰 어려움이 없었다고 보인다. 물론, 장기간 전쟁이 계속되면서 농민의 농업경영과 정부의 조세수취가 평시처럼 활발하지 못했을 것이라는 사실은 충분히 짐작하고도 남음이 있다. 하지만 기나긴 전쟁치고는 뜻밖에 농업이 크게 황폐화되지도 않았고, 중요한 조세수취는 여전히 계속되었다는 뜻이다. 5차 침략 때까지는 말이다.

강도의 최씨 정권이 그렇게 긴 전란 동안 강화도라는 좁은 섬 안에서 버텨낼 수 있었던 재정 기반은 여기에 있었다. 이런 점에서 지금까지 있었던 몽골의 다섯 차례 침략은 강도 정부의 재정을 압박하는 데 큰 효과가 없었다고 할 수 있다.

몽골 군대는 6차 침략에서 이것을 극복해야 했다. 그래서 차라대가 연안 도서 지방을 공략하기 시작한 것은, 바로 내륙에서 강화도로 들어가는 물자 공급로를 차단하기 위한 새로운 전술이었다. 이러한 아이디어는 이현의 폭로에서 시사받은 바 컸던 것이다.

조운로를 차단하라

고려 정부는 전국 각 지방에서 거두어들인 조세미를 서울로 운송하는

데 수로와 해로를 이용했다. 당시는 육로가 잘 정비되지 못한 탓에 각 지역에 잘 분포된 강줄기나 바닷길을 이용하여 물자를 수송했다. 이를 조운漕運이라고 한다. 수로나 해로를 통한 조운은 강화도로 천도하기 이전, 고려 초부터 이미 잘 발달되어 있었다.

조운을 원활하게 하려면 우선 거두어들인 조세미를 한 곳에 집결시켜야 했다. 그러한 집결지는 운송하기 쉽도록 큰 강변의 수상교통 중심지나 강과 바다가 접하는 곳에 두었는데, 이런 곳을 고려 초에는 포浦라고 불렀다. 고려 초에는 포가 전국에 60개소 있었으며 대부분 한강 유역과 남해와 서해 연안에 집중되어 있었다.

이 60개의 포를 그 후 다시 효율적으로 정비하여 조세미를 집결시킨 장소가 조창漕倉이다. 이렇게 정비된 조창이 13개 소가 있었다. 고려시대의 13개 조창을 나열하면 다음과 같다.

① 덕흥창—충북 충주시 가금면
② 흥원창—강원 원주시 부론면
③ 하양창—충남 아산시 아산만
④ 영풍창—충남 서산시 성연면
⑤ 안흥창—전북 부안군 보안면
⑥ 진성창—전북 군산시 임피면
⑦ 해릉창—전남 무안군
⑧ 부용창—전남 영광군 법성포
⑨ 장흥창—전남 강진군 강진만
⑩ 해룡창—전남 순천시 순천만
⑪ 통양창—경남 사천시 사천만

⑫ 석두창—경남 마산시 마산만

⑬ 안란창—황해도 장연군

각 조창의 현재 지명을 대강 비정한 것인데, 정확하지 않을 수도 있다. ①과 ②는 남한강 유역의 내륙에 있고, 나머지는 모두 서해와 남해 연안이나 포구에 자리 잡고 있음을 알 수 있다. 모두 조세미를 집결하고 서울까지 운송하기 편한 지정학적 위치를 고려하여 선정되었을 것이다.

각 조창에는 조세미를 서울까지 운반할 책임을 지고 있는 감독관(판관)이 파견되어 있었다. 아울러 조창에서는 조세미를 운송할 배와 뱃사공, 노역자를 확보해야 했다. 그래서 조창은 독자적인 관할구역과 주민, 관청, 지배기구 등을 갖춘 특별 행정구역이기도 했다.

각 관청에서 거두어들인 조세를 그해 연말까지 조창에 모두 집결시키면 조창에서는 그것을 연안 해로를 통해 운송하는 것이다. 이듬해 봄 2월까지 기다려 서울로 운송하기 시작하는데, 먼 지역이라도 5월까지는 운송을 마쳐야 했다. 2월부터 운송을 시작한 것은 동절기의 추위나, 하절기의 장마와 태풍 등으로 인한 해난사고를 막기 위한 조치였다.

이러한 조운 방법은 강화도로 천도한 후에도 계속되었으며, 몽골과의 전쟁 기간에도 역시 내륙의 물자를 강도로 운송하는 가장 중요한 방법이었다. 천도한 강화도는 섬인지라 전쟁이 없었다면 오히려 개경보다도 조운에 있어 더욱 편리한 점도 많았다.

다만 그 시기는 몽골의 침략을 피해 적절히 이루어졌을 것으로 생각되는데, 아무래도 전쟁 기간에는 조운이 쉽지 않았을 것이다. 하지만 몽골의 침략이 대부분 하절기에 시작되었다는 점을 감안하면 어떻게

든 유지는 되었다고 보인다.

차라대에 의한 6차 침략은 이러한 조운 방법을 알아차리고 그것을 차단하려는 것이었다. 이를 목표로 한 연안 도서 지방에 대한 공략은 특히 6차 두 번째 침략 때 집중적으로 나타났다.

강화도 연안 도서에 대한 공격

몽골은 6차 침략 개시 전부터 북방의 섬을 공격하기 시작했다. 1254년(고종 41) 2월 몽골의 병선 일곱 척이 갈도를 침입하여 입보해 있던 백성 30여 호를 노략질한 사건이 일어났다. 갈도는 평안도 북방 연안에 있는 섬인데, 섬에 대한 직접적인 공격은 몽골과의 전쟁이 시작된 후 처음 있는 일이었다.

후에 전쟁이 막바지에 접어든 1259년(고종 46) 3월, 이 갈도와 인근의 애도에서는 피신해 왔던 평안도의 역리들이 수비 군인들을 죽이고 몽골에 항복해버리고 만다. 백성들을 섬으로 피신시키는 입보가 강요에 의한 것이었고, 그곳 백성들에게도 고통이었음을 알 수 있다. 그래서 언제부터인가 평안도 연안의 섬에는 중앙에서 경별초라는 상비군이 파견되어 수비하고 있었다. 몽골 군대에 대한 방어뿐 아니라 입보민들의 이반을 막기 위해서.

몽골의 6차 침략이 시작되기 전에 있었던 갈도 침략은, 연안 섬에 대한 공격을 예고하는 것이었는지도 모른다. 그런데 실제 6차 첫 번째 침략 때까지만 해도 연안 도서에 대한 공격은 본격화되지 않고, 예전처럼 내륙 지방에 대한 공격이 주로 이루어졌다. 이는 섬을 공격하기 위한 준비가 충분히 갖추어지지 않았기 때문이라고 보인다.

■ 몽골의 6차 침략

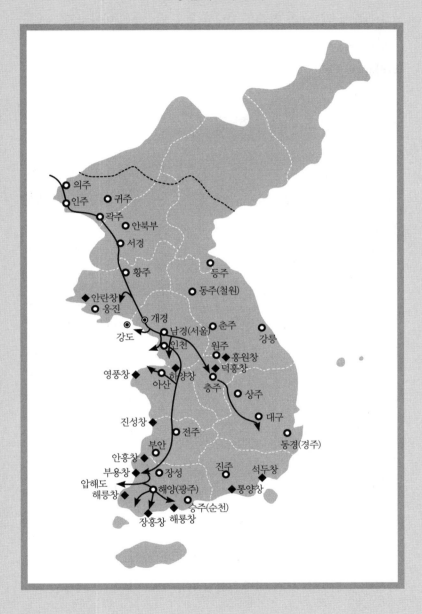

5차 침략까지 몽골의 침략 경로를 보면 거의 대부분이 압록강 하구에서 영남 지방을 향해 한반도를 대각선으로 가로지르는 것이었다. 영남 남부나 호남 지방은 거의 침략의 손길이 미치지 않았다. 호남 지방을 향했던 한두 번의 침략도 대부분 호남 북부(전북)에서 멈추었다. 6차 첫 번째 침략도 이 범주에서 크게 벗어나지 않았던 것이다.

다만, 6차 첫 번째 침략군이 영남 내륙 지방까지 쳐들어갔다가 철수하는 과정에서 강화도 맞은편 연안에 출몰했다는 사실은 주목할 필요가 있다. 1255년(고종 42) 정월, 철수하던 몽골 군대가 갑자기 갑곶강에 나타난 것이다. 갑곶강은 강화도와 김포군 사이의 좁은 해협을 가리키는 말이다.

또한 그 10여 일 후에는 몽골의 기병 1백여 기가 강화도의 북쪽 대안인 승천부의 성 밖에 이르러 강화도에 위협을 가하기도 했다. 철수하는 과정이어서 그랬는지, 아니면 준비가 안 되어서 그랬는지 강화도에 대한 직접적인 공격은 없었다. 하지만 이는 앞으로 강화도를 직접 압박하겠다는 사전경고가 분명했다.

1255년(고종 42) 8월 6차 두 번째 침략이 시작되면서, 그해 8월 하순 몽병이 다시 승천부에 나타나 강화도를 위협하자 강도에는 계엄이 선포되었다. 이것이 6차 두 번째 침략의 시작인데, 이후 몽골 군대는 예전처럼 영남 내륙 지방을 강타하면서 섬에 대한 공격도 병행했다. 그해 12월 조도槽島에 대한 침략이 그것인데, 이는 도서 지방 공격에 대한 신호탄이었다.

조도를 칠 때 몽골에서는 현장에서 직접 배를 만들어 동원했다. 아쉽게도 이 조도가 현재 어느 섬인지 잘 알 수가 없다. 아마 강화도 부근에 있는 어느 섬이 아닐까 싶은데 확실하지는 않다. 하지만 조도에 대한 몽골의 공격은 성공하지 못했다.

만약 몽골 군대가 강화도로 들어가는 물자의 경로를 차단하려면 그 가장 좋은 길목은 강화도 인근 해역이 될 수밖에 없다. 특히 강화도 인근의 섬이나 맞은편 연안은 부근의 해로를 장악하는 데 중요한 거점이었을 것이다. 몽병이 조도를 공격하고 강화도 대안의 인근 지역에 자주 출몰한 것은 그 때문이었다.

하지만 그렇게 중요한 해역이니만큼 강도 정부에서도 방비를 철저히 했음이 분명하다. 몽골의 조도 공격이 실패로 돌아간 것은 그 탓이었다.

장성 입암산성 전투

조도 공격에 실패한 몽골 군대는 연안 도서 지방에 대한 공격 준비를 착실히 해나갔다. 우선 선박을 준비해야 했는데 이게 여의치 않았다. 조선 기술자를 확보하기가 쉽지도 않았을 뿐만 아니라, 선박 건조에 착수하면 바로 그 의도를 알아챘기 때문이다. 선박을 만드는 장소나 그 규모를 보고 대비할 수 있었던 것이다. 하지만 선박의 건조나 준비는 섬을 공격하기 위해 반드시 필요한 일이었다.

몽골 군대가 선박 건조에 착수했다는 소식은, 다음해 1256년(고종 43)에 접어들면서 강도 정부에 전달되었다. 그해 정월 25일 강도 정부에서는 즉시 장군 이광李廣과 송군비宋君斐에게 수군 3백 여 명을 주어 서해안으로 내려보냈다. 지금까지 내륙의 침략에 대해서는 강도 정부가 이처럼 신속하게 대응한 예가 없었다. 그만큼 연안 도서 지방에 대한 방어를 절박하게 판단하고 있었다는 뜻이다.

이때 몽골 군대는 천안을 거쳐 육로로 남하하고 있었다. 6차 두 번째 침략에서 몽골 군대는 영남 내륙 지방을 공격하면서, 동시에 충청·호남지방을 향해서도 남하하고 있었다. 몽골 군대가 충청·호남 지방을 향한 것은 바로 서해와 남해의 연안 도서 지방을 공략하기 위해서였다. 강도 정부에서는 그 점을 알아채고 이광과 송군비에게 수군을 주어 남도로 내려보낸 것이다. 이들 수군은 서해안을 따라 남하하여 영광(전남)에 당도했다.

그런데 영광은 몽골 군대가 이미 내려와 장악하고 있었다. 앞에서 언급했듯이 영광은 13조창의 하나인 부용창(법성포)이 있는 곳이다. 몽골 군대가 영광을 장악한 것은 이 부용창을 목표로 한 것이 분명했다. 게다가 이때는 조창에 집결된 조세미를 서울로 운송하기 시작하던 2월 무렵이니, 그것까지 계산하여 영광에 주둔했을 것이다.

고려 수군은 처음에 수륙 양면작전을 생각하고 있었던 것 같다. 즉 이광은 바다 쪽에서 상륙하면서 공격하고, 송군비는 육지에서 바다를 향해 공격하는 방법으로 말이다. 그래서 이광은 수군을 이끌고 영광 법성포에 이르렀고, 송군비는 그 위쪽 어느 지점, 아마 줄포만(변산반도 아래) 쯤에서 먼저 상륙하여 육로로 남하했을 것으로 보인다.

그런데 영광에 포진한 몽골 군대는 이미 양면 공격에 대한 대비를 하고 있었다. 이광은 상륙도 시도하지 못하고 섬에 머무를 수밖에 없었고, 송군비는 그곳에서 가까운 입암산성에 들어가 방어에 나선다. 1256년(고종43) 3월경에 있었던 입암산성(전남 장성) 전투는 이때 있었던 전투이다.

입암산성은 전북 정읍군 입암면과 전남 장성군 북하면에 걸쳐 있는 둘레가 15킬로미터에 달하는 보기 드문 큰 성지이다. 입암산성은 가운

데가 움푹 들어간 성지로 성안에 계류가 흐르고 있어 수원 확보도 용이했다. 성안에는 저수지와 개간지까지 형성되어 장기간 독립적인 거주도 가능했다. 지금도 성지에서 저수용 방축시설을 확인할 수 있다고 한다.

송군비가 입암산성에 들어왔을 때는 성안의 장정들이 모두 투항하고 남아 있는 사람들은 노약자가 대부분이었다. 송군비는 노약자들 중 특히 병약한 자들을 골라 성 밖으로 내보냈다. 적에 대한 유인책이었다. 몽병들은 성안에 식량이 떨어져 항복하는 것으로 착각하여 안심하고 성 밑으로 다가왔다. 이를 기다리고 있던 송군비는 정예병을 이끌고 나아가 적을 궤멸시킬 수 있었다.

입암산성 전투에서 송군비는 한 달 이상을 수성전으로 버티다 결국 대승을 거둔 것이다. 그러나 비록 승리하여 수성에 성공하기는 했지만, 영광을 장악하지 못했다는 것은 문제였다. 이광과 송군비의 수군이 파견된 목적은 서남해의 연안 도서 지방을 방어하는 것이었기 때문이다.

이 무렵 차라대의 본대는 이미 전남 일대를 장악하여 휩쓸고 있었다. 1256년(고종 43) 4월 차라대와 영녕공 준은 담양(전남)에 주둔하고 홍복원은 해양(광주)에 주둔하고 있었다. 몽골 군대가 전남 지역을 본격적으로 침략한 것도 이번이 처음 있는 일이었는데, 이들은 서남 해안의 다도해를 장악하려는 분명한 목표를 가지고 있었다.

강화도의 앞마당, 경기만 해역

한편 송군비의 군대가 입암산성에서 수성전을 벌이고 있을 무렵, 남도에 있는 몽골 군대와는 별도로 또 다른 몽병들이 강화도 대안인 착량에 이르러 강도를 위협하고 있었다. 착량窄梁은 강화도와 김포군 사이 좁은 해협의 입구로서 지금은 '손돌목'이라고 부르는데, 조수 간만의 차가 심해 우리나라에서 물살이 급하기로 유명한 곳이다.

그래서 이 착량에서는 선박의 해난사고가 잦았다. 이런 해난사고에 근본적으로 대처하기 위해 1243년(고종 30) 9월 당시 집권자 최이가 안남(경기 부평)에 운하 굴착작업을 시도한 적이 있었다. 착량을 피해 김포 지방을 가로질러 한강 하류로 연결하려는 운하였다고 생각된다. 이 사업은 결국 중도에 포기하고 마는데, 강화도로 들어가는 안전한 조운로의 확보가 얼마나 중요한 일이었는가를 보여주는 것이다.

몽병들이 착량에 나타난 것은 강화도를 공격하기 위해 조수 간만을 살피려는 것이었다. 이때 최항은 얼마나 다급했던지 자신이 직접 나서서, 사병집단인 도방의 군사까지 동원하여 강화도의 여러 요소를 수비하도록 했다. 강화도 남쪽 연안에서는 몽병들이 물러서지 않고 호시탐탐 연안의 해역을 노리고 있었기 때문이다. 몽골과의 전쟁에서 도방의 군사가 동원된 것도 이때가 처음이다.

서해안을 거슬러 올라와 강화도로 들어가는 해로상의 길목에는 남양만과 인천 앞바다가 있다. 넓게 보아 경기만이라 부르는 이곳은 지정학적으로 말해서 강화도의 앞마당과 같은 곳이라고 할 수 있다. 조운로를 차단하려는 몽골 측에게 당연히 중요한 곳이었고, 그래서 강도 정부에서도 이에 대한 대비를 철저히 하고 있었다.

그런 곳 중 하나가 대부도(경기 화성)라는 섬이었다. 대부도에는 인근 연안 지역에서 입보해 들어와 있던 주민들과 섬 자체 주민들로 조직된 별초라는 상비군이 강도 정부의 지휘를 받고 있었다. 지정학적으로 중요한 섬이라 중앙의 상비군 못지않은 정예병으로 구성되어 인근 해역을 장악하고 있었던 것이다.

차라대의 본대가 전남 내륙 지방에 주둔하면서 다도해를 노리고 있을 때, 또 다른 몽병들은 강도 정부의 이런 방비를 탐색하고 기회를 엿보기 위해 소래산(인천과 시흥의 경계)에 모여들고 있었다. 이들은 착량에 출몰했던 몽병일 가능성이 많은데, 그곳은 인천 앞바다를 한눈에 조망할 수 있는 좋은 위치였다. 대규모 군대는 아니어서 당장 공격할 기미는 보이지 않았지만 그대로 방관할 수 없었다. 1256년(고종 43) 4월, 대부도의 별초부대는 야음을 틈타 이 소래산을 공격하여 몽병들을 격퇴시키는 데 성공한다.

소래산에서 격퇴당한 몽병들은 여기서 포기하지 않고 열흘 후 4월 말경에 다시 아주(충남 아산) 지역에 출몰한다. 침략의 기회를 찾아 경기만 일대 여기저기를 탐색하려는 것이 분명했다.

아산에는 13조창의 하나인 하양창이 안성천 포구에 있었고, 그 인근 부성(충남 서산)에도 영풍창이 있어 좌우에 조창을 두고 있는 중요한 곳이었다. 즉 지금의 아산만과 그 연안은 강도 정부로서는 반드시 지켜내야 할 곳이었다. 그래서 이곳에는 순문사 한취韓就라는 인물이 인근 연안을 방어하기 위해 벌써 중앙에서 직접 파견되어 상주해 있었다.

몽병이 아산에 나타난 그때 한취는 수군을 거느리고 아산 앞바다 섬에 주둔하고 있었다. 역시 적병은 소규모로, 공격보다는 탐색이 주목적이었지만 한취는 배 아홉 척을 동원하여 격퇴에 나섰다. 수군의 공격을 받은 몽병들은 의외로 물러서지 않고 맞섰지만 수적인 열세로 궤멸당하고 만다.

아산 연안 지역에 대한 몽골의 관심은 이것으로 포기하지 않는다.

양측의 공방전이 한 차례 더 있었다. 1256년(고종 43) 6월 초, 강도 정부에서는 장군 이천李阡에게 수군 2백여 명을 주어 남쪽으로 급파했다. 그런데 이들 수군은 남하하는 도중에 아산만에서 지체하고 만다. 아산만에 다시 몽병이 주둔하고 있으면서 연안을 위협하고 있었기 때문이다. 이천이 거느린 수군은 온수현(아산의 온양)에서 몽병 수십 명을 죽이고, 붙잡혀 있던 포로 1백여 명을 빼앗는 전과를 올린다.

태안반도 앞바다

그런데 이천의 수군이 남도로 급파된 것은 아산에 주둔한 몽병 때문만이 아니라, 실은 서산(충남) 인근 해역을 장악하기 위해서였다고 보인다. 서산의 연안 해역도 대단히 중요한 조운로였기 때문이다.

고려시대 13조창 중에서, 황해도의 안란창(장연군)과 내륙의 남한강변에 있는 덕흥창(충주)·흥원창(원주)을 제외하고, 남서해안에 있는 10개의 모든 조창은 그 조세미를 조운할 때 반드시 서산 해역을 통과해야 했다. 이곳은 남쪽에서 태안반도를 돌아 경기만으로 들어가는 입구로서, 강화도의 대문과 같은 곳이다.

그런데 서산에 인접해 서해로 돌출해 있는 태안반도 앞바다는 안흥량安興梁이라 하여 조류의 물살이 급하기로 소문난 곳이었다. 우리나라에서 조류의 물살이 급하기로 유명한 곳이 세 군데 있는데, 앞서 강화의 착량(손돌목)과 전남 진도의 명량(울돌목), 그리고 여기 안흥량이다. 안흥량은 그렇게 지나가기가 어렵다고 해서 난행량難行梁이라 부르기도 했다.

이곳에서도 앞서의 착량처럼 조운선의 해난사고가 잦아 운하 굴착

작업을 시도한 적이 있었다. 1134년(인종 12)의 일로, 군사 수천 명을 동원하여 태안반도를 감싸고 있는 지금의 천수만과 가로림만을 연결하는 대공사였다. 결국 암반이 많아 포기하고 말았다.

앞서 강화도의 착량을 피하기 위해 김포에 운하공사를 시도했던 것과 마찬가지로, 이는 안전한 조운로 확보가 얼마나 중요한 일이었는가를 잘 보여준다. 그만큼 이런 연안 해역들은 조운선의 항로에서 매우 중요한 곳이었다는 뜻이다.

그래서 태안반도 인근 연안은 남양만이나 아산만의 연안처럼 조운로를 차단하려는 몽골 군대의 표적이 될 수밖에 없었다. 당연히 침략군의 출현이 예상되는 곳이었다. 그런데 남양만 일대에는 이미 대부도를 거점으로 한 별초군이 방어하고 있었고, 아산만에도 순문사 한취가 중앙에서 파견되어 주둔하고 있었다. 하지만, 서산과 태안반도 연안은 방어가 허술했다. 이천 장군이 이끄는 수군이 남으로 급파된 것은 바로 그 때문이었다.

압해도를 장악하라

서남해안의 다도해 역시 조운로 상으로 볼 때 아산만 연안 못지않게 중요한 곳이었다. 남해에서 서해로 넘어가는 연안의 모든 선박은 반드시 이곳을 거쳐야 했기 때문이다. 남해 연안에 자리 잡은 조창에서는 집결된 조세미를 배에 선적하여 이곳 서남해안의 다도해를 거쳐 서해 연안을 따라 북상하여 강도로 들어갔다.

남해 연안에 위치한 조창은 마산의 석두창, 사천의 통양창, 순천의 해룡창, 그리고 무안에 있는 해릉창 등이다. 즉 서남해안의 다도해만 장악하면 남해의 여러 조창들에 집결된 조세미는 아무 쓸모가 없게 되고 강도 정부는 당장 재정 압박을 받게 되는 것이다.

앞서 몽골 군대가 경기만 일대에 자주 출현했던 것은 강화도로 들어가는 연안 해역을 공격하기 위한 사전 탐색작업이었다고 볼 수 있다. 하지만 이는 서남해안의 다도해를 공략하기 위한 양동작전의 성격도 아울러 띠고 있었다. 그래서 전남 내륙 지방에 주둔하고 있는 차라대의 주력부대가 문제였다. 이들이 서남해안의 다도해를 공략하기 위한 준비를 하고 있었기 때문이다. 다도해의 여러 섬 중에서 가장 중요한 위치에 있는 섬이 바로 목포 앞바다에 있는 압해도(전남 신안군)였다.

압해도는 목포시와 무안군(전남)의 서해안에 남북으로 길게 뻗은 연안 도서이다. 고려 초에는 영광 혹은 나주에 예속되기도 했으나, 후에는 압해군이라 하여 독립된 행정단위를 이루고 있던 큰 섬이었다. 특히 몽골의 6차 두 번째 침략이 전남의 깊숙한 내륙 지방에까지 미치면서 이 압해도에는 인근 지역에서도 많은 사람들이 들어와 인구가 집중되어 있었다.

차라대가 이 섬을 공격한 것은 1256년(고종 43) 6월이었다. 차라대는 이 압해도를 공략하기 위해 담양에서 나주로 주력부대를 옮기고 사전에 충분한 준비를 했다. 나주에서 가까운 무안에는 13조창 중의 하나인 해릉창이 있었는데, 이곳 역시 차라대의 군대에 온전하게 남아나지 못했을 것이다.

준비 과정에서 무엇보다 중요한 것은 선박이었는데, 무려 70척이나 되는 대선단을 마련했다. 이 많은 배를 어떻게 마련했는지 궁금한데, 아마 직접 건조하기도 하고 연안의 배를 약탈하기도 했을 것이다. 이 하나의 사실만으로도 차라대가 압해도 공격에 얼마나 심혈을 기울였는지 충분히 알 수 있다.

차라대의 70척 선단은 지금의 무안군 운남면 쪽에서 압해도에 접근한 것으로 보인다. 깃발을 늘여 세우고 접근하는 대선단은 보기만 해도 위협적이었을 것이다. 이때 차라대는 선단 지휘를 부관과 윤춘에게 맡기고, 자신은 뭍에서 독려하고 있었다. 여기 윤춘이라는 자는 몽골의 5차 침략 때 양근성(경기 양평) 방호별감으로 있던 중 몽골에 투항하여 길잡이 역할을 하고 있는 인물이다.

압해도에서는 큰 배에 대포 두 개를 장착하고 기다리고 있었다. 이를 본 차라대의 선단은 더 이상 접근하지 못하고 버티고만 있었다. 대포까지 동원하여 방어할 줄은 미처 예상치 못했던 것이다. 차라대는 윤춘을 불러 선단을 일단 후퇴시키고, 섬을 우회하여 다른 곳을 노리도록 했다. 그런데 압해도는 연안 곳곳에 대포가 설치되어 있어 어느 곳도 허술한 데가 없었다.

결국 차라대는 공격다운 공격도 못 해보고 압해도 공략을 포기하고 만다. 압해도에서 대포까지 동원하여 방어 준비를 철저히 했다는 것은 강도 정부의 적극적인 무력 지원이 있었음을 시사한다. 이는 압해도가 조운로 상에서 그만큼 중요한 곳이었다는 뜻이기도 할 것이다.

이 압해도 전투 직후 윤춘은 다시 고려에 귀환해오는데, 그는 돌아와서 중요한 정보를 최항에게 알려주었다. 압해도 전투 이후 차라대가 연안 도서 지방에 대한 모든 공격을 중단시켰다는 것이다. 윤춘은 이 공으로 배반의 죄를 면하고 오히려 최항에게 포상까지 받는다. 조운을 걱정하던 최항에게는 그만큼 반색할 만한 정보였던 모양이다.

압해도는 목포나 무안 쪽에서 팔을 뻗으면 닿을 듯한 가까운 섬이다. 이러한 섬 하나를 공략하지 못한 것을 보면 유목민족인 그들이 수

전에 미숙했음은 틀림없다. 앞서 몽골의 군대가 강도를 직접 정복할 수 없었던 여러 가지 이유를 살펴보았는데, 수전水戰 미숙이라는 점도 완전히 부인할 수는 없을 듯하다.

차라대의 무등산 주둔

압해도 공략에 실패한 차라대의 본대는 나주에서 광주의 무등산 산정으로 주둔지를 옮겼다. 무등산 산정에 오르면 적어도 주변 1백 리 안의 지세가 한눈에 들어온다. 그곳에서 차라대는 압해도 실패에 대한 분풀이라도 하려는 듯 군사 1천여 명을 남녘으로 풀어 마음껏 노략질을 자행했다. 1256년(고종 43) 7월부터 8월까지 한 달 이상을 그렇게 보내는데, 가을로 접어드는 농촌의 수확기를 노린 것이 분명했다.

그런데 몽골의 6차 두 번째 침략에서는 연안 도서 지방에 대한 공략이 집중되었다는 점 외에도, 또 한 가지 주목되는 사실이 있다. 차라대가 이끄는 주력부대가 매우 장기간 전남 지역에 머물렀다는 점이다. 앞서 영광과 입암산성(전남 장성) 전투가 1256년(고종 43) 3월경에 있었으니, 거의 6개월 동안 전남 지역에 체류하면서 침략을 계속했던 셈이다.

이렇게 한 지역을 집중적으로 공략한 것은 지금까지 있었던 몽골의 여러 차례 침략에 비추어볼 때 매우 이례적인 일이 아닐 수 없다. 왜 그랬을까? 이 지역에 대한 특별한 목적이 있었던 것은 아닐까?

우선 떠오르는 생각은, 앞서 언급했던 서남해안의 다도해에 대한 공략을 집중하기 위해 그랬을 것이라는 점이다. 이는 물론 서남해의 조운로를 장악하기 위해서였고, 압해도에 대한 공격이 그 핵심이었다. 그런데 압해도 공격이 실패로 돌아가고, 이후 연안 도서 지방에 대한 공략을 포기한 후에도 전남 지역에서 철수하지 않고 다시 무등산에 주둔하여 한 달 이상을 더 머문 것이다.

이 대목에서 무등산정의 차라대 본대가 군사를 풀어 노략질했다는 곳이 '남녘'이라는 사실을 주목할 필요가 있다. 무등산에서 남녘이라면 전남의 남부 지방과 남해 연안 지방이다. 전남의 남해 연안에는 강진의 장흥창과 순천의 해룡창, 두 개의 조창이 있다. 그래서 무등산을 근거지로 한 차라대의 남녘 노략질은 이런 조창들을 목표로 한 것이 아니었을까 하는 생각이 든다. 한 달 이상을 무등산에 머물면서 노략질했다면 전남 지역 어느 곳도 안전하지 못했을 텐데, 더욱 중요한 조창이라면 더 말할 필요가 없을 것이다.

남해 연안의 이들 조창들은 지금까지 수십 년의 전란 동안 한 번도 침략당한 적이 없었다. 그래서 그 어떤 조창보다도 강도 정부의 중요한 재정 공급원이었다. 서남해의 다도해 장악에 실패하여 조운로를 차단하지 못했다면, 이런 조창을 직접 노략질하는 것도 한 방법이었을 것이다.

그런데 차라대의 군대가 무등산에서 남녘을 노략질한 것은 그런 조창 외에도 또 다른 중요한 목적이 있었다. 무등산에서 남녘, 그러니까 전남 남부 지방에는 대대로 이어온 최씨 집안의 사적인 농장이 집중되어 있었다. 화순·승주(순천)·보성·강진·진도 등의 지역이 그런 곳이었다. 그리고 전남과 인접하고 있는 경남의 남동부 지방인 남해·하동·진주 등의 지역에도 최씨 집안의 농장이 있었다. 차라대의 남도 침략은 이런 곳을 주 표적으로 삼은 것이었다.

이러한 최씨 가의 사적인 농장에서 조세나 공물수취만을 전문적으로 담당하는 관리가 다름 아닌 교정수획원이라는 교정도감 소속의 특별 관리였다. 이들은 지방행정이 마비된 전쟁 중에 최씨 정권의 재정 확보를 책임지는 중요한 관리였다. 최씨 정권의 최고집정부 역할을 했다는 교정도감에서 조세징수까지 담당했던 이유가 여기에 있다. 교정수획원은 또한 징수한 조세미를 강도 최씨 정권의 사적인 금고로 운송하는 일도 책임지고 있었다고 보인다.

그런데 최씨 가의 사적인 농장에서 수취한 조세미나 공물은 남해 연안에 있는 조창에서 국가의 조세미와 함께 집결시켜 강도로 운송했을 것이다. 강도까지 운송하는 데는 그 방법밖에 없었기 때문이다. 따라서 차라대의 군대가 한 달 이상이나 남녘 지방을 노략질했던 것은 남해안의 조창과 함께 최씨 가의 농장을 동시에 목표로 한 것이었다고 볼 수 있다. 이는 최씨 정권의 사적인 재정 기반에 대한 압박으로, 지금까지는 한 차례도 시도해보지 않았던 중요한 전략이었다.

강도 압박

무등산에서 마음껏 노략질을 자행한 차라대의 주력부대는 그 후 북상하는 길로 접어든다. 철수가 아니라 강화도를 직접 압박하려는 것이었다. 1256년(고종 43) 8월 하순경, 영녕공과 홍복원을 대동한 차라대의 그의 본대는 강화도의 맞은편 대안에 도착했다.

이곳에서 몽골 군대는 크게 깃발을 늘어세우고 말을 풀어 먹이기도 하면서 강도를 위협했으며, 때로는 통진(경기 김포)의 산에 올라 강도의 움직임을 정찰하기도 했다. 그리고 다시 수안현(경기 김포)으로 물러나 장기주둔에 들어간다. 서남해의 연안 도서 지방 공략에 실패한 차라대가 직접 강도를 정복할 생각을 하고 있었는지도 모른다.

차라대의 군대는 여기서 강도를 정복할 방법을 궁리하고 있었는지, 여러 방면으로 군사를 풀어 주변 지세를 정탐하기도 하고, 갑곶강의 물때도 살펴보았다. 무엇보다도 중요한 선박의 조달도 계산해보았을 것이다. 압해도에서 한 번 실패한 경험이 있는지라 조심스럽기도 했다.

차라대는 어쩌면 강도에 대한 직접적인 공략보다는, 장기주둔하면서 주변을 장악하여 간접적으로 압박할 생각을 했을 수도 있다. 직접 공략에 대비한 강도의 방어 태세가 만만치 않았기 때문이다. 압해도에서의 실패가 그런 쪽으로 생각을 기울게 했을 가능성이 많다.

그러던 중 갑자기 몽골 황제의 회군 명령이 떨어지고 만다. 앞서 언급했던 김수강의 대장정 외교가 성공하여 성과를 본 것이다. 김수강이 그해 9월 초, 황제의 회군 명령을 전달할 몽골 사신을 대동하고 강도에 도착했던 것이다.

차라대는 회군 명령을 받고도 20여 일을 더 지체하다, 그해 9월 하순경에야 철수했다. 강화도 대안에 도착한 지 벌써 한 달이나 지난 때였다. 강도 압박에 대한 계획을 갑자기 포기하기가 힘들었던 탓이다.

그해 10월 14일 강도의 계엄이 해제되면서 몽골의 6차 두 번째 침략은 여기서 끝났다. 이번 침략은 그 전년 8월 시작되어 해를 넘기고, 침략군이 내륙에 체류한 기간만도 1년이 넘는, 지금까지의 침략 중에서 가장 길고 위협적인 것이었다.

침략의 결정타

연안 도서 지방을 공략해서 조운로를 차단하려는 몽골의 6차 두 번째 침략은 크게 성공한 것 같지는 않다. 연안 도서 중에서 어느 것 하나도 공략에 성공하지 못했기 때문이다. 특히 조운로 상 중요한 서남해안과 강화도의 길목에 해당하는 경기만 남부 연안은 호시탐탐 기회를 노리면서 공격도 해보았지만 결국은 성공하지 못했다.

6차 두 번째 침략에서는 조운로보다도 오히려 연안 내륙에 있는 조창이 더 많은 피해를 입었다. 그런데 이러한 내륙 지방의 피해는 이미 6차 첫 번째 침략 때 가장 극심하게 나타났다. 20만 명 이상의 포로, 헤아릴 수 없는 살육, 그리고 침략군이 지나가는 군현은 모두 잿더미가 되었다는 사서 기록이 그것을 말해준다. 이때 이미 내륙의 농경지는 거의 황폐화되어버렸다.

이어진 6차 두 번째 침략은 몽골 군대가 고려에 체류한 기간이 가장 긴 침략이었다. 6차 첫 번째와 두 번째 침략을 연속해서 살펴보면, 1254년(고종 41) 7월에 시작하여 1256년(고종 43) 10월까지 2년 3개월 동안이나 계속되었다. 이 동안 5개월 정도의 휴전기가 끼여 있지만, 강도 정부의 재정은 이 두 차례 침략으로 인해 결정적인 타격을 입었다.

장기간의 극심했던 침략은 농경지의 황폐화, 파종과 수확의 실기, 조세수취의 어려움 등으로 나타났다. 조운로를 어떻게든 유지했다고 해도 이러한 기초적인 농업경영과 조세수취가 어려워지면 아무런 의미가 없는 것이다.

강도의 최씨 정권은 몽골 군대의 조운로 차단에 맞서 그것을 확보 유지하는 데는 어느 정도 성공했다. 하지만 그 이전에 이미 내륙의 황폐화로 강도의 재정은 큰 타격을 입고 있었다는 말이다. 어쨌든 강도에 대한 경제봉쇄를 목표로 했던 몽골의 6차 침략은 성공적이었다고 할 수 있다.

이 무렵부터 강도의 최씨 정권은 재정 압박을 받으면서 항몽 의지가 점차 꺾이고 있었다. 이런 속에서 몽골의 요구를 수용해야 한다는 항복여론도 점차 고개를 들고 있었다.

최씨 왕조의 붕괴

몽골 군대를 환영하는 농민들

전쟁 중에 내륙의 조세를 징수할 특별 임무를 띠고 파견된 관리가 바로 교정수획원과 선지사용별감이라는 특별 징수관이었다. 교정수획원은 최씨 가의 사적인 농장에서 조세나 공물을 징수하는 관리였고, 선지사용별감은 국가의 조세를 수취하는 관리였다. 이런 관리들이 전란 중에도 계속 파견되었다는 것은 조세수취가 지속되었음을 의미하는 것이다. 적어도 5차 침략 때까지는 말이다.

그런데 가장 잔혹하고 길었던 6차 첫 번째와 두 번째 침략 동안에는 그렇게 할 수 없었다. 우선 침략군이 휩쓸고 있는 내륙에 그런 관리를 파견하는 것이 쉽지 않았다. 침략군이 체류한 기간이 길었으니 말이다. 침략이 뜸한 잠시 동안의 휴전기에 그러한 특수 관리가 파견된다고 할지라도 실제 징수가 제대로 이루어졌을 것 같지 않다. 침략으로 인해 내륙이 너무나 참담하게 황폐화되었기 때문이다.

그래서 6차 첫 번째 침략군이 물러간 직후인 1255년(고종 42) 3월, 기본적인 조세 외에는 모든 잡세를 면제해주는 조치를 내리기도 한다. 이는 산성이나 섬으로 들어갔던 백성들을 나오게 하여 농사를 짓도록 하려는 일시적인 시혜조치였다. 하지만 세원확보를 위한 유인책에 불과했으니, 농민들이 이런 조치에 응하여 얼마나 농사에 복귀했는지는 의문이다.

곧이어 계속되는 6차 두 번째 침략은 그러한 시혜조치마저 의미가 없게 만들어버렸다. 그해 1255년 수확기가 시작되기 직전인 8월에 침략이 시작되었기 때문이다. 농경지가 대부분 황폐화되어 파종도 어려웠을 것이지만, 그것이 가능했다고 쳐도 수확을 제대로 할 수 없었으니, 조세징수 역시 미미했다고 생각된다.

게다가 6차 두 번째 침략이 그해를 넘기고 이듬해 1256년 10월에야 철수했다는 점을 감안하면, 그해부터 그 다음해까지 파종과 수확 모두 거의 불가능했다고 보인다. 하지만 내륙의 조세수취로 재정을 꾸려나가는 강도 정부로서는 어떻게든 조세를 확보해야 했다. 여기서 특별징수관의 무리한 착취를 충분히 예상할 수 있다.

과연 그랬다. 이 무렵 가혹한 조세징수 때문에 농민들은 몽골의 군대가 쳐들어오는 것을 오히려 환영했다는 기록이 사서에 남아 있다. 이런 기록은 조세를 징수하기 위한 관리가 전란 중에도 끈질기게 파견되었다는 것을 말해주는 것이지만, 또한 이런 관리들에 대한 농민의 적대감이 얼마나 컸던가를 알려주는 것이기도 하다. 몽골의 침략군보다도 가혹한 착취를 자행하는 관리가 백성들을 더 괴롭혔다는 말이다. 세금은 호랑이보다 더 무섭다는 속담이 있는데, 이 무렵 조세착취는 몽골의 군대보다도 더 무서웠던 모양이다.

몽골 군대가 쳐들어오는 것을 환영할 정도였다면 교정수획원이나 선지사용별감의 파견은, 그것이 가능했다고 할지라도 별 의미가 없다. 오히려 민심의 이반만 부채질하는 꼴이 되기 때문이다. 그래서 이제는 각 도에 선지사용별감 파견을 중지시키고 만다. 몽골의 6차 두 번째 침략이 한창 진행 중이던 1256년(고종 43) 2월의 일이다. 물론 이는 잠정적인 조치에 불과했지만, 시간이 흐를수록 강도 정부의 재정확보가 난관에 봉착하고 있음을 확실히 보여주는 것이다.

계속된 몽골의 6차 세 번째, 네 번째 침략은 이미 항몽의지가 한풀 꺾인 강도 정부를 경제적으로 재기할 수 없도록 만들었다. 6차 세 번째 침략은 최항이 사망한 뒤의 일이었고, 네 번째 침략은 최의가 제거되면서 60여 년간 계속된 최씨 정권이 붕괴된 뒤에 있었다. 그래서 이 두 차례의 침략은 6차 첫 번째, 두 번째 침략으로 파탄 직전에 몰린 강도 정부의 재정에 확인사살을 한 것과 같았다.

강도의 재정 파탄

재정 파탄은 최항 정권의 사적인 재정보다는 국가 재정에서 먼저 나타났다. 그만큼 최항 정권이 국가나 왕실의 재정보다는 사적인 재정 확보에 더 많은 신경을 썼다는 얘기다.

1255년(고종 42) 9월 국고가 바닥났다는 보고가 국왕에게 올라왔다. 국왕 고종은 당장 자신의 점심을 줄이라는 명령을 내린다. 그리고 실상을 알아보기 위해 국고를 관리하는 좌창별감 윤평尹平을 호출했지만 그는 응하지 않았다. 고종은 괘씸하게 생각하여 윤평을 면직시키려 했다가 포기하고 만다. 그가 최항의 측근 인물임을 깨달은 때문이다.

백성들이야 진즉부터 굶주려 죽어가고 있었다. 이제 국왕의 식사까지 줄였다는 것은 상징적인 일이지만 그만큼 재정난이 심각했다는 뜻이다. 6차 첫 번째 침략 이후 굶주리는 백성들을 위해 국가의 창고를 열어 구휼하기도 했는데, 이제는 그마저도 가망이 없는 일이었다.

이 무렵에는 최고집권자 최항의 사병들마저도 굶주리고 있었다. 신흥창을 열어 이들을 구휼하고 있는 데서 알 수 있다. 신흥창은 흉년에 대비한 국가의 예비창고가 아닌가 싶다. 그런데 국가의 창고를 열어 최항의 사병들을 구휼했다니 이것도 재미있는 일이 아닐 수 없다. 최항에게는 나름대로 사적인 금고가 있었고 재정도 국고에 비하면 여유가 있었을 텐데 말이다.

심각한 재정난을 더욱 노골적으로 보여준 것은 관직매매에서도 나타났다. 국가의 재정이 어려울 때 재산을 바치고 관직을 얻거나 승진하는 합법적인 제도가 있었다. 이 당시 중하급 관리로서 참직(국정에 직접 참여하는 관직)에 오르려는 자는 보통 은 6, 70근을 바치면 가능했던 모양이다. 그런데 여기에 응하는 자가 하나도 없었다. 국왕의 명령으로 관리의 자제들에게 관직을 사도록 하면 바로 사직을 해버리거나 도망가는 일이 예사였다. 이렇게 관직을 기피했던 이유는 관직에 나아가거나 승진을 해도 녹봉을 받을 수 없었기 때문이다.

이것은 심각한 문제가 아닐 수 없었다. 국가 재정을 확보할 수 없다는 점에서 뿐만 아니라 중견관리에 해당하는 보직자를 아예 구할 수조차 없었기 때문이다. 할 수 없이 7품의 우두머리에 해당하는 관직자에 대해서만 국가에서 곡식을 변출해주고 관직을 사도록 하는 희한한 일이 벌어진다. 국가 재정이 파탄 직전이었지만 관료는 필요했던 것이다.

아마 잘은 모르겠지만, 이 무렵 재상급 정도의 고위관료가 아니면 국가로부터 녹봉도 지급받지 못했다고 보인다. 재상급 관리들도 녹봉을 원액대로 지급받지 못했다. 그러니 중하급에 해당하는 문무관리들과 말단의 속료나 군졸들은 더 이상 말할 필요가 없었다. 이들은 녹봉은커녕 기초생활도 보장되지 않고 있었다.

내륙에서의 조세수취가 갈수록 어려워지니 별수 없는 일이었다. 이제는 강화도라는 섬 안에서 자체적으로 재정을 확보하는 수밖에 없었다. 사적인 재정 사정이 좀 더 나은 최항보다는 국왕이 더욱 조급하게 매달렸다. 그만큼 최항의 입지가 어려워지는 것이라고 볼 수도 있다.

1256년(고종 43) 2월, 국왕 고종은 조칙을 내려 강화도 연안의 간척지 개간에 나선다. 제포와 와포에 방축을 쌓아 좌둔전을 만들고, 이포와 초포에는 우둔전을 만든다는 것이다. 제포는 제포관이 있는 강화도의 동북단을 말하며, 초포는 지금의 초지진이 있는 동남단을 가리키는 듯한데, 와포와 이포는 어디인지 잘 모르겠다.

연안 간척지를 개간하려면 방축을 쌓고 매립을 해야 하니 보통 공사가 아니었다. 노역에 종사할 인부가 문제였는데, 국왕의 명령으로 각 지방에서 올라온 기인其人을 동원하고, 문무 3품 이하 관리는 모두 인부를 공평하게 차출하도록 했다.

좌둔전의 조세는 관리의 녹봉을 지급하는 좌창(광흥창)으로 들어가고, 우둔전의 조세는 국용에 지출되는 우창(풍저창)으로 들어가는 것이었다. 재정 파탄에 대처하기 위한 응급처치였지만 섬 안의 간척지 정도로 원래의 국가 재정을 확보할 수는 도저히 없었다.

최항의 사망

몽골의 6차 침략이 진행 중이던 1257년(고종 44) 4월 윤달에 최항이 죽는다. 50을 눈앞에 둔 49세의 한창 나이였다. 무슨 지병이 있었던 것 같다. 1249년(고종 36) 아버지 최이의 죽음으로 권력을 이어받아 최고 권좌에 오른 지 8년 만이었다.

사서에는 최항의 죽음에 대해 아무런 논평이 없다. 여기서도 별다른 논평을 하고 싶지 않다. 그는 통치자로서 특별한 개성도 없었고, 드러낼 만한 업적도 없기 때문이다. 그저 아비 최이의 권력을 우여곡절 끝에 이어받아, 잔인하게 반대세력을 숙청하고 순조롭게 권력을 유지해 나갔을 뿐이다.

그는 죽기 직전 다음과 같은 시 한 수를 남겼는데, 이에 대해서는 조금 언급하고 싶다. 그의 내면을 잠시 엿볼 수 있기 때문이다.

> 도화꽃 향기 속에 수천 가가 늘어섰는데, 桃花香裏幾千家
> 비단장막의 그윽한 향기는 십 리에 흐른다. 錦幄繡孟十里斜
> 그지없는 광풍이 좋은 일에 휘몰아치니, 無賴狂風吹好事
> 어지럽게 붉은 비를 몰아 긴 강을 지나도다. 亂驅紅雨過長河
> 《고려사》 129, 최항열전).

윤4월이니 정말 복숭화꽃 향기 그윽했을 것이다. 최항은 더 살고 싶었다. 나이도 나이였지만, 그윽한 향기 머금은 복숭아꽃 같은 여인들의 비단치마에 휩싸여 조금 더 즐기다 가고 싶었다. 광풍만 아니었다면 얼마나 좋았을꼬. 그놈의 광풍은 백성들에게나 몰아치지, 죄 없는 복숭아

꽃은 왜 흩날리게 만드는지. 최항은 그것이 원망스러울 뿐이었다.

몽골의 침략으로 반도 내륙의 백성들은 복숭아꽃 이파리만도 못한 하루살이가 되었다는 것을 그는 정녕 모르고 죽었을까. 비단장막의 그 윽한 향기는 잿더미로 변한 강토를 덮고도 남았을까. 그의 시를 읽으며 이것이 궁금할 뿐이다.

통치자가 무능하면 양심이라도 있어야 한다. 양심이 없으면 유능하기라도 해야 한다. 그는 무능하고 양심도 없는 통치자였다. 소년기에 삭발하여 20여 년간 출가의 길을 걸었지만 애초부터 불법과는 거리가 먼 사람이었다. 하긴 불법에 정진했다면 권력에 뛰어들지도 않았겠지만. 오랫동안 출가해 있던 그가 권력의 정상에 오르고 그것을 유지할 수 있었던 것은 오직 그의 아버지가 닦아놓은 기반 덕분이었다.

비첩 소생의 최의

최항에게는 부인이 셋 있었다. 첫째 부인은 철원 최씨 가문에서 얻은 최온崔昷의 딸이다. 이 결혼은 최항이 환속한 직후인 1247년(고종 34)쯤에 이루어졌다고 보이는데, 나중에 이 최온의 딸은 병이 들었다 하여 버림을 당하고 조계순趙季珣의 딸을 다시 취한다.

여기 최온은 철원 최씨로서 최충헌 정권에서 재상급에까지 오른 최선崔詵의 손자이기도 하다. 여러 차례 언급했지만, 철원 최씨 가문은 고려시대 명문으로 무인집권기 특히 최씨 정권과 밀착되어 있었다. 최항이 이런 가문에서 딸을 취한 것은 문벌귀족들을 의식한 결과로 보인다.

최항의 둘째 부인은 횡천 조씨 조계순의 딸이었다. 이 결혼은 최항이 권력을 계승한 직후인 1250년(고종 37) 4월에 있었다. 이 횡천 조씨 역시 고려시대 명문으로서, 조계순은 대거란 전투의 명장 조충趙沖의 아들이기도 하다.

그런데 최항이 앞의 최온의 딸을 버리고 조계순의 딸을 취한 데는 병이 들었다는 이유 말고 뭔가 정치적인 이유가 따로 있을 듯하다. 양쪽 모두 명문이라는 공통점이 있지만, 최온이 최항에 대해 비판적이지 않았나 싶다. 이는 최온의 인물평에서 조금 시사를 얻을 수 있다.

최온은 그의 열전에 의하면, 웅위한 기품과 자질을 지니고 과감하게 바른말을 잘하는 결단력이 뛰어난 인물이었다고 한다. 이런 성품으로 보아 최항과 같은 인물을 달갑게 여기지 않았을 것이라는 생각이 든다. 최온의 딸을 버리고 조계순의 딸을 취할 그 무렵, 최항은 권력을 세습한 후 반대세력들을 무자비하게 제거·숙청했는데, 최온은 아마 이러한 최항의 행동에 동조하지 않았거나 비판적이지 않았을까 생각된다.

이밖에 최항에게는 비첩이 하나 있었다. 이 비첩과의 사이에서 최의崔竩가 태어났다. 이 비첩은 송서宋壻의 여비였으며, 송서는 바로 최항의 친누이 남편이었다. 최항은 출가하여 있던 중 가끔 누이의 집에 들러 자신의 처지나 억울함을 호소했는데, 그 무렵 누이 집의 여비와 사통한 것으로 보인다. 최의는 언제 태어났는지 기록이 없어 나이를 정

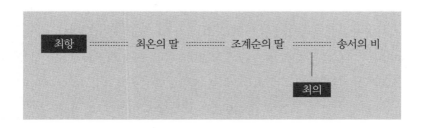

확히 알 수 없다. 최항이 죽었을 때 아마 20대 중반이나 후반쯤이 아니었을까 한다.

최항은 본처에서 적자가 없자 이 비첩 소생의 최의를 후계자로 삼는다. 문벌 중심의 귀족제 사회에서 천출이라는 것은 그 자체로 엄청난 제약이었다. 최의는 권력자의 후계자였으니 사회 속에서 특별히 천대받거나 차별대우를 받지는 않았어도 본인 스스로 견디기 힘들었다. 모계가 천했던 최항도 그러한 콤플렉스를 지니고 있었는데, 최의 역시 마찬가지였다.

아비 최항에 이어 자식 최의까지 비첩 소생이 최고권력자가 된다는 것은, 눈에 보이지는 않지만 문벌귀족 사회 속에서 최씨 정권이 점차 고립되어갔다는 것을 감지할 수 있다.

최의의 권력 세습

최의는 용모가 매우 아름답고 두 손은 금빛으로 은은했다고 사서에 특별히 언급되어 있다. 하얀 얼굴에 약간 비만이었을 것으로 그려진다. 아마 외모는 할아버지 최이를 많이 닮지 않았나 싶다. 하지만 성품이 용렬하여 말이 적었으며 부끄러움이 많았다고 한다.

이런 사람을 후계자로 삼으려면 철저한 사전 교육도 필요했을 것이다. 최항은 승려 두 명을 시켜 시와 필법을 가르치게 하고, 권위權韙·임익任翊 등에게 부탁하여 정사를 가르치게 했다. 그리고 정세신鄭世臣에게는 예를 가르치게 했다. 권위는 최항 자신이 후계자 시절 학문과 글을 배웠던 인물이고, 임익은 최충헌 정권에 봉사했던 유명한 정안 임씨 임유任濡의 손자이다. 모두 최항이 믿고 맡길 만한 인물들이었다.

1255년(고종 42) 8월, 최항은 최의를 전중내급사(종6품)로 임명하여 처음으로 관직을 수여했다. 전중내급사는 왕실의 사무를 관장하는 전중성의 중견관리이다. 이런 낮은 관직을 초직으로 수여한 것은 조금 뜻밖인데, 어린 나이여서 관료사회에 점차 적응시켜나가게 하려는 최항의 선택으로 보인다.

이것이 최의가 최항의 후계자로 선정되는 과정이었는데, 여기에 대한 큰 반대나 갈등은 없었다. 아들이 최의 하나밖에 없어서 그랬는지 모르지만 후계자 물망에 오른 다른 인물도 없었다. 최항은 아들 외에는 다른 후계자를 생각하지도 않았던 것 같다. 최의에 대한 후계자 낙점은, 아마 무자비했던 몽골의 6차 첫 번째 침략과 그에 대한 후유증으로 정치 사회의 큰 이슈가 되지 못한 듯하다.

그래도 최항은 미심쩍었는지 병이 들어 자리에 눕게 되자, 최양백 등 측근 무장들에게 자신이 죽은 뒤의 일을 특별히 부탁해두었다. 최양백은 바로 최항 자신이 아비로부터 권력을 세습할 때 최이의 측근에 있으면서 결정적인 공을 세웠던 인물이다.

1257년(고종 44) 4월 최항이 죽자, 곁에 있던 최양백은 죽음을 숨기고 시중드는 사람들을 울지도 못하게 하면서 최항 측근 무장들에게 이를 먼저 알렸다. 이들은 곧 죽은 최항의 명으로 야별초와 사병집단인 도방을 불러모아 최의를 호위하도록 했다. 그런 후에야 최항의 죽음을 알리고 상을 치렀는데, 상을 마칠 때까지 최의에 대한 빈틈없는 호위는 계속되었다.

상을 마치자 곧 최의는 국왕으로부터 장군(정4품)과 교정별감을 제수받고 별 탈 없이 최항의 뒤를 잇게 된다. 국왕으로부터 교정별감직을 제수받았다는 소식을 들은 모든 문무백관들은 그제야 최이의 집으로 나아가 조문을 하고 아울러 축하를 보내기에 바빴다. 권력 세습이 있을 때마다 항상 그랬듯이.

최의의 권력 세습은 최항이 아비 최이로부터 권력을 세습할 때보다도 순조롭게 이루어졌다. 별다른 마찰이나 갈등도 없었다. 몽골의 무자비한 침략과 살육이 자행되는 속에서 정치에 무관심한 탓이었을까. 아니면 부자의 권력 세습을 당시 사람들은 당연하게 여긴 것일까.

최의가 권력을 세습하고 제일 먼저 한 일은, 최항도 그랬듯이 아비의 폐첩들을 사통하는 일이었다. 그중 심경心鏡이라는 여종은 최항이 살아 있을 때 이미 사통하여 최의의 총애를 한몸에 받고 있었다. 권력과 부 그리고 성性은 항상 같이 따라다니는 모양이다. 이 여종은 그 총애를 믿고 세력을 얻어 남의 재물을 약탈하는 데 앞장섰다.

그런데 최의 역시 아비 최항과 마찬가지로 천출 콤플렉스에서 한 치도 벗어나지 못했다. 사람들은 책을 읽다가도 창기娼妓나 천예賤隸라는 말만 나오면 책을 덮어버릴 정도였다. 창기는 최항의 어머니가 기생이었음으로, 천예는 최의의 어머니가 노비였음으로 사람들이 미리 기피하는 말이었다. 그런 말을 입에 담았다가는 죽음을 면치 못했기 때문이다.

최충헌—최이—최항—최의, 4대 60여 년간 이어진 최씨 정권은 한 왕조의 흥망성쇠를 압축적으로 잘 보여주고 있다. 그 사이 천도까지 단행되었으니 한 왕조로서 최소한의 구색도 그런 대로 갖춘 셈이다.

최충헌이 창업군주라면 최이는 수성군주와 너무도 닮았다. 그렇다면 최항이나 최의는 어떤 군주에 비교될 수 있을까? 대부분의 전통 왕조에서 왕조 말기가 되면 왕위 계승의 정통성에서 먼저 문제가 발생한다. 적임자가 없어 적통이 아닌 자가 왕위를 계승하든지, 아니면 적통이기는 하지만 어린 유주幼主가 등장하는 것이다. 이럴 때 국왕의 권위가 약화되면서 왕조의 쇠퇴로 이어지는데, 이는 왕조국가에서는 흔히 나타나는 현상이다.

최항과 최의가 그랬다. 이 두 부자의 모계가 모두 천인이었다는 것은 최씨 왕조가 쇠퇴하는 데 첫 번째 단서로 작용했다. 당시는 철저하게 문벌과 가문이 중시되는 문벌 중심 사회였기 때문에, 천출이라는 이유 하나만으로도 집권자는 크나큰 제약을 받았다. 물론 이 사실 하나만 가지고 최씨 왕조의 몰락을 설명할 수는 없다. 최씨 정권을 하나의 왕조에 비교했을 때 그런 재미있는 발상도 가능하다는 얘기다.

고립을 자초하는 최의

최의가 권력을 세습하고 제일 먼저 내린 조치는 굶주리는 백성들을 구휼하는 일과 최항에게 물려받은 재산의 일부를 국고로 돌리는 일이었다. 예를 들면 상비군의 각 단위부대에 곡식을 내려주고, 사적인 금고의 재정을 국고나 왕실의 재정으로 돌리기도 했으며, 굶주리는 백성들과 군졸들을 여러 차례 구제하기도 했다.

이러한 시혜조치는 다른 것이 아니었다. 아비 최항이 국가 재정을 돌보지 않고 굶주리는 백성들에 대한 구제에도 너무 인색하여 비난이 많았는데, 그런 비난을 면해보려는 것에 불과했다. 국가 재정은 이미 파탄에 직면했지만 최씨 집안의 사적인 재정은 충실하다는 사실만 눈치 없이 과시할 뿐이었다.

이러한 정치적인 제스처로 국가 재정을 충당할 수는 없는 일이다. 게다가 최의가 권력을 세습한 직후 몽골의 6차 세 번째 침략이 다시 재개되고 있었다. 갈수록 국가 재정은 파탄에 직면하고 항구적인 재정 확보는 더욱 요원한 일이었다.

무엇보다도 시급한 것이 관리들의 녹봉이었다. 고려 전기에는 관리들에게 토지를 지급해주는 전시과제도가 있었지만 무인정권이 거듭되면서 이미 유명무실해졌다. 이 무렵 관직에 대한 반대급부는 녹봉이 유일했지만 이것마저 지급이 어려웠던 것이다. 이제는 재상급 관료들의 녹봉도 제대로 지급되지 않았으니, 중하급 관료들은 말할 나위가 없었다.

1257년(고종 44) 6월, 녹봉을 지급할 수 없으니 다시 토지를 나누어주자는 논의가 일어난다. 문무관리들에게 녹봉 대신 토지라도 분급해주자는 것이었다. 그래서 그 업무를 담당할 급전도감이라는 새로운 임시 관청까지 설치되었다.

그런데 문제는 당시 내륙의 토지를 분배해주는 것은 별 의미가 없었다는 점이다. 계속되는 침략으로 내륙의 토지는 조세징수가 불가능하여, 당장 녹봉을 대신할 만한 경제적 가치가 없었기 때문이다. 그렇다고 강화도 내의 토지만으로 그 수요를 맞추기에는 턱없이 부족했다. 가장 간편한 방법은 재상급을 비롯한 고위관료들에게는 강화도의 토지를 주고, 기타 중하급 관리들에게는 내륙의 토지를 나누어주는 것이다.

마침내 그런 식으로 결론이 내려진다. 그래서 강화도의 토지 가운데 2천 결은 국고의 재정수입으로 하고, 3천 결은 최의의 사적인 재정수입으로 하는 조치가 내려진다. 그리고 강화도 내의 하음, 진강, 해령의 토지는 왕족과 재상급 관료들에게 차등 있게 분배되었다. 토지분급에 대한 논의가 일어난 그해 9월의 일이다.

이러한 조치 역시 임시방편에 불과했다. 게다가 강화도의 토지 대부분이, 즉 국고로 귀속되는 토지보다도 많은 양이 최의의 사적인 재정으로 귀속되었다. 이 3천 결에서 거두어들이는 조세나 공물은 최의의 사적인 금고로 들어가는데, 내륙에 있는 최씨 가의 사적인 농장을 대신하는 것이었다.

이는 파탄에 직면한 국가 재정을 전혀 고려하지 않은 조치였다. 국가 재정보다 본래 최씨 집안의 사적인 재정이 더 큰 규모였음을 반영하는 것이었겠지만, 사익만을 앞세워 고립을 자초하는 일이었다. 국가의 재정 파탄 앞에서도 조금도 흔들리지 않는 최의의 무모함에 놀랄 수밖에 없다. 그만큼 최씨 가의 사적인 재정도 압박을 받고 있었다는 뜻이다.

그런 조치가 내려진 바로 다음해, 1258년(고종 45) 정월 최의는 주저 없이 이 토지에서 조세를 징수하기 위해 강화수획사라는 특별 관리를 파견했다. 이 강화수획사는 앞서 교정수획사를 대신하는 특별 징수관인데, 모두 무관들로 편성되어 농민들은 저항할 수도 없었다. 토지를 경작하는 농민들에게는 날벼락 같은 일이었을 것이다. 농민들 사이에서 당장 못살겠다는 아우성과 최의에 대한 원망이 터지는 것은 당연했다.

강화를 주장하는 여론

재정 파탄에서 벗어나는 가장 근본적인 방법은 내륙에서의 조세수취를 정상화하는 것이었다. 그러려면 당장 몽골 군대를 물리쳐야 했고, 그것을 성사시키려면 몽골의 요구를 수용하는 수밖에 다른 도리가 없었다. 그것을 모르는 사람은 아무도 없었다.

하지만 친조와 출륙이라는 몽골의 요구를 당장 수용한다는 것도 쉬운 일이 아니었다. 새로이 권력을 세습한 최의도, 이전의 최항이나 최이처럼 그것을 수용할 수 없는 처지에는 조금도 다름이 없었다. 최의에게 억압당한 때문인지 아니면 스스로 두려워한 때문인지 국왕 고종의 입장도 겉으로는 마찬가지였다.

이즈음 맹렬했던 6차 첫 번째와 두 번째 침략에도 버티고 있는 고려의 완강한 태도에 질렸는지, 몽골 측의 요구사항도 한풀 꺾였다. 여전히 친조나 출륙을 관철시키려는 기본적인 요구는 변함이 없었지만, 당장 국왕이 나와서 몽골 군대를 맞이하기만 해도 군대를 곧 철수시키겠다는 것이었다.

고려에서는 이것마저 계속 지연시키고 있었다. 몽골의 6차 세 번째 침략에서도 강도 정부는 차라대의 군영에 사람을 보내 철수만을 간절히 요청할 뿐이었다. 그럴 때마다 예전과 마찬가지로 차라대를 비롯한 부관들에게 줄 많은 뇌물도 빠지지 않고 챙겼다. 때로는 차라대의 사신을 승천관으로 불러들여 잔치도 베풀어주었다. 백성들은 굶주리고 국가 재정은 파탄을 면치 못해도 뇌물을 마련할 여유는 있었던 모양이다.

1257년(고종 44) 7월, 재추(재상급 이상의 관료)들이 모여 왕자를 몽골로 보내고 강화하자는 주장을 국왕께 올렸다. 이러한 결정에 집권자 최의의 뜻이 반영되었는지 알 수 없지만 색다른 분위기였다. 녹봉도 제대로 지급받지 못하는 곤궁한 처지에서 새로운 각성을 했을지도 모르겠다.

그런데 강화를 위해 몽골로 보내자는 왕자는 태자가 아니라 안경공 창을 가리키는 것이었다. 안경공은 이전에 한 번 몽골에 간 적이 있었지만 그것으로 침략을 종식시키지는 못했었다. 그런데도 다시 안경공을 보내자고 했으니 재추들의 주장은 이전보다 크게 진전된 것이 없는 셈이었다. 아마 태자를 보낼 수 없는 국왕의 어려운 입장을 고위관료들이 감안한 것으로 보인다.

하지만 국왕은 이 주장도 들어주지 않다가 다시 최자, 김보정 등이 강력히 주장하자 마침내 허락하고 만다. 여기 최자는 이규보가 죽은 후 그를 대신하여 외교문서를 담당한 인물이고, 김보정은 수차례 사신으로 몽골을 왕래했던 인물이다. 최일선에서 외교를 담당한 두 사람이 몽골과의 강화를 적극 주장한 것은 새로운 변화였다.

그런데 이번에는 재추들이 나서서 왕자보다는 종친을 먼저 보내 동정을 살핀 후, 그때 왕자를 보내는 것이 더 낫다는 주장을 한다. 결국은 왕자가 아닌 종친을 보내는 것으로 결론이 나는데, 이러한 번복에서 물러터진 재추들의 태도가 여실히 드러난다. 이런 번복은 집권자 최의의 개입이 없이 국왕과 재추들이 스스로 판단을 내려야 하는 상황에 직면한 때문이 아닌가 한다.

그래서 종친인 영안공永安公이 바로 차라대의 군영으로 향했지만, 차라대는 태자가 직접 나와야 한다고 요구했다. 재추들은 그제야 다시 태자를 입조케 하여 백성들의 생명을 보존하기를 주장했지만 국왕은 또 망설였다. 우여곡절 끝에 몽골의 6차 세 번째 침략군은 그해 10월 철수했지만, 몽골의 요구를 수용하지 않았다는 점에서 불안은 종식되지 않았다.

그해 12월 결국 태자의 동생인 안경공 창이 다시 몽골로 향한다. 비록 태자를 대신한 것이었지만 이것은 관료집단의 여론에 밀려 국왕이나 최의 모두 좇지 않을 수 없는 상황이었다. 여몽 간의 기나긴 줄다리기 외교는 이제 몽골 쪽으로 기울면서 점차 균형을 잃어가고 있었다. 이 무렵 최의가 주살된다.

최씨 정권의 몰락

1258년(고종 45) 3월 최의는 유경柳璥·김준金俊·임연林衍 등의 쿠데타로 제거당한다. 몽골의 6차 세 번째 침략이 끝나고 네 번째 침략이 시작되기 직전이었다. 아비 최항의 권력을 세습한 지 1년이 채 못 된 때였다. 정권이랄 것도 없는 짧은 집권이었다. 하지만 그 의미는 자못 크다. 60여 년 동안 부자세습으로 지속되던 최씨 왕조의 붕괴였기 때문이다.

유경·김준·임연 등이 최의를 제거하는 자세한 쿠데타 과정은 다음 책으로 넘기겠다. 이 쿠데타의 주역들이 다시 새로운 무인정권을 세우기 때문에 이야기의 전개상 그것이 효율적이다.

한 가지만 언급하자면, 이 쿠데타는 정권의 내부 분열에 의한 것이었다는 점이다. 쿠데타의 주동인물 중 한 사람인 김준은 최이 정권 때부터 최항·최의 정권 때까지 집권자의 가장 측근에 머물렀던 심복이었다. 그런 그가 최의를 제거하는 데 앞장선 것이다.

최항과 최의는 본인들이 천출이어서 그랬는지 주변의 핵심 심복들도 대부분 천계 출신이었다. 그리고 그 천계 출신들은 최씨 집안에서 대대로 봉사해온 가노들이었다. 모계가 비천했던 최항과 최의는 이들에게 동질감을 느꼈는지도 모른다. 그 가노들도 동병상련으로 최항과 최의에게 더욱 친밀감을 가졌을 법하다. 최항이 권력을 세습할 때 결정적인 역할을 했던 최양백·이공주·김준이 바로 그들이다.

최의 역시 이들을 중심으로 한 아비 최항의 세력 기반을 그대로 물려받았다. 그런데 이들 가노 출신 심복들은 최의가 집권하면서 관계가 소원해지게 된다. 그 계기는 재미있게도 앞서 최항의 주구 노릇을 했다는 송길유가 제공했다.

1258년(고종 45) 정월 송길유가 그 잔혹함과 재산 약탈이 빌미가 되어 탄핵을 받게 되었는데, 김준이 그런 송길유를 구원하려다 그만 최의에게 들통이 난 것이다. 이 일로 최의는 마음대로 일을 처리한다고 하여 김준 등을 점차 멀리하게 되고, 김준은 권력의 핵심에서 멀어진 듯하다. 최의와 관계가 소원해지면서 그 심복들 중 일부가 최의를 제거하는 쿠데타의 주동인물로 나섰던 것이다. 김준이 그 중심에 있었고 이공주도 여기에 가담한다.

강력한 독재정권일수록 그 몰락하는 과정을 보면 정권의 핵심세력 내의 갈등에서 출발하는 경우가 많다. 강력한 보호막을 지닌 정권의 경우 외부의 정적이 힘을 발휘하기는 어렵기 때문이다. 그래서 외부의 정적보다는 오히려 내부의 측근세력이 정권에 위협적일 수밖에 없다.

그런데 60여 년 동안 지속되었던 최씨 왕조가 붕괴되는 큰 배경은, 지금까지 계속 설명해온 바와 같이 강도의 고립으로 인한 재정 파탄이었다.

지루하고 격렬했던 몽골의 6차 침략은 강도의 고립을 가져왔다. 지방행정이 마비된 상태에서 조세를 수취하는 데 가장 긴요했던 특별징수관마저 파견할 수 없게 되고, 이는 곧 강도의 재정 파탄으로 이어졌다. 최씨 정권의 사적인 재정도 국가 재정에 비하면 조금 덜하기는 했지만, 압박을 받기는 마찬가지였다.

재정 파탄은 관리들에 대한 녹봉 지급마저 어렵게 했고, 이것은 보이지 않게 최씨 정권에 대한 압력으로 작용한다. 그런데도 최의 정권은 국가 재정보다는 사적인 재정확보만을 우선하는 정책으로 나아가 더욱 불만을 자초했다. 특히 굶주리는 백성들을 방치하는 것에 대한 비난이 쏟아졌다.

그런 비난의 중심에 섰던 인물이 바로 정통 문신귀족 출신인 유경이었다. 그리고 유경의 뒤에는 의견을 같이하는 많은 문신관료들이 있었다. 이들은 크게 드러내지는 않았지만 몽골의 요구를 수용하여 전쟁을 끝내야 한다는 생각을 갖고 있었다. 하지만 최의는 이전과 조금도 다름없이 몽골에 굴복할 의사가 없었다. 그것 역시 정권의 몰락을 초래할 수 있는 일이었기 때문이다. 이것은 강도 정부 내에서의 고립을 자초하는 일이었다.

여기에 정권 핵심 내부의 갈등과 알력까지 겹쳐 몰락을 자초했던 것이다. 유경·김준에 의한 쿠데타가 없었어도 최씨 정권은 오래갈 수 없었다. 최씨 정권은 몽골의 6차 침략이 시작된 최항 집권 말기부터 이미 식물인간 상태로 빠져들고 있었다. 이미 고립된 최의 정권은 그 권력 핵심부 내에서만 작동하고 있었던 것이다.

몰락, 그 후

최씨 정권이 붕괴된 후에도 몽골의 침략은 한 차례 더 있었다. 1258년 (고종 45) 6월경에 시작된 몽골의 6차 네 번째 침략이다. 이는 몽골의 요구인 출륙과 친조가 여전히 관철되지 않았기 때문이다.

6차 네 번째 침략을 시작하면서 차라대는, 국왕과 태자가 서경(평양)까지 나와 항복하면 군대를 철수시키겠다는 사신을 보내왔다. 그러나 국왕은 늙고 병들었음을 이유로 역시 나가지 않고 종친을 보내는 것으로 대신한다.

이때 국왕의 나이 67세였으니 사실이 그러하기는 했다. 하지만 이를 통해 지금까지 몽골의 주장이 관철되지 않은 것이, 꼭 최씨 정권의 억압 때문만은 아니라는 사실을 알 수 있다. 최씨 정권이 무너졌는데도 몽골의 요구를 수용하지 않는 국왕의 태도에서 그런 생각을 갖게 된다. 국왕은 유목민족인 몽골제국을 야만적인 오랑캐로 생각하여 거부감이나 두려움도 분명 지니고 있었다고 보인다. 국왕은 자신이나 태자가 몽골로 보내지는 것은 왕실의 희생이라 생각하여 두려워하고 있었음이 분명했다.

그 후 차라대의 군영에서 태자라도 나와 항복하면 군대를 즉시 철수하겠다는 사신을 다시 보내오지만, 국왕은 태자가 병들었다는 이유를 들어 이 또한 거부하고 만다. 나이가 많은 국왕으로서는 곧 왕위를 계승해야 할 태자 역시 보내기 힘들었을 것이다. 아니면 최씨 정권의 몰락을 보고 이제야 자신의 세상이 왔다는 생각에 만족한 것일까? 침략군이 아직도 내륙을 유린하고 있는데도 말이다.

마침내 1259년(고종 46) 정월, 국왕은 3품 이상의 모든 관리를 소집하여 몽골에 대해 항복할 것인지, 대항할 것인지를 묻는 회의를 붙였다. 여기서 여러 의견이 분분했는데, 앞서 최자와 김보정은 다시 나서서 항복할 것을 주장했다. 강화가 아니라 아예 항복을 주장한 것이다. 여론은 항복 쪽으로 이미 기운 듯했다. 그러나 아직도 국왕은 태자를 보내는 것에 주저하고 있었다.

국왕은 실로 오랜만에 국왕으로서 권위를 찾고, 자신이 직접 회의를 소집했다는 사실에만 만족했는지도 모르겠다. 국왕의 권위를 회복하는 것에만 급급하여, 정작 회의의 실질적인 내용에는 관심이 없었는지도 모른다. 아니면 너무 오랜만에 정사를 주관하여 내외의 돌아가는 사정에 둔감했을 수도 있다. 이 전해의 가을 수확이 모두 몽골 군대의 수중으로 들어갔다는 것을 국왕은 모르고 있었을까.

그러고도 얼마간의 우여곡절 끝에 1259년(고종 46년) 4월에야 마침내 태자 전(倎)(후의 원종)이 40명의 사신단을 이끌고 몽골로 향했다. 태자는 그해 6월 만주 요양에서 다시 침략 원정길에 오른 몽골 군대를 만난다. 이들 침략군은 출륙 환도가 아직도 단행되지 않았음을 들어 막무가내로 원정을 강행하려고 했다. 태자는 친조가 이루어지면 침략하지 않겠다는 애초의 약속을 들어 다행히 침략만은 막을 수 있었다.

그 후 항복을 확인하기 위해 그랬는지 몽골 사신단이 강도에 들어왔다. 이들은 항복의 표시로 자신들이 지켜보는 가운데 강도의 내외성을 모두 헐도록 강요했다. 강도의 방어성들은 안타깝게도 그 성을 축조한 고려 군인들의 손으로 모두 헐리고 말았던 것이다.

이때 성이 무너지는 소리가 우레와 같았다고 한다. 이를 지켜보던 남녀노소나 성을 허무는 군인들도 모두 울었다. 비록 지겨운 전쟁의 끝으로 반길 수도 있었지만, 몽골의 강요로 성을 허무는 것이었으니 마음속의 자존심이 무너지는 것은 숨길 수 없었으리라.

몽골의 대규모 침략은 이후 더 이상 없었고, 30년 동안의 전쟁은 여기서 끝난다. 전쟁은 끝났지만 개경으로 환도하라는 몽골의 출륙 요구는 받아들여지지 않았다. 그런 점에서 아직도 완전한 항복은 아니었다. 고려와 몽골은 이 문제로 다시 10여 년을 줄다리기한다.

1259년(고종 46) 2월 15일 연등절

대궐에서는 오랜만에 성대한 연회가 베풀어졌다. 그동안 몽골의 6차 침략이 해마다 계속되어 국왕의 사찰 순행만 이루어지고 연등절의 연회는 정지했었다. 그러니까 6년 만에 처음 있는 연등절 잔치였다.

그런데 이날의 잔치는 이보다 큰 의미가 하나 더 있었다. 바로 최씨 정권이 무너지고 처음으로 맞는 연등절이라는 점이다. 연등회는 불교 행사였지만 그중 정치적으로 가장 중요한 행사는 국왕이 문무백관들에게 연회를 베푸는 것이었다. 그 자리에서 국왕의 건강과 왕실의 안녕, 그리고 국가의 태평성대를 기원했다. 따라서 연등회의 주체는 반드시 왕실이고 국왕이었다. 하지만 그동안 이러한 연회마저 최씨 집권자들에게 농락당해왔던 것이다.

그래서 이날의 연회는 실로 오랜만에 국왕이 중심이 된 잔치였다.

국왕 고종은 왕실의 여러 종친들과 재추들을 대궐로 불러 어려운 재정에도 불구하고 그야말로 성대한 잔치를 베풀었다. 술이 거나해진 왕은 여러 신하들에게 손을 들어 이렇게 소리쳤다.

"무릇 잔치에 참여한 모든 사람들은 일어나 박수로써 나의 즐거움을 도우라!"

이날 국왕과 신하들은 상하가 따로 없이 해가 지도록 박수를 치면서 춤을 추고 놀았다. 얼마나 뛰고 놀았던지 모두들 온몸이 땀으로 범벅이 되었다. 얼마나 홀가분했을까. 아니 그동안 얼마나 억눌려 살았을까. 국왕은 감회가 새로웠을 것이다.

그랬을 것이다. 국왕은 장기간의 전쟁으로 온 나라 온 백성이 만신창이가 되었다는 사실을 이날만큼은 생각하고 싶지 않았다. 최씨 정권이 무너지고 왕권을 다시 회복할 수 있다는 사실, 오직 이 한 가지 사실만 가슴속에 벅차올랐다. 하지만 이것은 국왕 고종에게 마지막 잔치가 되고 말았다.

고종은 1192년(명종 22)에 강종의 맏아들로 태어났다. 천민 출신의 이의민이 할아버지였던 국왕 명종 위에 군림하던 때였다. 6세의 어린 나이에 그 할아버지 명종이 최충헌에게 폐위되고, 당시 태자였던 부왕 강종도 함께 태자위에서 폐위되어 강화도로 쫓겨나는 참담한 꼴을 겪었다. 이때 태손이었던 고종도 부왕을 따라 강화도로 쫓겨갔다.

최충헌에 의해 선택된 신종이 명종의 뒤를 이어 왕위에 오른 지 7년 만에 죽고, 신종의 아들 희종이 왕위를 계승했다. 고종에게 당숙이 되는 희종은 또다시 최충헌에 의해 왕위에서 쫓겨나는 비운을 겪는다. 그리고 고종의 아버지 강종이 다시 최충헌에 의해 국왕으로 선택되어 희종의 뒤를 잇게 되는데, 이때 고종의 나이 21세였고, 부왕인 강종은 61세였다.

부왕 강종은 충격을 많이 받아 그랬는지 왕위에 오른 이듬해 죽고, 고종이 22세의 나이에 왕위를 계승했다. 왕위를 잇기는 했지만 최충헌이 국왕 위에 군림하고 있어 도대체 기를 펼 수 없었다. 이미 막강한 권력 기반을 구축한 데다 노회한 최충헌은 아직 젊은 고종에게 무서운 존재로 다가왔다.

고종이 28세 때 최충헌이 죽긴 하지만, 아비의 권력 기반을 물려받아 더욱 확장시킨 아들 최이는 40대의 장성한 나이로 아비를 능가하는 존재였다. 왕정복고는 꿈에도 생각할 수 없었다. 고종이 41세 때 전격적으로 단행된 천도는 국왕에게 그렇게 불가항력적인 조치였다. 최이에게 인질로 붙잡혀 강화도로 끌려들어가는 것과 다를 바 없었다.

강화 천도 이후 국왕 고종은 모든 것을 자포자기했다. 어떻게 운신해볼 도리가 없었다. 문무백관은 국왕의 신하이기에 앞서 최이의 신하였다. 게다가 몽골의 침략은 국왕의 입지를 더욱 어렵게 만들었다. 차라리 모든 것을 최이에게 맡기고 받들어 모시고 싶은 마음이 들 정도였다. 하지만 최이는 그것마저 허용하지 않았다. 겉으로는 항상 국왕을 우대하여 앞세웠기 때문이다.

고종이 58세 때 그런 최이도 죽고 최항이 권력을 이었다. 자신보다 나이도 어리고 모계가 천했던 최항은 좀 여유 있게 대할 수 있었다. 하지만 이것도 잠시, 몽골의 격렬해진 침략과 친조와 출륙 요구는 국왕과 왕실에 대한 압박으로 이어졌다. 고종은 최항 정권과 몽골의 압박 사이에서 너무나 무력했다.

최항이 죽고 최의가 어린 나이로 권력을 이은 것은 고종이 66세 때였다. 이제야 최씨 가의 권력자를 조금 아래로 볼 수 있었고 숨을 돌릴 수 있었다. 하지만 몽골의 침략으로 고립된 강도의 재정 파탄은 국왕에게 또 다른 어려움을 안겨주었다. 권력을 이은 지 1년 만에 최의가 제거되고 기나긴 최씨 정권은 몰락했다. 그러나 이제 국왕 스스로 결단을 내려야 할 문제들이 다시 국왕을 억눌렀다.

우선 몽골의 침략을 막아야 했는데, 이것은 자신의 희생 없이는 불가능했다. 자신이 직접 친조를 하든지 태자를 적진에 보내야만 했다. 왕정복고를 충분히 만끽할 틈도 없이 관료들은 이제 자신을 압박해왔다. 몽골에 항복하라고. 노쇠한 나이였지만 결국 태자를 보내지 않을 수 없었다.

1259년(고종 46) 4월 마침내 태자(원종)는 몽골로 향했다. 그해 6월 태자는 부왕 고종의 부음을 여정 도상에서 듣는다. 이때 국왕 고종의 나이 68세, 왕위에 오른 47년째로 고려시대 국왕들 중에서 가장 오래 재위했다.

국왕 고종은 태어나서 죽을 때까지 한 번도 자신의 뜻대로 행동하지 못했고, 정치에서도 자신의 의지를 한 번도 관철시키지 못했다. 그래서 그렇게 오래 재위했는지도 모른다. 그 자신도 왕다운 왕이 못 되었지만 그가 태어나면서부터 겪었던 선대 왕들도 모두 그러했다. 이런 왕도 드물 것이다. 그러니 긴 재위 기간만큼이나 고통과 번민도 길었으리라.

국왕 고종은 최씨 정권에 의해 강화도로 끌려들어간 뒤 결국 그곳에서 나오지 못하고 생을 마쳤다. 그나마 한 가지 다행이라면 최씨 정권의 붕괴를 보고 눈을 감았다는 정도일 것이다. 마치 그것 하나만을 보기 위해 참고 기다렸다는 듯이 말이다.

강화 천도를 단행한 최이나 그의 아들 최항, 그리고 마지막 최의도 강화도에서 한 발자국도 나오지 못하고 그곳에서 죽었다는 점에서 국왕과 다름없었다. 그런데 최씨 정권이 붕괴된 후에도 강화도의 고려 정부는 개경으로 출륙, 환도하지 못한다. 최씨 정권을 붕괴시킨 주역 김준이 다시 새로운 무인집권자로 등장하기 때문이다.

다음 책의 주제는 바로 이 출륙·환도 문제이다. 출륙할 것인가 말 것인가, 이것이 문제였다.

참고문헌

A. 사료

《고려명현집》: 성균관대학교 대동문화연구원에서 1973·1980년 고려 문인들의 문집을 한데 묶어 펴낸 것이다.

《고려묘지명집성》: 김용선 편, 한림대 아시아문화 연구소, 1992.

《고려사》: 동아대학교 고전연구실에서 1965~1971년에 펴낸 번역본 《역주 고려사》가 있다.

《고려사절요》: 민족문화추진회에서 1968년에 펴낸 번역본이 있다.

《동문선》: 민족문화추진회에서 1968~1970년에 펴낸 번역본이 있다.

《선화봉사고려도경》: 민족문화추진회에서 1977년에 펴낸 번역본이 있다.

《신원사》: 《원사》의 미흡한 부분을 다시 개찬하여 서술한 것이다.

《신증동국여지승람》: 민족문화추진회에서 1970년에 펴낸 번역본이 있다.

《원고려기사》: 중국 측 사료로, 원과 고려의 관계사를 간략하게 정리한 것이다.

《원사》: 중국 25사 중의 하나로 원나라의 역사를 기전체로 서술한 것이다.

B. 연구서

강진철, 《고려토지제도사연구》, 고려대출판부, 1980.

고병익, 《동아교섭사의 연구》, 아세아문화사, 1980.

국사편찬위원회, 《한국사》 18 · 20 · 21, 1993 · 1994.

─────────, 《한국사》 7, 1973.

김당택, 《고려의 무인정권》, 국학자료원, 1999.

김당택, 《고려무인정권연구》, 새문사, 1987.

김상기, 《동방문화교류사논고》, 을유문화사, 1948.

───, 《고려시대사》, 동국문화사, 1961.

김종명, 《한국중세의 불교의례》, 문학과지성사, 2001.

김호동 역주, 《부족지》, 사계절, 2002.

무등역사연구회편, 《변혁기의 인물과 역사》, 사회문화원(광주), 1996.

민병하, 《고려무신정권 연구》, 성균관대출판부, 1990.

박상진, 《다시 보는 팔만대장경판 이야기》, 운송신문사, 1999.

박용운, 《고려시대 관계 관직연구》, 고려대출판부, 1997.

박용운, 《고려시대사》 상 · 하, 일지사, 1987.

박용운 · 이정신 외, 《고려시대 사람들 이야기》 1 · 2, 신서원, 2001.

박종기, 《5백년 고려사》, 푸른역사, 1999.

변태섭, 《고려정치제도사연구》, 일조각, 1971.

육군본부, 《고려군제사》, 1983.

윤용혁, 《고려대몽항쟁사연구》, 일지사, 1991.

이기백, 《신라시대 국가불교와 유교》, 한국연구원, 1978.

이기백 편, 《한국사 시민강좌》 5 · 8, 1989, 1991.

이병도, 《고려시대의 연구》, 아세아문화사, 1980.

전남대박물관 · 화순군, 《운주사종합학술조사》, 금강출판사, 1991.

채상식, 《고려후기불교사연구》, 일조각, 1991.

하현강, 《한국중세사연구》, 일조각, 1988.

한국역사연구회 편, 《고려시대 사람들은 어떻게 살았을까》 1 · 2, 청년사, 1997.

허흥식, 《고려과거제도사연구》, 일조각, 1981.

홍승기, 《고려귀족사회와 노비》, 일조각, 1983.

홍승기 편, 《고려무인정권연구》, 서강대출판부, 1995.

황병성, 《고려 무인정권기 연구》, 신서원, 1998.

찾아보기

고려 무인 이야기 3

⊙ 2019년 10월 29일 초판 1쇄 발행
⊙ 2021년 11월 3일 초판 2쇄 발행
⊙ 지은이   이승한
⊙ 펴낸이   박혜숙
⊙ 펴낸곳   도서출판 푸른역사
              우) 03044 서울시 종로구 자하문로8길 13
              전화: 02)720-8921(편집부) 02)720-8920(영업부)
              팩스: 02)720-9887
              전자우편: 2013history@naver.com
              등록: 1997년 2월 14일 제13-483호

ISBN   979-11-5612-155-8 04900
ISBN   979-11-5612-152-7 04900(SET)

·잘못 만들어진 책은 교환해드립니다.